중국 사회문화의 원형
鄕土中國

중국 사회문화의 원형
鄕土中國

費孝通(페이샤오퉁) 著

張暎碩 譯

비봉출판사

譯者序文

　　동아시아 출판인들이 100권의 冊을 선정하여 韓·中·日 각국의 言語로 번역한다는 신문기사를 보고 어떤 책들이 선정되었는지 궁금하여 사정을 알아보았다. 중국 대륙에서 26권, 홍콩에서 7권, 대만에서 15권이 선정되어 中華圈에서 출판된 책들이 약 절반 정도를 차지했다. 그 중에서 단연 나의 눈에 들어온 책이 『鄕土中國』이었다. 무엇보다 역자가 1995~2001년 北京대학교 사회학과 碩·博士 과정을 거치는 동안 너무나 많이 들었던 페이샤오퉁(費孝通)의 저서였기 때문이다. 역자는 北京대학교 사회학과에서 공부하는 동안 '페이 선생님(費老)'이라는 말과 『鄕土中國』에 나오는 '차등적 질서구조(差序格局)' 개념을 너무나 많이 들었었다.

　　과거에 『鄕土中國』을 읽을 때에도 본문의 각 장마다 자연스럽게 녹아 있는 『論語』, 『孟子』 등의 고전에 나오는 구절들 때문에 읽기가 쉽지 않았지만, 이번 번역에서는 그 고충이 배가되었다. 고전에 대한 지식이 부족한 역자에게는 일일이 原文을 대조하여 찾아보고 해석하는 것 자체가 고충이었다. 평이하게 쓰인 것처럼 보이는 『鄕土中國』의 내용 가운데 번역하기 까다로운 대목이 적지 않았다. 1940년대 중국에서 사용되었던 어떤 말들과 표현 방식은 역자에게 익숙하지 않은데다가 費孝通이 만든 새로운 槪念에 해당하는 한국어를 찾기가 쉽지 않았다. 번역이 쉽지 않았거나 불확실한 내용들은 번역 과정에 일일이 메모해 두었다가 역자의 학교 동료인 중국인 장예(蔣燁) 선생께 여러 차례 물어보기도 했다.

費孝通은 私塾을 경험하지 않고 新學問부터 접했기 때문에 자신은 꾸지강(顧頡剛), 푸쓰녠(傅斯年), 첸무(錢穆) 등과 같은 윗세대보다 國學의 뿌리가 깊지 않다고 밝힌 바 있지만, 역자에게는 그가 서구의 사회과학과 중국의 文史哲을 잘 결합하고 있는 것으로 보였다. 『鄕土中國』을 번역하면서, 중국의 한 교수가 자신은 專門家일 뿐이지 知識人으로 인정받지 못하고 있다고 한 고백의 뜻을 이해하게 되었다. 社會科學을 전공한 사람은 文史哲로 대표되는 人文學으로, 인문학을 전공한 사람은 사회과학으로 나갔다가 다시 자신의 專攻으로 되돌아와야만 중국에서는 비로소 지식인으로 인정받을 수 있다는 고백이었다. 費孝通은 '중국 지식인'의 한 전형이라고 볼 수 있다.

『鄕土中國』에서 나타나는 여러 개념들은 서구의 개념에 익숙한 사람들에게는 대단히 생소할 것이다. 중국 향토사회의 구성 원리와 질서유지 방식으로서의 '差等的 秩序', '禮治秩序', '長老統治' 등과 같은 개념들이 제시되어 있고, 향토사회의 권력구조로서 '橫暴權力', '同意權力', '長老權力', '時勢權力' 등의 개념이 제시되어 있다. 費孝通은 이런 개념에 기초하여 중국 향토사회의 현대 사회로의 변천, 사회 변동의 문제를 분석하고 있다. 費孝通이 이런 개념을 만들어낸 것은, 「再版序文」과 「著者後記」에서 나타나 있듯이, 서구에서 확립되었던 개념과 이론으로써 중국사회를 분석해 보고자 했으나 만족스럽지 못했기 때문이다. 그런 면에서 『鄕土中國』은 社會學의 中國化를 보여주는 걸작이라고 볼 수 있다.

　『鄕土中國』을 번역하면서 중국사회의 변화는 대단히 더디게 진행되고 있다는 생각이 들었다. 1940년대 費孝通이 제기했던 '人治, 禮治, 法治'의 문제는 지금의 중국에서도 여전히 논란이 되고 있기 때문이다. 1940년대의 문제의식이 현재에도 여전히 유효할 수 있는 것은 더디게 변화하고 있는 중국 사회의 사회구조 때문이다. 『鄕土中國』이 출간되었던 당시 중국의 전체 인구에서 농민이 차지하는 비중은 80%에서 지금은 52%로 대폭 감소되었지만, 중국 사회는 여전히 농민의 數가 도시민의 數를 능가하는 사회이다. 중국의 농촌사회를 이해하지 않고서는 중국사회를 제대로 알고 있다고 할 수 없다. 『鄕土中國』에서 분석하고 있는 鄕村社會의 운영 원리, 사회변동의 방식이 현재에도 여전히 생명력을 갖는 것은 이러한 중국 사회의 구조 때문이다.

　『鄕土中國』에 제시된 여러 개념들은 지금까지도 적지 않은 논쟁을 불러일으키고 있다. 그 가운데 '차등적 질서구조(差序格局)' 개념을 둘러싼 논쟁이 치열하다. 費孝通은 중국 향촌사회의 인간관계를 同心圓의 波紋으로 비유하고 있다. 즉, 마치 돌 하나를 수면에 던졌을 때 형성되는 同心圓의 물결처럼 '나(我)'를 중심으로 인간관계가 형성된다는 것이다. 費孝通은 동심원의 파문과 같이 형성되는 이 인간관계의 질서를 '차등적 질서구조(差序格局)'라고 命名하고, '나'로부터 동심원의 파문이 멀어질수록 인간관계는 약화되며, '나'의 위치에 따라 '公'과 '私'가 결정되기 때문에 중국 사회에서는 '公'과 '私'는 상대적이라고 주장한다.

費孝通의 이러한 주장에 대한 後學들의 비판이 예리하다. 그 쟁점을 요약하면 다음과 같다.

첫째, 同心圓의 波紋과 같이 형성되는 인간관계의 질서를 '一方向'으로 볼 것인가 아니면 '雙方向'으로 볼 것인가 하는 점이다. 쌍방향으로 보아야 한다는 관점은 주로 新儒學者들로부터 제기되고 있는데, 이들은, 儒家는 費孝通처럼 '修身 - 齊家 - 治國 - 平天下' 순으로 이어지는 사회관을 갖고 있기도 하지만, '平天下 - 治國 - 齊家 - 修身' 순으로 이어지는 사회관도 갖고 있다고 주장한다.[1]

또한 이 관점은 동심원의 파문은 점차 약화되는 것이 아니라고 주장한다. 儒家가 '나'를 강조하고 있는 것은 틀림없지만, "나 자신의 욕망을 극복하고 禮로 돌아가는 것(克己復禮)"을 통해 개인적인 차원을 넘어서서 가정, 사회, 국가, 인류의 발전을 위해 노력해야 한다는 것이 儒家의 진정한 社會觀이라고 주장한다. 이 관점은 儒家思想만이 국가보다 더 높은 '天下體系'를 설계한 유일한 思想이라는 주장으로 이어진다.[2]

둘째, '平天下 - 治國 - 齊家 - 修身'의 순으로 이어지는 관점은 儒家의 정치적 관점인데, 이 관점에서 보았을 때 '公'과

---

1) 杜維明,「文化自覺與根源意識」, 黃平主編,『鄕土中國與文化自覺』, 生活, 讀書, 新知 三聯書房, 2007년, 240쪽.
2) 趙汀陽,『天下體系:世界哲學導論』, 江蘇敎育出版社, 2005년, 70-71쪽.

'私'의 관계는 費孝通의 주장처럼 상대적인 것이 아니라 절대적인 것으로 된다. 즉, 儒家는 君子에서 聖人으로 이르는 과정에서 자신을 초월하는 것을 가장 낮은 단계의 요구로 제시하고, 모든 사람의 공동의 이익을 실현하는 것을 최고의 理想으로 삼고 있다고 주장한다.3) 이 관점은 費孝通의 '公'과 '私'에 대한 관점은 유가의 정치적 윤리체계를 간과한 것에서 비롯되었다고 주장한다.

새로운 概念이 정착되어 폭넓게 사용되는 것은 쉽지 않은 일인데, 費孝通의 '차등적 질서구조' 개념은 이처럼 후학들의 논쟁의 대상이 될 만큼 아주 강한 생명력을 갖고 있다. 그러나 비판적 관점에서 보이듯이, '차등적 질서구조' 개념은 좀 더 신중하게 검토되어야 할 점을 안고 있다. 費孝通이 本書의 「著者後記」에서 "원고의 많은 부분은 아직 좀 '더 검토할(推考)' 필요가 있다. 이 원고는 '탈고된 원고(定稿)'라고 간주할 수 없고, 또 '완성된 원고(完稿)'라고도 말할 수 없으며, 다만 '시도적(嘗試的)' 기록이라고 해야 할 것이다."라고 밝혔던 것도 後學들의 이러한 비판적 관점을 통해 개념의 내용이 더욱 풍부해지고 또 더욱 명확하게 정의되기를 기대했기 때문이다. 그런 면에서 『鄕土中國』은 비판적으로 읽혀야 할 책이다.

本書의 번역을 마친 뒤 「譯者解題」를 쓰는 것이 좋겠다는 知人의 요구가 있어서 費孝通을 어떻게 한국의 독자에게 소개해야 할지 깊은 고민에 빠지게 되었다. 「譯者解題: 致用學問의 溫故知新」을

---

3) 趙汀陽, 「身與身之物」, 黃平主編, 『鄕土中國與文化自覺』, 生活, 讀書, 新知 三聯書房, 2007년, 251쪽.

쓰면서 費孝通의 삶의 중요한 일부분이 누락되거나 혹시 잘못 전달될까봐 몹시 신경이 쓰였다. 큰 산의 일부분만 묘사하고 있는 「譯者解題」가 큰 산의 전모를 알고자 하는 독자들에게 안내원 역할만이라도 제대로 할 수 있기를 바랄 따름이다.

본서의 附錄 「學科設立 思想에 대한 費孝通 인터뷰」는 독자들에게 費孝通을 좀 더 자세하게 소개하기 위해 번역되었다. 이 인터뷰를 통해 독자들은 反右派鬪爭과 文化大革命 기간 동안 쓰라린 인생의 좌절을 극복하고 학문적, 정치적 성취를 이룬 費孝通의 단단한 學術觀과 진지한 人生觀을 확인할 수 있을 것이다.

본서의 번역본에 나오는 誤謬는 전적으로 역자의 몫이다. 본서의 출판을 기꺼이 승낙해 주었을 뿐만 아니라 본문에 나오는 『論語』, 『孟子』 등 중국 古典에서 인용된 내용을 일일이 대조하고 교정까지 보아 주신 比峰出版社의 朴琪鳳 사장께 이 자리를 빌려 깊은 감사의 뜻을 전한다.

2011년 10월
譯者 識

著者 序文(再版)

이 小册子를 쓰게 된 경과에 대해서는 「後記」에서 자세하게 밝혔다. 여기에 수록된 것은 내가 1940년대 후반기 西南연합대학교4)와 雲南대학교에서 '鄕村社會學'이라는 교과 과목에서 강의한 내용을 근거로 원고 청탁을 했던 『世紀評論』에 분기별로 연재하였던 14편의 논문이다.

당시 나는 대학교에서 강의할 때 기존의 교과서를 좋아하지 않았다. 그래서 청년 학생들과 만나는 기회를 이용하여 나 스스로 의의가 있다고 생각하는 주제를 탐색하고 있었다. 당시 나는 '갓 태어난 송아지와 같은 추진력'이 있었던 청년이었고, 아무런 거리낌도 없이 전인미답의 지식의 영역을 개척해야겠다고 생각하고 있었다.

나는 '鄕村社會學'이라는 강의를 빌어 중국의 농촌사회의 특징을 연구하였다. 나는 한편으로는 탐색하면서 다른 한편으로는 강의를 하였다. 강의 내용의 관점은 완전히 토론을 위한 것이었고, 제기된 개념도 '깎고 다듬은' 것이 아니라 거칠고 질박한 것이었다. 그런데 반영하고자 했던 實際를 떠나면 항상 상당한 거리가 발

---

4) 1937년에 발발한 中日戰爭의 戰禍를 피해 雲南으로 온 北京大學校, 淸華大學校, 南開大學校가 연합하여 만든 대학교다. ― 역자 주.

생할 수밖에 없었으며, 또한 한쪽으로 치우치는 실수를 범하지 않으려고 하면 실제의 모습과 다르게 되었다. 나는 학생들에게 나 스스로 성숙하지 않았다고 생각한 견해까지 '모두 털어 놓았는데', 그것은 그렇게 하는 것이 비교적 좋은 교육방법이라고 생각했기 때문이다. 나는 교사의 임무가 이미 존재하는 知識을 전수하는 것이라고는 결코 생각하지 않았다. 학생들은 스스로 冊을 통해서 학습할 수가 있기 때문이다. 중요한 것은 학생들이 감히 未知의 영역으로 進軍하도록 인도하는 것이다. 교사는 앞장을 서야 한다. 난관을 돌파한 뒤 신뢰할 수 있는 지식을 획득했는지의 여부는 또 다른 문제이다. 실제로 새롭게 돌진해 들어간 영역에서 그와 같은 요구를 하는 것은 현실에도 부합하지 않는다.

교실에서 講義하는 것과 文字로 전달하는 것, 사회에 공개적으로 發表하는 것은 당연히 동일한 일이 아니다. 교실에서 교사는 학생들을 데리고 지식을 추구하고, 알지 못하는 것을 지식으로 만든다. 사회에 견해를 발표하는 것은 그 자체가 일종의 사회적 행동이고 커다란 사회적 효과를 낳는다. 실제 상황을 정확하게 반영하지 않으면 나쁜 영향을 미치는 것을 피할 수 없다.

나는 이런 이치를 잘 알고 있었기 때문에 글을 발표하기 전에 망설였다. 그래서 이 책의 초판이 발행될 때 「後記」에서 독자들에게 "기한을 정해 원고를 독촉했기 때문에 나는 많은 槪念들이 무르익은 뒤 글을 발표할 수 있는 시간을 갖지 못했고, 원고의 많은 부분은 아직 좀더 '다듬을(推考)' 필요가 있다. 이 원고는 '확정된 원고(定稿)'라고 간주할 수 없고, 또 '완성된 원고(完稿)'라고도 말할 수 없으며, 다만 '시험적' 기록이라고 해야 할 것이다"라고 정중하게 설명했다. 무엇을 시도했는가? 나는 나 자신이 제기했던 「중국의 基層 사회로서의 鄕村社會는 과연 어떤 사회인가?」라는 문제에 답하려고 시도했다.

이 책은 1947년에 출판되었는데, 이미 37년이 지났다. 나는 三聯書店이 왜 나에게 이 小冊子를 보내면서 再版을 내겠다고 했는지 그 이유를 모른다. 내가 그들의 제안에 동의한 것은, 이 小冊子가 나의 일생에서 남아 있는 하나의 발자취라고 생각했기 때문이다. 이미 남아있는 발자취는 역사적 사실이고, 아무도 거두어들일 수 없다. 지금 이 小冊子가 해방 전의 한 청년이 지식의 영역에서 과감하게 돌진하여 과감하게 공격했던 표본의 반영이라고 생각하니 오히려 새로운 의미가 있다고 느껴진다. 현재의 나의 수준으로 이 책의 내용이 제기한 論點에 대해서 말하자면, 여전히 사람들이 좀 더 깊게 연구할 가치가 있고, 또 현실적 의의가 없다고는 말할 수 없을 것으로 생각된다.

이 小冊子는 내가 쓴 『江村經濟』, 『祿村農田』 등의 조사보고서와는 그 성격이 다르다. 이 小冊子는 구체적인 사회를 묘사한 것이 아니고 구체적인 사회에서 抽出한 槪念이다. 小冊子에서 말한 鄕土中國은 구체적인 중국 사회에 대한 묘사가 아니고 구체적인 중국 基層 전통사회에 포함되어 있는 일종의 특수한 시스템, 사회생활을 지배하고 있는 각 측면들이다. 그것은 기타 시스템이 중국의 사회에 동일하게 영향을 미치고 있는 것을 결코 배제하지 않는다. 중국의 기층사회에서 다른 시스템이 미치는 영향 역시 작동할 수 있다. 내가 말한 鄕土社會라는 개념을 잘 알게 되면, 우리가 구체적인 중국사회를 이해하는 데 도움이 될 것이다. 이 점에서 槪念은 우리가 事物을 인식하는 도구이다.

　나의 이러한 시도, 구체적인 현상에서 추출하여 현상을 이해하는 도구인 槪念은 영어의 'ideal type'라는 名詞에 해당된다. 'ideal type'를 적당하게 번역하면 '관념 속의 유형'5)이라고 할 수 있는데, 이는 理性的 知識의 범주에 속한다. 그것은 결코 虛構가 아니고 또 理想도 아니며, 구체적인 사물에 존재하는 보편적 성격, 사람의 인식 과정을 거쳐 형성된 개념이다. 기왕에 이 개념이 구체적 사물에서 추출되어 형성된 것이라면 부단히 구체적인 사물 속으로 들어가서 對照하고, 점차 誤差를 줄여 가야 한다. 나는 이 작업을 '探索'이라고 말했고, 또 초보적인 '試圖'라고 말했는데, 그것은 획득한 관점이 여전히 성숙되지 않은 것임을 말한다. 만약에 이러한 시도가 중국사회에 대한 우리의 인식을 심화시킬 수 있다는 점을 인정한다면, 좀 더 깊게 들어가서 한 차례의 작업을 더 할 필요가 있다.

　이 小冊子의 初版이 출판된 지 이미 37년이 지났다. 그 기간 동안 나는 객관적 조건 때문에 그 방향의 일을 지속할 수 없었다. 三聯書店이 이 小冊子를 다시 출판했으면 좋겠다고 했을 때, 나는 이 小冊子를 처음부터 다시 한 번 읽어 보았다. 나는 당시의 그 같은 추진력에 대해 감동하지 않을 수 없었다.

　그러나 지금은 늙었다. 다시 되돌아보니, 한번 가버리고는 되돌

---

5) 한국에서는 'ideal type'을 '理念型'이라고 번역하고 있다. ─역자 주.

아오지 않는 젊은 시절이 아름답게 보인다. 나는 이 성숙되지 않은 과일을 새로운 젊은이들에게 바치고자 한다. 여기서 서술한 관점을 떠들썩하게 비평할 수도 있지만, 이처럼 '용감하게 나아간(一往無前)' 탐색의 정신은 여전히 '보고 배울 만하다(觀摩)'고 생각한다.

내가 이 같은 마음으로 이미 교정을 다 본 원고를 서점에 送稿할 수 있도록 허락해 주었으면 한다.

1984년 10월 11일

차 례

- 譯者序文 / 5
- 著者序文(再版) / 11

1. 鄕土本色 / 19
2. 文字下鄕 / 29
3. 文字下鄕 再論 / 40
4. 差等的 秩序 構造 / 50
5. 個人을 연결하는 道德 / 66
6. 家族 / 81
7. 男女有別 / 91
8. 禮治秩序 / 100

9. 無訴訟 / 111

10. 無爲政治 / 120

11. 長老統治 / 128

12. 血緣과 地緣 / 137

13. 名稱과 實際의 分離 / 149

14. 慾望에서 需要로 / 157

- ■ 著者後記 / 167
- ■ 附錄: 學科建設 思想에 대한 費孝通의 인터뷰:
   疏通하되 門派를 만들지 않는다 / 182
- ■ 譯者解題: 致用 學問의 溫故知新 / 244

1. 鄕土本色

　　基層에서 본다면 중국사회는 鄕土的 성격을 가지고 있다. 내가 중국사회가 향토적 성격을 가지고 있다고 말하는 것은 그 기층 위에서 향토의 기층과 동일하지 않은 사회가 성장하고 있고, 더욱이 약 1백 년 가량 東西洋이 만나는 境界에서 대단히 특수한 사회가 나타나고 있기 때문이다. 이 사회의 특수성에 대해서는 나중에 말하기로 하고 지금은 잠시 접어두기로 한다. 우리는 '시골뜨기'라고 불리는 農村사람들에게 우리의 주의를 집중해도 좋을 것 같다. 그들이 바로 중국 사회의 기층인 것이다.

　　우리가 농촌 사람들을 '촌스럽다(土氣)'고 말할 때, 그 말에는 어느 정도 업신여기는 뜻이 담겨 있다. 그러나 '土'자는 아주 적절하게 사용되었다. '土'자의 기본적 의미는 '땅', '흙'이다. 農民들은 농촌에서 살고 있고 農事로 생계를 도모하기 때문에 땅을 떠나서는 살 수 없다. 아주 멀리 동쪽에 있는 우리의 이 대륙에서 먼 옛날 농사짓는 방법을 몰랐던 원시인이 거주했을 것이다. 그들이 어떻게 생활했는지에 대하여 우리는 약간의 호기심만 가질 수 있을 뿐이다. 지금 현재 이 대륙에서 대다수 사람들은 그럭저럭 耕作을 하면서 생활하고 있다고 말할 수 있다. 범위를 축소하여 살펴보아도 좋을 듯한데, 세 개의 큰 江(즉 黃河, 淮河, 長江) 유역은 이미 모두 농업지역으로 변해 있다. 더구나 농촌을 떠나 사방으로 나갔던 모든 농민들의 아들들도 직접 흙에서 살아왔던 전통을 충실하게 지키고 있다고 볼 수 있다.

최근 나는 內蒙古를 여행하고 돌아온 한 미국인 친구를 만난 적이 있다. 그는 나에게 "中原에서 살다가 다른 지역으로 나간 당신네들은 소나 양을 방목하기에 가장 적합한 초원에서조차도 마치 땅에 구멍을 파는 것처럼 여전히 호미로 땅을 고르고 집집마다 작은 땅에 씨를 뿌리고 있다. 땅을 이용하는 다른 방법은 보지 못한 것 같다"고 하면서 이상하다는 듯이 나에게 말했다. 나의 은사인 쉬로꼬고로프(史祿國)[1) 선생도 나에게 멀리 시베리아에 살고 있는 중국인들도 기후와 관계없이 씨를 뿌리고 농사를 지을 수 있는지 없는지 살펴본다고 말한 적이 있다. 이렇게 말하고 보니, 우리 民族은 정말로 땅을 떼어놓고는 말할 수가 없다. 토지에서 영광의 歷史가 만들어진 적도 있지만, 自然도 토지의 속박을 받아서 지금은 더 이상 발전할 수가 없는 양상이다.

농사로 생계를 도모하는 사람들만이 땅의 소중함을 안다. 도시 사람들은 촌스럽다는 말로써 농촌사람들을 업신여기고 있지만, 농촌사람들에게 있어서 '흙', '땅'은 생명줄이다. 수적으로 가장 많은 神은 의심할 바 없이 '土地神'이다. 사람의 성격에 가장 가까이 있는 '토지신'인 백발해로의 한 老夫婦가 농촌의 모든 사소한

---

1) 러시아인 세르게이 미하일로비치 쉬로꼬고로프(Сергей Михайлович Широкгоров)의 중국 이름은 스뤼궈(史祿國)이다. 본서의 「譯者解題」참조. — 역자 주.

일들을 관장한다. 이들은 소중한 흙을 상징한다. 내가 처음 출국할 때 나의 할머니는 붉은 종이로 싼 물건을 나의 여행가방 밑에 몰래 넣었다. 그리고 만약 기후와 풍토가 맞지 않고 자꾸 집 생각이 나거든 사람을 피해서 붉은 종이에 감싼 것을 꺼내어 끓여서 마시라고 했다. 그것은 부뚜막에 있던 흙이었다. 나는 '잊을 수 없는 노래'라는 영화에서 동유럽의 농업국가인 폴란드에서도 우리와 비슷한 風習이 있는 것을 보고, '흙'이 우리의 이와 같은 文化에서 차지하고 있는 지위와 차지해야 할 지위를 깨닫게 되었다.

농업은 遊牧 혹은 工業과 달리 직접 토지에서 자원을 취득한다. 유목인은 물과 초원을 따라서 이동하는 생활을 하기 때문에 고정된 거주지가 없다. 공업에 종사하는 사람들은 지역을 선택해서 거주할 수 있고, 移住하는 데 장애가 없다. 그러나 농사를 짓는 사람들은 땅을 움직일 수도 없고, 땅 속에서 자라난 농작물도 움직일 수 없으며, 그 때문에 농작물을 돌보는 늙은 농민들은 마치 몸의 半이 땅 속에 묻혀 있는 것과 같다. '촌스러움(土氣)'은 '流動할 수 없기 때문에' 나타나는 현상이다.

농업에 직접 의존하여 생계를 도모하는 사람들은 토지에 부착되어 있다. 나는 張北[2] 일대에서 言語를 연구하는 한 친구를 만난 적이 있다. 나는 그에게 그 지역의 언어 중 蒙古語의 영향을 받은 언어가 있는지 물어보았다. 그는 고개를 흔들면서 언어뿐만 아니라 다른 어떤 면에서도 영향을 받은 것을 찾아보기 힘들다고 하였

---

[2] 河北省 張家口市에 소속되어 있는 縣으로, 內蒙古의 남쪽과 맞닿아 있다. ― 역자 주.

다. 그리고 그는 "村에는 몇 백 년 동안 몇 개의 姓氏만 있다. 墓碑를 통해 각 가족의 族譜를 재구성해 보았는데 지금까지도 그 姓氏들로만 구성되어 있는 것이 확실하다. 농촌의 인구는 마치 토지에 붙박여 있는 것처럼 代代로 거의 변화가 없다"고 하였다. 이와 같은 결론을 내리려면 조건을 달아야 하겠지만, 크게 보아 그것이 鄕村社會의 특징들 가운데 하나라고 할 수 있다. 우리는 농업을 위주로 생활하는 사람들은 정착하여 거주하는 것이 일반적이고 거주지를 이동하는 것은 흔한 일이 아니라고 확실하게 말할 수 있다. 큰 가뭄이나 홍수, 해마다 계속되는 戰亂이 일부 농민들로 하여금 鄕村을 등지도록 할 수 있다. 비록 抗日戰과 같은 큰 사건이 기층 인구의 유동을 야기하지만, 나는 그것은 소수일 것이라고 믿는다.

물론 내가 중국의 鄕村 人口는 고정적이라고 말하는 것은 결코 아니다. 그것은 불가능하다. 왜냐하면 인구가 증가하기 때문이다. 한정된 토지 위에서 몇 세대가 증가하면 인구는 포화상태가 되고, 과잉인구는 자연스럽게 외부로 빠져나가 호미를 들고 새로운 땅을 개척하게 된다. 그러나 뿌리는 자주 움직이는 것이 아니다. 외부로 빠져나간 사람들은 바람에 떨어져나간 오래된 나무의 種子와 마찬가지로 토지를 찾아 생존하면서 작은 家族 植民地를 형성하고, 토지를 찾지 못한 사람들은 여러 형태의 운명으로 도태되거나 혹은 '立身出世'한다. 나는 廣西 瑤山에 인접한 한 지역에서 마치 바람에 떨어져나간 古木의 種子와 같이 결사적으로 땅을 개간하는 사람들을 본 적이 있다. 雲南에서는 땅을 찾지 못한 그와 같은 '고독한 영혼'과 죽어서 개들에게 뜯기고 있는 길 위의 시체를 본 적이 있다.

　유동하지 않는다는 것은 사람과 空間의 관계에서 그렇다는 말이다. 즉, 사람과 사람이 공간 배열 관계에서 고립되고 격리되어 있다는 것을 의미한다. 고립과 격리는 결코 개인을 단위로 하는 것이 아니라 함께 거주하고 있는 集團을 단위로 한다. 본래 농업 자체로 본다면, 많은 집단이 같이 한 장소에 거주해야 할 필요는 없다. 경작활동에서 勞動分業의 정도는 매우 낮다. 기껏해야 남녀 사이의 노동분업 정도이다. 마치 여성은 모내기를 하고 남성은 김을 매는 것과 같다. 이런 종류의 協力은 效率을 높이기 위한 것이라기보다는 어느 시기에 남성이 너무 바빠서 가족들이 나와서 돕는 것이라고 보는 것이 낫다. 경작활동에서는 노동분업의 專門化가 충분하게 발전하지 않는다. 게다가 농업 때문에 수많은 사람들이 함께 거주해야 할 필요도 없다. 우리는 농촌에서 서로 다른 규모의 거주 공동체를 볼 수 있는데, 그것은 농업 이외의 원인 때문에 형성된 것이라고 생각할 수 있다.

　농촌에서 가장 작은 社會共同體는 한 家口일 수도 있다. 夫婦와 자식들이 한 곳에 거주하는 것은 '兩性'과 扶養의 필요성 때문이다. 어떤 성격의 사회일지라도, 군대나 학교와 같은 특수한 단체 이외에는, 家庭이 항상 가장 기본적인 부양집단이다. 그러나 중국의 농촌에서 한 家口로 구성된 작은 사회공동체는 흔히 볼 수 있는 게 아니다. 계단식 농사를 짓는 四川의 산골에서 그와 같은 유형이 있을 수 있지만, 대다수 농민들은 集村을 이루어 거주한다. 이 점은 중국 농촌사회의 성격에 큰 영향을 미친다. 미국 농촌의 대다수는 한 家口가 한 단위를 이루고 있고, 집들이 인접해 있는 이웃은 아주 드물다. 이는 개척시대 초기에 사람은 적고 땅은 많은 데서 비롯된 것이다. 이로 인해 그들은 개별적으로 책임지고 독립적인 정신을 갖게 되었다. 우리 중국은 그와 같은 상황이 아주 적다.

중국 농민들이 集村을 이루어 거주하는 원인은 크게 다음과 같은 몇 가지라고 말할 수 있다. 첫째, 매 가족이 경작하는 토지의 면적이 작은 小農經營이다. 그래서 함께 거주하고, 주택과 농장의 거리가 멀지 않다. 둘째, 水利가 필요한 지역인 경우 상호 협력할 필요가 있다. 함께 거주하는 것은 상호 협력에 편리하다. 셋째, 安全 문제이다. 사람이 많으면 쉽게 保衛할 수 있다. 넷째, 토지를 평등하게 계승한다는 원칙 하에 형제는 조상의 遺業을 계승하게 되고, 사람들은 한 지역에서 대대로 살게 되어 상당히 큰 촌락을 이루게 된다.

어떤 원인에서 비롯되었건 간에, 중국 농촌 공동체의 단위는 村落이다. 세 집으로 이루어진 三家村에서부터 몇 천 호로 이루어진 大村落까지 다 가능하다. 내가 앞에서 말한 고립과 격리는 村과 村 사이의 관계를 말하는 것이다. 고립과 격리는 결코 절대적인 것이 아니다. 그러나 인구 이동률은 낮고, 공동체 간의 왕래 역시 필연적으로 적다.

나는 농촌사회의 생활은 地方性이 짙다고 생각한다. 지방성은 그들의 활동 범위에 지역적 제한이 있고, 지역 간 접촉이 적으며, 생활이 격리되어 있고, 각자가 고립적인 사회적 범주를 가지고 있다는 것을 뜻한다.

농촌사회는 地方性의 제한 하에 그곳에서 태어나 그곳에서 죽는 사회를 형성하게 된다. 일상생활은 村에서 이루어진다. 만약 어느 촌의 사람들이 모두 그와 같이 살아간다면 사람과 사람의 관계에서도 어떤 특성이 형성된다. 모든 아이들은 사람들이 보는 가운데 성장하고, 아이들의 눈에도 주변의 사람들은 어릴 적부터 익숙해져 있는 사람들이다. 이것은 '친숙한 사회(熟悉社會)'이고, 낯선 사람이 없는 사회이다.

사회학에서 우리는 종종 성격이 서로 다른 두 종류의 사회를 구분한다. 한 종류는 구체적인 목표가 없이 함께 성장하였기 때문에 발생한 사회이고, 다른 한 종류는 한 가지 임무를 완수하기 위해 결합된 사회이다. 전자와 후자를 독일의 사회학자 퇴니스(Tönnies)는 'Gemeinschaft'와 'Gesellschaft'라고 말했고, 뒤르켐(Durkheim)은 '유기적 團結'과 '기계적 團結'이라고 말했다. 중국말로 하면, 전자는 '예절과 풍속으로 다스리는' 사회, 즉 禮俗社會이고, 후자는 '법으로 다스리는' 사회, 즉 法理社會이다. 나는 뒤에서 이 두 가지 사회의 다른 점을 상세하게 분석할 것이다. 여기서 내가 설명하고자 하는 것은, 토지에 포위되어 생활하는 농민이 평소 접촉하는 사람들은 우리의 부모와 형제와 마찬가지로 태어날 때부터 존재하던 사람들이라는 점이다. 그들은 결코 우리가 선택했기 때문에 관계를 맺는 것이 아니며, 더구나 선택할 필요가 없을 뿐만 아니라 심지어는 나보다 먼저 존재하는 생활환경이다.

친숙하다는 것은 시간의 측면에서, 그리고 기타 여러 가지 면에서 평소 접촉하면서 발생하는 친밀한 느낌이다. 이런 느낌은 수많은 작은 마찰을 통하여 형성되어 나온다. 이 과정이 바로 『論語』의 첫 번째 구절에 나오는 '習'이다. '學'이 생소한 사물을 처음 접하는 것이라면, '習'은 거기에 숙련되는 것을 말하며, '어찌 즐겁지 아니한가(不亦悅乎)'라는 말은 숙련된 뒤의 친밀한 느낌을 묘사한 것이다. 이러한 친숙한 사회에서 우리는 "마음이 내키는 대로 행동해도 법도에 어긋나지 않는(從心所欲不逾矩)" 自由를 얻게 된다. 이 자유는 법률이 보장하는 자유와는 다르다. 법도나 규칙은 법률이 아니다. 규칙은 '익숙한(習)' 것에서 나오는 예절과 풍습이다. 풍습에 따르는 것은 마음을 따르는 것이다. 바꾸어 말하면, 사회와 개인은 바로 여기에서 서로 融合이 된다.

"우리 모두 다 친숙한 사람들인데 인사만 하면 되지 무슨 말이 더 필요한가?" 이 말은 현대사회에서는 더 이상 통하지 않는다. 현대사회는 낯선 사람들로 구성된 사회이기 때문이다. 우리는 다른 사람의 근본 바탕을 모른다. 말할 때에는 분명하게 해야 한다. 근거 없는 말을 두려워하기 때문에 손도장을 찍어야 하고, 署名도 해야 한다. 그래서 法律이 나타난 것이다. 향토사회에서는 법률이 발생하지 않는다. "그것은 낯선 사람처럼 대하는 것이 아닌가?" 향촌사회에서는 낯익은 것에서 신뢰를 얻는다. 그 신뢰는 결코 근거가 없는 것은 아니다. 사실 신뢰 그 자체가 가장 근거가 있는 것이다. 왜냐하면 그것이 바로 규칙이기 때문이다.

서구의 상인들은 지금까지도 자주 중국인들의 信用은 타고난 것이라고 말한다. 神話와 같은 이야기도 참으로 많다. 예를 들어,

어떤 사람이 어느 날 수많은 도자기를 받게 되었다. 그런데 祖父가 생전에 주문했던 물건이니 한 푼도 낼 필요는 없다고 했다. 그리고 좀 더 일찍 물건을 부칠 수 없었던 것에 대해 사과의 말을 한다는 것이다. 향토사회의 신용은 결코 契約을 중시하기 때문이 아니라 그와 같은 행위에 대한 규칙에 익숙해져서 더 이상 그 문제를 생각할 필요가 없을 정도의 신뢰가 존재하기 때문에 나타난다.

그것은 '촌스럽다(土氣)'는 것의 한 특징이다. 왜냐하면, 흙에 직접 의존하는 생활이 있어야만 식물처럼 한 곳에서 뿌리를 내리고, 작은 지방에 뿌리를 내린 사람들은 비로소 장구한 시간 속에서 마치 어머니가 아이를 대하듯이 넉넉하게 각자의 생활에 익숙해져 간다. 낯선 사람들은 갓난애의 말을 알아들을 수 없다. 그러나 어머니는 알아들을 뿐만 아니라 子音으로 표현되지 않은 말조차 알아듣는다.

그들은 사람에 대해서뿐만 아니라 사물에 대해서도 '익숙하다.' 늙은 농부는 개미가 이사하는 것을 보고 그 뜻을 알아차리고 서둘러 밭에 나가 물고랑을 낸다. 익숙한 것에서 얻은 인식은 개별적인 것이지 결코 추상적이고 보편적인 原則이 아니다. 익숙한 환경에서 성장한 사람은 그와 같은 원칙을 필요로 하지 않는다. 그는 접촉 가능한 범위 내에서 수단과 목적 사이의 개별적 관련성을 알고 있다. 향촌사회에서 성장한 사람들은 萬物의 眞理를 별로 추구하지 않는 것 같다. 나는 『論語』에서 孔子가 각각 다른 사람을 만나 각각 다른 말로 '孝'의 뜻을 말하고 있는 것을 보고 그것이 향촌사회의 특징이라고 느꼈다. '孝'는 무엇인가? 공자는 결코 추상적으로 설명하지 않고 구체적인 행위를 열거하면서 각각 다르게 제자들에게 대답했다. 마지막에는 심지어 "마음이 편하다(心安)"라는 두 마디 말로 요약하였다3). 자녀는 일상생활에서 부모의 성격을 잘 알고 있어야 하고, 부모를 기쁘게 해드려야 자신의 마음이 편함을 느낀다는 것이다. 그것은 향토사회에서 사람과 사람이 함께 살아가는 기본적인 방법을 설명해 준다.

그와 같은 방법은 낯선 사람들 앞에서는 통할 수 없다. 우리 사회가 급속하게 변화하고 향토사회가 현대사회로 변화하고 있는 가운데, 향토사회에서 양성된 우리의 생활방식은 곳곳에서 惡習을 만들어내고 있다. 낯선 사람들로 구성되어 있는 현대사회를 향토사회의 풍습으로 대할 수는 없다. 그래서 '촌스럽다'는 말은 사람을 욕하는 말이 되었고, '고향(鄕)'은 더 이상 출세한 뒤 돌아갈 곳이 아니게 되었다.

---

3) 『論語』〈陽貨篇(17-21)〉에 나오는 말이다. ― 역자 주.

2. 文字下鄉

도시 사람들의 눈에는 농촌 사람들이 '어리석어(愚)' 보인다. 우리는 농촌에서 일해야 한다고 주창하고 있는 적지 않은 친구들이 어리석은 것과 빈곤하고 병약한 것을 연계하여 중국 농촌의 症狀이라고 말하는 것을 알고 있다. 우리는 병약하고 빈곤한 것에 대해서는 객관적인 기준을 가지고 말할 수 있다. 그러나 농촌 사람들이 '어리석다(愚)'는 것에 대해서는 무엇을 근거로 그렇게 말할 수 있는가?

농촌사람들은 등 뒤에서 자동차가 연달아 빵빵거리면 놀라서 이리저리 왔다 갔다 하면서 허둥거린다. 그러면 운전하는 사람은 브레이크를 밟고 창문 밖으로 머리를 반쯤 내민 뒤 늙은 농부를 향해 "야 이 얼간이야!" 하고 한 마디 내뱉는다.

만약 농민의 행동을 어리석다고 한다면, 그것은 정말이지 농민으로서는 억울한 노릇이다. 나는 학생들을 데리고 농촌에 간 적이 있었다. 밭에는 옥수수가 자라고 있었다. 한 여학생이 마치 농작물에 대해 잘 알고 있는 것처럼 "올해 보리가 벌써 이렇게 자랐구나!"라고 말했다. 옆에 있던 한 농민이, 비록 그 여학생의 말을 듣고 한 마디도 대꾸는 하지 않았지만, "이 얼간이야! 그게 어디 보리냐!"라는 말로 해석할 수도 있는 가벼운 웃음을 흘렸다. 농민들은 도시 세계를 보지 않아서 자동차에 어떻게 대처대해야 할지 잘 모르는데, 그것은 '知識'의 문제이지 '智力'의 문제는 아니다. 이는 마치 도시 사람들이 농촌에 왔을 때 개조차 제대로 쫓아버리지 못하는 것과 마찬가지다. 만약 우리가 교외로 놀러 나온 도시의 신사숙녀들이 개 짖는 소리를 듣고 겁을 내며 안색이 변하는 것을 가지고 그들을 '바보'라고 말할 수 없다면, 자연히 농촌 사람들이 '오른쪽 보행' 혹은 '왼쪽 보행' 등처럼 정책의 변화에 따라 자주 바뀌는 보행 방향을 잘 모르는 것을 가지고 그들을 '너무나 어리석다'고 말할 수는 없는 것이다. 그렇다면 '어리석다(愚)'는 것은 어떤 점에 있는가.

농촌에서 일하고 있는 일부 도시 출신의 친구들은 농민들이 文字를 알지 못하기 때문에 그들은 어리석다고 말한다. 우리는 그것을 '文盲'이라 부르는데, 눈은 있으나 文字를 알지 못한다는 뜻이다. 그것은 사실이다. 나는 농촌교육 운동을 반대하지는 않지만, 그러나 농민들이 문자를 모른다고 해서 그들을 어리석다고 말하는 것은 마음으로 받아들일 수 없다. 만약 '어리석다'는 말이 智力이 낮다거나 부족하다는 뜻이라면, 文字를 알고 모르는 것은 결코 어리석거나 어리석지 않은 것을 나누는 기준이 될 수 없다. 智力은 학습능력이다. 만약 어떤 사람이 학습할 기회를 갖지 못했다면, 그가 학습능력을 갖고 있건 없건 간에 아무것도 배울 수 없다. 그런데 우리는 농민들이 문자를 모르고 있을 뿐만 아니라 문자를 알 수 있는 능력도 부족하다고 말하고 있는 것은 아닌가.

　여기까지 말하고 나니 내가 戰禍를 피해 농촌에 가 있을 때의 일들이 생각난다. 일부 동료들은 자식들을 농촌의 초등학교에 보냈는데, 그 아이들은 반에서 모든 면에서 농촌 아이들보다 배우는 속도가 빨랐고 또 성적도 좋았다. 선생이 아이 부모를 만났을 때 항상 아이가 훌륭하고 총명하다고 칭찬하였다. 말하자면, 교수 자식의 智力이 높다는 것이었다. 나는 그처럼 치켜세우는 말에 남몰래 기뻐한 적도 있다. 우리 가난한 교수들은 이미 모든 것을 잃었지만 여전히 다른 사람들이 넘볼 수 없는 遺産을 가지고 있다. 그런데 어느 날 나는 들판에서 수업을 마친 아이들이 메뚜기를 잡는 것을 본 적이 있다. '총명하고' 훌륭한 그 아이들은 이리저리 뛰어다녔지만 메뚜기를 놓치기 일쑤였다. 그러나 농촌 아이들은 민첩하게 움직이면서 단번에 메뚜기를 잡는 것이었다. 집에 돌아왔을 때는 얼마 전까지의 자랑거리가 마치 어디론가 사라져버린 것 같았다.

　교실에서 농촌 아이들이 교수의 자식들보다 문자를 더 잘 읽지 못하는 것과, 교수의 자식들이 농촌 아이들보다 들판에서 메뚜기를 더 잘 잡지 못하는 것은 그 의미가 동일하다. 나는 나의 자식이 메뚜기를 적게 잡았다고 해서 그것을 결코 책망하지 않는다. 무엇보다 우리는 메뚜기로 반찬을 만들어 먹지 않는다. 雲南의 농촌은 메뚜기로 반찬을 만드는데, 그 맛은 蘇州의 마른 새우 맛과 비슷하다. 우리 자식들은 메뚜기를 잡을 기회가 없었다. 교수의 자식들은 양말을 신는다. 체면 때문에 어쩔 수 없이 신는 것인데, 더럽히면 집에 돌아와서 야단을 맞는다. 그래서 아이들은 메뚜기를 잡을 때 걱정이 없을 수 없고 그 결과 동작이 민첩하지 못하게 된다. 아마 이런 것들보다 더 중요한 것이 있을 수 있다. 아이들의 日常은 들판에서 뛰어노는 데 있는 것이 아니다. 풀과 메뚜기를 구별하기 위해서는 잘 살펴보아야 하는데, 메뚜기의 보호색은 풀과 메뚜기를 잘 구별할 수 없게 한다. 내 자식을 변호하는 내용은 농촌의 아이가 문자를 익히는 데 대한 '어리석음'을 변호하는 데도 동일하게 유용한 것이 아닐까. 나는 대단히 유용하다고 생각한다. 농촌 아이들은 교수의 자식들과 같이 도처에서 책이나 문자를 볼 수 없다. 그것은 그들의 일상에서 익숙한 것이 아니다. 교수의 자식들이 반드시 유전적으로 문자를 더 잘 알 수 있는 특별한 능력이 있는 것은 아니다. 명백한 것은, 문자를 쉽게 알 수 있는 그러한 환경이 존재한다는 것이다. 이렇게 말하고 나니, 농촌 사람들이 智力 면에서 도시 사람보다 못한지의 여부는 적어도 여전히 결론이 없는 문제이다.

    이렇게 본다면, 농촌에서 근무하고 있는 일부 도시 출신의 친구들이 농촌 사람들은 어리석다고 말하는 것은 그들의 智力이 다른 사람보다 못하다는 뜻이 아니라 그들의 특정 知識이 다른 사람들보다 못하다는 것을 가리키는 것이다. 바로 이 점 때문에 위에서 우리가 말한 것은 그다지 설득력을 가질 수 없다. 기껏해야 도시생활에 필요한 지식 면에서 많은 농촌 사람들이 도시 사람들보다 못하다고 말하는 것이 정확할 것이다. 그렇다고 해서, 농촌에 文盲者가 많은 것은 농촌 사람들에겐 본래 文字가 필요하지 않기 때문이라고 말할 수 있을까? 이렇게 말하고 보니 문자의 사용처를 토론하지 않을 수 없다.

　나는 앞 장의 「鄕土本色」에서 향토사회의 한 가지 특징은 사람들이 친숙한 사람들 속에서 성장하는 것이라고 말한 바 있다. 다른 말로 설명하면, 생활에서 서로 협력하고 있는 그들 모두는 서로 매일 보는 사람들이다. 사회학에서는 이들을 'face to face group'이라고 하는데, 이를 직역하면 '직접 대면하는 집단'이다. 歸有光[1]은 「정축헌기(頂脊軒記)」[2]에서 그가 일상에서 만나는 사람들은 항상 그가 만나왔던 사람들이고, 시간이 지나면서 발걸음 소리만 듣고서도 집으로 오고 있는 사람이 누구인지 알 수 있다고 했다. '직접 대면하는 집단' 내에서는 심지어 만나보지 않고서도 상대방이 누구인지 알 수 있게 된다.

　우리의 상당수는 스스로 이미 현대 도시사회에서 일정한 기간 동안 살았다고 말하지만, 신경을 쓰지 않으면 향토사회에서 형성되었던 습관이 여전히 우리를 지배하게 된다. 한 번 실험을 해 봐도 좋다. 만약 어떤 사람이 밖에서 문을 두드리면서 집으로 들어오려고 할 때, 문 안의 사람이 "누구세요?" 하고 물으면, 문 밖의 사람은 십중팔구 큰 소리로 "나요!" 하고 대답한다. 그러면 문 안의 사람은 상대방의 목소리로 누구인지 알아야 한다. '직접 대면하는 사회'에서 함께 생활하고 있는 사람들은 姓과 이름을 말할 필요가 없다. 문 안의 아내의 물음에 대해 문 밖의 남편이 姓名으

---

1) 歸有光(귀유광, 1506~1571)은 江蘇省 昆山 태생으로 明代의 유명한 散文家이다. — 역자 주.
2) 頂脊軒(정척헌)은 歸有光의 書齋 이름이다. — 역자 주.

로 대답하는 경우는 거의 없다. 그러나 우리는 "나야, 나야!"라는 대답에 오랫동안 익숙해져 있기 때문에, 아주 가끔씩은 문 안의 사람이 상대방의 목소리를 알아채지 못하는 수도 있다. 나 역시 아주 오랜만에 고향에 돌아왔을 때 집으로 걸려온 전화에다 대고 "누구세요?"라고 물었을 때 "나야!"라는 대답을 들은 적이 있다. 그러나 나는 그 목소리로는 그가 누구인지 식별할 수 없었는데, 그 때문에 웃어넘길 수 없는 일이 일어났다.

'성명(貴姓大名)'은 우리가 서로 잘 알지 못하기 때문에 사용하는 것이다. 친숙한 사람들은 그것이 필요 없다. 발소리, 목소리, 심지어는 숨 쉬는 방식으로도 자신을 알릴 수 있다. 우리가 사교에서 姓名을 잘 대지 않는 것도 우리가 원래 친숙한 사람들 사이에서, 즉 향토사회에서 생활하고 있다는 것을 보여준다.

문자가 없었던 옛날에는 '새끼에 매듭을 맺어서 사건을 기록하였다(結繩記事)'. 그것은 시간과 공간적으로 사람과 사람이 어떤 장애물 때문에 서로 직접 말을 할 수 없기 때문에 말을 대신할 다른 무엇이 필요했기 때문이다.

아주 급한 일을 당한 廣西 搖山의 어느 한 부족은 사람을 파견하여 다른 한 부족에게 동전 한 닢을 전해 주었고, 이 동전을 받은 부족은 즉시 사람을 보내어 그 부족을 구제해 주었다. 그것이 바로 '文字'인데, 문자는 쌍방이 어떤 의미를 대표한다고 약속한 記號이다. 만약 직접 대면하여 말할 수 있다면 그처럼 사전에 약속한 것으로써 의미를 구속하고 있는 기호는 불필요할 뿐만 아니라 때로는 의미를 제대로 전달하지 못해서 오해를 불러일으키기도 한다. 10여 년 전에는 청년들이 연애할 경우 교제에 제한이 있었기 때문에 연애편지를 썼는데, 수많은 비극들은 연애편지의 내용을 오해한 데서 비롯되었다. 이런 경험이 있는 사람들은 자연스럽게 文字의 限界를 절실하게 인식하고 있다.

문자가 전달할 수 있는 '情'과 '意(뜻)'는 불완전하다. 그것은 '간접적인 접촉' 때문에 발생하는 문제만은 아니다. 우리가 전달하고자 하는 '情'과 '意'는 그 時點과 그 地點의 외부환경과 결합되어 있다. 어느 시점과 어느 지점의 情과 意를 기록한 문자를 다른 시점과 다른 지점에서 보았을 때 나타날 수 있는 반응과 본래의 환경에서 발생할 수 있는 반응이 완전히 일치하기란 대단히 어렵다. 이처럼 情과 意를 전달하는 도구인 문자는 때로는 보완할 수 없는 결함을 가지고 있다. 그래서 우리는 문자를 이용할 때 文法을 중시하고 藝術을 중시해야 한다. 문법과 예술은 문자 때문에 '원형이 바뀌는 것'을 감소시켜 준다.

우리는 말할 때에는 文法에 주의하지 않을 수 있는데, 그렇다고 해서 말할 때 문법이 없다는 것은 결코 아니다. 우리는 많은 보조적인 표현을 통해서 情과 意를 보충하는 기능을 갖고 있을 뿐이다. 말할 때에 우리는 손가락으로 자신을 가리키면서 '나(我)'라는 말을 빼버릴 수도 있다. 그러나 作文을 할 때에는 그렇게 할 수 없다. 그래서 우리는 최대한 문법에 의존하여 완전한 文句를 만든다. 문법에 맞지 않는 글은 사람들의 오해를 피하기 어렵기 때문에 좋지 않다. 그런데 말할 때 만약 완전한 文句로 말하려 한다면, 그것은 현실에 맞지 않을 뿐만 아니라 우스꽝스럽기도 할 것이다. 책으로 외국어를 배우는 사람들이 자주 고통스러워하는 것도 이와 같은 이유 때문이다.

文字는 간접적으로 말하는 것이고 완전한 도구가 아니다. 전화와 방송이 있는 지금 書信의 지위는 큰 영향을 받고 있다. 팩스 기술이 발전된 이후에도 여전히 문자를 이용할 수 있을지 없을지는 확실하지 않다.

이렇게 보면, 향촌사회에서 文字를 사용하지 않는 것을 '어리석음'의 표현이라고는 절대로 말할 수 없다. 대면하고 왕래하는 것은 직접적인 접촉인데, 왜 그와 같이 비교적 완전한 言語를 버리고 文字를 채택해야만 한다는 것인가.

나는 여기서 한 걸음 더 나아가서 직접 대면하는 집단에서는 言語 자체도 부득이 해서 채택하는 道具라는 것을 말하고 싶다. 언어는 본래 목소리로 표현하는 象徵體系이다. 상징은 의미를 '附着하고' 있는 사물 혹은 동작이다. 내가 '부착하고 있다'라고 말하는 것은, '의미'는 聯想作用을 거쳐서 나온 것이지 결코 사물 혹은 동작 그 자체가 구비하고 있는 성질은 아니라는 뜻이다. 그것은 사회적 산물이다. 왜냐하면, 사람과 사람이 행위를 배합할 필요가 있을 때 비로소 개인은 표현할 필요를 느끼기 때문이다. 게다가 표현된 결과는 반드시 상대방으로 하여금 표현하고자 했던 의미를 명백하게 이해하도록 해야 한다. 그래서 상징은 다수인이 공통으로 인정하는 의미를 포함하는 것이다. 즉, 어떤 사물과 동작은 대다수 사람들 사이에 동일한 반응을 야기한다. 이 때문에 個人의 언어는 없고 社會의 언어만 있을 뿐이다. 대다수 사람들이 동일한 象

徵에 대해 동일한 의미를 갖도록 하자면, 그들은 반드시 동일한 經驗을 가져야 한다. 즉, 유사한 환경에서 동일한 상징을 접해야 하고 사용해야 한다. 왜냐하면, 상징에 동일한 의미가 부착되어 있기 때문이다. 따라서 각각의 특수한 생활 단체에는 반드시 그들만의 특수한 언어가 있고, 다른 언어로 번역될 수 없는 '字句'가 있다.

言語는 한 사회적 집단이 가진 동일한 經驗에서 발생한다. 집단이 클수록 집단에 소속된 사람들이 가진 경험도 복잡하다. 언어를 발생시키는 공동의 기초가 유한할수록 언어 역시 단순화되는 경향이 있다. 이는 言語史에서 명백하게 볼 수 있다.

그렇지만 다른 각도에서 보면, 한 사회집단이 사용하고 있는 공동의 언어 이외에도 각 개인 간의 수요 때문에 소수자 간의 특수한 언어도 상당히 많이 나타난다. '특수용어(行話)'는 같은 업종에 종사하는 사람들끼리 사용하는 말인데, 다른 업종에 종사하는 사람들은 동일한 경험을 가지고 있지 않기 때문에 잘 알아들을 수가 없다. 각 학교마다, 심지어는 각 침실마다, 그들만의 특수한 언어가 있다. 가장 일반적인 특수한 언어는 母子 사이에서 나타난다.

'특수한 언어'는 친밀한 사회적 집단 사이에 사용하는 상징체계의 한 부분, 즉 목소리를 사용하여 상징하는 부분이다. 친밀한 사회집단이 상징체계로 사용할 수 있는 원재료는 비교적 많다. 表情과 動作은 직접 대면하는 상황에서는 때로는 목소리보다 더 쉽게 情과 意를 전달한다. 설령 언어를 사용할 때조차도 항상 기타 상징 원재료와 밀접하게 배합된다. 예를 들어 내가 어느 친숙한 사람에게 "정말 그런가(眞是那个)!" 하고 말하면서 미간을 찡그리고,

입술을 꼭 다물고, 얼굴의 피부를 팽팽하게 한 채 손가락을 머리털 속에 찔러 넣은 뒤 고개를 숙인다면, 상대방은 곧바로 '그런가(那个)!'가 '방법이 없나?' '실망이다'란 뜻을 나타낸다는 것을 알아차리게 된다. 만약 똑같은 이 두 글자(那个)를 다른 표정과 섞어 사용한다면, 그 의미는 완전히 달라진다.

'특수한 언어'는 항상 특별한 효과를 낸다. 왜냐하면 그것은 字句의 고정된 의미를 벗어날 수 있기 때문이다. 언어는 사회가 정해둔 '체(篩子)'와 같다. 만약 우리가 어떤 情과 意를 가지고 있는데 그것이 '체'의 규격과 다르다면, 그것은 걸러질 수 없다. 나는 여러분이 틀림없이 "말하지 않는 편이 말하는 것보다 낫다(無言勝於有言)"고 느낀 경험이 있을 것이라고 생각한다. 사실 '체'는 비록 사람과 사람 사이의 理解를 돕기는 하지만 동시에 사람과 사람 사이의 情과 意를 공식화하고 각 사람과 각 시기의 본래의 그것을 모두 약간씩 변형시킨다. 우리는 항상 "발을 잘라서 신발에 맞추는(削足適履)"3) 그런 상황에서 살고 있고, 감각이 예민한 사람들은 언어의 속박을 원망한다. 李長吉4)이 그와 같은 속박에서도 적절한 표현을 찾기 위해 피를 말렸던 것은 전혀 이상한 일이 아니다.

그래서 친숙한 사람들 사이에서는 말도 적어진다. '눈짓만 해도 서로 정이 통하고(眉目傳情)', '돌을 가리켜도 서로 무엇을 말하는지 알 수 있다(指石相證)'. 친숙한 사람들은 간접적인 상징물을 던져버리고 더욱 직접적인 理解 방식을 채택한다. 그래서 향토

---

3) 削足適履(삭족적리): 발을 깎아 신발에 맞춘다는 뜻으로, 불합리(不合理)한 방법을 억지로 적용(適用)함을 비유한 말. ― 역자 주.
4) 李長吉(이장길, 790-816)은 중국 당(唐)대의 시인이다. ― 역자 주.

사회에서는 文字는 필요하지 않을 뿐만 아니라 言語조차도 뜻을 전달하는 유일한 상징체계가 아니게 된다.

　나는 농촌에 문자를 보급하는 것이 불필요하다고 말하는 것은 결코 아니다. 현대화 과정에서 우리는 이미 향토사회를 떠나기 시작했는데, 문자는 현대화의 도구이다. 내가 분명히 말하고자 하는 것은, 향토사회의 文盲은 농촌사람들의 '어리석음' 때문이 아니라 향토사회의 본질에서 비롯된다는 것이다. 더구나 나는 한 걸음 더 나아가서 文字와 言語의 각도에서 한 사회의 사람과 사람에 대한 理解의 정도를 비판하는 것은 불충분하다는 것을 말하고자 한다. 왜냐하면, 문자와 언어는 情과 意를 전달하는 일종의 도구에 불과하기 때문이다. 게다가 그 도구는 情과 意를 충분히 잘 전달하지 못한다는 결함이 있다. 그래서 문자를 농촌에 보급해야 한다고 주장하는 사람들은 문자와 언어의 기초를 먼저 고려해야 한다. 그러지 않으면 몇 개의 농촌학교를 설립하고 농민들에게 몇 개의 문자를 가르쳐서 알게 한다고 하더라도 결코 농촌 사람들을 '총명'하게 만들지 못할 수도 있다.

3. 文字下鄕 再論

    나는 앞의 章 「文字下鄕」에서 文字는 사람과 사람이 情과 意를 전달하는 과정에서 空間과 時間의 격리와 제약을 받는 환경에서 발생한다고 말했다. 그러나 나는 앞 章에서 공간적 격리와 제약에 대해서만 약간 이야기했을 뿐이다. 향토사회는 얼굴을 마주 대하는 사회인데, 어떤 말은 얼굴을 마주 대하고 하더라도 분명하게 전달되기 때문에 문자에 의존할 필요가 없다. 이 점은 쉽게 이해할 수 있다. 그러나 시간적 隔阻에 대해서는 어떻게 말할 수 있을까. 이 章에서는 시간적 격조의 의미를 살펴보고자 한다.
    소위 시간적 隔阻는 두 가지 면에서 살펴볼 수 있다. 첫째, 개인의 過去와 現在 사이의 거리이다. 둘째, 사회의 世代間 거리이다. 나는 먼저 개인의 과거와 현재 사이의 거리부터 말하고자 한다.
    사람의 생활과 기타 동물의 생활이 다른 점은, 사람은 學習能力이 더 많다는 점이다. 사람의 행위 방식은 배우지 않아도 능히 할 수 있는 생리적 반응의 지배를 집요하게 받지는 않는다. 소위 '學(배움)'은 사람이 태어난 이후 일련의 人爲的인 행위 방식을 모형으로 삼아 本能的 행위 방식을 改造하는 과정이다. '學(배움)'의 방법이 곧 '習(익힘)'이다. '習'은 반복하는 것, 즉 시간을 들여서 갈고 닦아 새로운 방법에 익숙해지는 것이다. 그래서 학습은 반드시 개인의 과거와 지금의 거리를 타파해야 한다. 이는 우리 인류에게 특별히 발달한 일종의 능력, 즉 시간의 매개체인 記憶에 의존하는 것이다. 동물의 학습과정에서 우리는 동물도 기억이 있다고 말할 수 있다. 그러나 동물의 기억은 간단한 生理的 수준이다. 실험용 흰쥐는 迷路 속에서 지름길을 알게 되지만, 그 흰쥐가 배우게 된 것은 일련의 새로운 생리적 반응이다.

인간의 學習이 동물의 학습과 다른 점은, 동물은 상징체계에 의존하지 않는다는 것이다. 인간도 물론 많은 習慣을 가지고 있고, 본질적으로 실험용 흰쥐가 미로 속을 달려가는 것과 마찬가지의 상황에 처하게 되지만, 인간은 항상 상징체계의 도움을 받는다. 소위 상징체계에서 가장 중요한 것은 '말(詞)'이다. 우리는 학습할 때 끊임없이 말을 한다. 구체적인 상황을 추상화함으로써 보편적으로 응용할 수 있는 概念을 만드는데, 개념은 반드시 말(詞; 單語)로 표현된다. 그래서 우리는 말에 의존하여 특수한 것에서 보편적인 것으로 나아갈 수 있도록 개별적 상황에 다리를 놓는다. 또한 현재로부터 미래로 나아갈 수 있도록 순간적인 상황에 다리를 놓는다. 이 점에서 볼 때, 한 동물과 시간의 접촉은 直線이라고 할 수 있다. 그러나 인간과 시간의 접촉은 개념, 곧 말에 의존하기 때문에 직선보다 더 복잡하다. 인간은 눈을 감은 채 '과거'의 상황으로 되돌아갈 능력을 가지고 있다. 인간의 現在에는 '과거'로부터 추출한 투영, 시간의 선택적 集積이 포함되어 있다.

그러나 본능에 의존하여 활동하는 동물에게는 시간상 隔阻의 문제가 발생할 수 없다. 동물의 수명은 하나로 연결된 '現在'이다. 어느 누구도 시간을 단절할 수 없다. 마치 강물과 같이 어떤 칼로써도 단절할 수 없다. 그러나 인간은 그렇지 않다. 인간의 現在는 기억에 의존하여 보존하고 있는 '과거'의 蓄積物이다. 만약 기억이 사라지고 망각된다면 우리의 '시간'도 단절된다.

인간이 기억을 하게 되는 것은 인간의 두뇌가 자동촬영 상자이기 때문은 결코 아닐 것이다. 인간이 기억의 능력을 가지고 있는 것은 사실이다. 인간이 기억의 능력을 이용하여 기억의 능력을 발전시키는 것은 인간의 '현재'의 생활이 반드시 '과거'가 전해주는 방법을 필요로 하기 때문이다. 그 방식을 배워야만 인간집단에서 생활해 나갈 수 있다. 그 방식은 모든 개인의 개별적 창조물이 아니라 사회의 遺産이다. 실험용 작은 흰쥐는 다른 쥐들로부터 결코 학습하지 않는다. 각 쥐들은 모두 구체적인 환경에서 '시험과 착오'의 과정에서 개별적인 경험을 얻어야만 한다. 쥐들은 경험을 상호 전달할 수도 없고, 상호 학습하지도 못한다.

인간은 자신의 抽象化 능력의 상징체계에 의존하여 자신의 경험을 축적할 뿐만 아니라 타인의 경험도 축적할 수 있다. 앞서 말한 과거로부터 전해 내려오는 방법은 사회공동체의 축적, 즉 우리가 평소 말하는 文化이다. 문화는 상징체계와 개인의 기억에 의존하여 사회의 공동경험을 보호한다. 이렇게 말하자면, 각 개인의 '현재'는 그 개인의 '과거'의 투영뿐만 아니라 민족 전체의 '과거'의 투영까지 포괄한다. 개인에 대해서 歷史가 가지는 의미는 개인을 치장하는 장식물이 아니라 실용적이고 결핍되어서는 안 될 생활의 기초이다. 인간은 사회를 떠나서 생활할 수 없고, 文化를 학습하지 않을 수 없다. 文化는 본능에 의존할 수 없고 記憶에 의존해야 한다. 따라서 인간은 記憶力에서 발전을 추구하지 않을 수 없는 것이다. 우리는 개인의 과거와 현재 사이에 다리를 놓아야 할 뿐만 아니라 사회의 世代間에도 다리를 놓아야 한다. 그렇지 않으면 문화가 있을 수 없고, 우리가 현재 향유하고 있는 생활도 있을 수 없다.

내가 말한 많은 말들은 아마 인간의 生活과 時間의 연관을 밝혀주기에 충분할 것이다. 이 연관 가운데 가장 중요한 다리가 되는 것은 말(單語)이다. 어느 사람이 말하기를, 言語가 인간을 만들었다고 했는데, 정말로 맞는 말이다. 성경에도 하나님이 무엇을 말하면 그 무엇이 존재하게 되었다고 했으니, '말'이 '존재(有)'의 시작이다. 이 점은 비록 물질적인 宇宙에서는 맞지 않지만 文化에서는 맞는 말이다. 상징체계가 없다는 것은 곧 槪念이 없다는 것이고, 개념이 없으면 인간의 경험 역시 시간 속에서 축적될 수 없거나 축적되기 힘들고, 살아가려고 해도 禽獸의 상태를 초월할 수 없다.

그러나 '말(詞)'이 반드시 '文字'를 필요로 하는 것은 아니다. 文字는 눈으로 볼 수 있는 符號, 즉 '글자(字)'이다. 그러나 말은 반드시 각인할 수 있거나 쓸 수 있는 부호가 아닐 수도 있는데, 그것은 목소리로 낼 수 있는 부호, 즉 言語이다. 모든 문화에서 '文

字'가 반드시 있는 것은 아니지만 '말'은 없을 수 없다. 앞 장에서 내가 이렇게 말한 것은 향토사회, 즉 크게 보아 '문자'가 없는 사회를 설명하려고 했기 때문이다. 앞 장에서 나는 공간적 상황에서 농촌사람들은 문자를 필요로 하지 않는다고 말했다. 여기에서 나는 시간적 상황에서도 동일한 결과가 나온다는 것을 설명하고자 한다.

나는 우리가 記憶을 발전시키려 한다고 말한 적이 있다. 그것은 우리 생활에서 그와 같은 需要가 있기 때문이다. 그러나 文化가 없는 동물의 세계에서는 本能으로 생활해 나갈 수 있다. 즉, 기억이 있어야 할 필요가 없다. 내가 이렇게 말하는 것은 사실 또 다른 의미, 즉 인간의 기억의 발전 정도는 생활의 需要에 따라서 결정된다는 의미를 담고 있다. 우리 각 사람이 매 시각 접촉하는 외부세계는 많고도 복잡하지만 그것이 우리의 感覺에 전부 다 들어오는 것은 결코 아니다. 들어오는 것은 우리가 선택한 것들뿐이다. 우리는 우리의 눈과 접촉되는 외부세계 전부를 다 볼 수는 없다. 우리는 우리가 주의하고 있는 것만 보게 된다. 우리의 視線에는 초점이 있고, 초점은 우리의 注意에 따라서 이동한다. 주의의 대상은 우리가 선택하는데, 선택의 근거는 우리 생활의 需要이다. 우리의 생활과 무관한 것에 대해서는 우리가 관심을 기울이지 않고 "보고도 못 본 척한다(熟視無睹)".

우리의 記憶 역시 이와 같다. 우리는 결코 모든 과거를 다 기억해내지 않는다. 단지 과거 가운데서 극히 작은 부분만을 기억해낸다. 내가 '기억해낸다(記取)'고 말했는데, 사실은 '지나간 뒤에 회상한다(過後回憶)'는 말이 더 적당하다. 記憶이라는 말에서 '記'는 현재 상황에서 장래에 필요한 것을 위해 그 무엇을 識別해 낸다는 의미를 담고 있고, '憶'은 현재와 관련된 것을 위해 과거의 경험을 회상한다는 의미를 담고 있다. 사실 현재 상황에서 장래에 필요한 것을 예측하기는 대단히 어려운 일이다. 대개는 현재의 需要 때문에 과거를 '追憶'한다. 어떤 경우 그 과정은 매우 힘들기 때문에 '애써 회상하게(苦憶)' 된다. 아무튼 기억은 아무런 작용을 하지 않는 것은 아니고 실제로 사용되는 것이다. 기억은 생활을 위한 것이다.

향토사회에서 생활하는 사람들이 필요로 하는 記憶의 범주와 생활은 현대 도시인의 그것과는 다르다. 향토사회는 생활이 대단히 안정된 사회이다. 나는 흙을 파먹고 사는 사람들은 자주 移動할 수 없다고 말한 적이 있다. 한 지방에서 출생한 사람은 죽을 때까지 그 지방에서 살아간다. 극단적인 향토사회는 老子가 이상적으로 생각했던 사회, 즉 "닭 우는 소리와 개 짖는 소리가 서로 들리는 가까운 이웃에 살면서도 늙어 죽을 때까지 서로 왕래하지 않는(鷄犬相聞, 老死不相往來)" 사회이다. 개인은 고향을 잘 떠나지 않고 그가 거주하는 곳은 자기 부모의 고향이기도 하다. "여기서 태어나서 여기서 죽는(生於斯, 死於斯)" 결과 각 세대는 밀착되어 있다.

물론 이와 같은 극단적인 향토사회가 항상 존재하는 것은 아니다. 우리는 시대가 변해도 변하지 않으려고 한다. 그렇지 않다면 왜 外地에서 죽은 사람의 棺을 반드시 고향으로 운반해 와서 조상의 땅에 묻으려 하겠는가. 그 땅에서 일생을 살았기 때문에 죽어서는 뼈와 몸이 그 땅으로 되돌아가야 한다고 생각하기 때문이다.

각 세대가 이동하지 않는 결과 사람들은 낯익은 사람들 속에서 성장하고 또 익숙한 지역에서 성장한다. 익숙한 지방이란 아주 오랜 시간 동안 사람과 土地가 혼합되어 있는 개념이다. 조상들이 그 지방에 익숙했었고, 조상들의 경험은 자손들이 획득하게 될 경험이 될 수밖에 없다. 시간의 유구함이란 譜系上 그렇다는 것이고, 각 개인이 획득할 수 있는 경험이라는 점으로 말하자면 동일한 방식이 반복적으로 再演되는 것을 말한다. 동일한 무대에서 동일한 연극을 할 때 연극배우가 기억할 필요가 있는 것은 일련의 臺本뿐이다. 그들의 개별적 경험은 세대의 경험과 동일하다. 경험을 부단히 蓄積할 필요는 없고 항상 保存할 필요만 있다.

나는 초등학교 다닐 때 선생님이 日記를 쓰도록 강요하여 고심 끝에 '同上'이라는 글자만 쓴 적이 있다. 실제로 그랬다. 매일 '아침에 일어나서, 세수하고, 수업하고, 놀고, 잤는데' 더 기록할 게 무엇 있겠는가. 선생님은 '同上'이라고 쓰지 못하게 했다. 그래서 초등학생들은 거짓말을 할 수밖에 없었다.

고정적인 생활환경에서 성장하여 생리적 기초에 뿌리를 두고 있는 習慣을 가지게 된 우리는 "해가 뜨면 일어나고, 해가 지면 잠자리에 드는(日出而起, 日入而息)" 생활리듬을 갖는다. 記憶은 불필요한 것이다. "노년이 다가오는 줄도 모른다(不知老之將至)"는 말은 '시간을 잊고 사는(忘時)' 생활을 묘사한 것이다. 秦 나라가 망하고 漢 나라가 부흥해도 아무런 관계가 없다. 향토사회에서는 망각을 두려워하지 않는다. 오히려 망각이 편안하다. 생활의 常軌를 벗어난 일이 있을 때에만, 망각이 두려울 때에만, 비로소 새끼줄에 매듭을 지어 표시해 둔다.

새끼줄에 매듭을 지어 표시해 두는 것은 文字의 원시적 방식이다. 그렇게 하는 목적은 외부의 象徵을 통해서 聯想作用을 일으켜서 사람들의 기억을 돕게 하려는 것이다. 사물이 자주 변화하는 환경에서 자신의 기억력이 부족하다고 느낄 때 비로소 사람들은 그와 같은 외부의 상징을 필요로 한다. 言語에서 文字로 바뀌게 된 것은, 즉 목소리로 말하는 것에서 새끼줄에 매듭을 짓고, 칼로써 그림을 새기고, 붓으로 문자를 쓰는 것으로 바뀌게 된 것은, 우리의 생활이 틀에 박힌 것에서 틀에 박히지 않은 것으로 바뀌는 과정에서 나타났다. 도시 생활에서는 밤늦게까지 낯선 사람들을 만나기 때문에 주머니에 주소록을 넣고 다닌다. 향토사회에서는 사진을 붙인 身分證은 아무런 의미를 갖지 못한다. 한 마을에 십여 명의 '왕형(王大哥)'들이 있지만, 그렇다고 절대로 사람을 헛갈리는 일은 일어나지 않는다.

각 세대의 생활이 동일한 映畫를 상영하는 것과 같은 사회에서는 歷史 역시 불필요한 것이고, 존재하는 것은 '傳說' 뿐이다. 來歷을 이야기할 때에는 '天地開闢'에서부터 시작해야 한다. 천지개벽에서부터 시작하지 않으면 그 다음의 말은 '日常的'인 것밖에 없지 않겠는가. 도시사회에는 뉴스가 있지만, 향토사회에서는 뉴스는 희귀하고 이상하며, 이치에도 맞지 않는 황당한 것이다. 도시사회에는 이름난 사람(名人)이 있지만, 향토사회에서는 "사람은 이름이 나는 것을 두려워하고, 돼지는 살이 찌는 것을 두려워한다(人怕出名, 猪怕壯)". "다른 사람보다 앞서지도 말고 뒤처지지도 말아야 하며(不爲人先, 不爲人後)", 사람 구실을 하기 위해서는 "규칙에 따라 행동해야 한다(循規蹈矩)". 이와 같은 사회에서는 正規分布曲線은 적용할 수 없고, 하나의 틀로 찍어낸 것만 적용할 수 있다.

이러한 사회에서는 言語가 세대 간의 경험을 충분히 전달할 수 있다. 어느 한 사람이 생활상의 문제에 직면하게 되면 그는 자신보다 더 나이가 많은 사람을 찾아가서 그 문제를 해결할 수 있는 유효한 방법을 물어보게 된다. 왜냐하면, 모두가 동일한 환경에서 동일한 길을 걷기 때문이다. 그가 먼저 가면 내가 뒤따라간다. 뒤따라가는 사람은 앞서간 사람의 발자국을 밟고 따라간다. 입으로 전달하더라도 전달되지 못할 것이 없다. 文字가 어디에 필요한가? 시간에는 隔阻가 없고 서로 팽팽하게 이어져 있다. 아버지와 아들 사이에서는 모든 文化가 빠짐없이 전수될 수 있다.

그렇다면, 중국이 만약 향토사회라면, 왜 文字가 존재하게 되었는가? 나의 대답은, 중국사회는 基層에서 보면 鄕土的이지만, 중국의 文字는 결코 기층에서 발생하지 않았다는 것이다. 가장 초기의 문자는 제사와 관련된 것으로, 지금까지도 우리 농촌사람들의 것은 아니다. 우리의 문자는 또 다른 발생 배경을 가지고 있다. 내가 이 章에서 지적할 필요가 있는 것은, 기층에서는 言語는 있지만 文字는 없다는 점이다. 공간과 시간 면에서 향토사회는 사람들이 얼굴을 서로 마주 대하고 친밀하게 접촉하면서 생활한다. 반복적으로 동일한 생활을 하는 향토사회의 사람들은 文字를 모를 정도로 어리석은 것이 아니라, 다만 文字를 사용하여 자신의 사회적 생활의 需要를 해결한 경험을 갖지 못하고 있을 따름이다. 여기에서 내가 말하고 있는 것은, 향토적 성격의 중국 기층사회에 변화가 나타난다면, 그리고 반드시 변화가 생겨야만 비로소, '文字가 농촌으로 내려갈 수 있다(文字下鄕)'는 것이다.

4. 差等的 秩序構造

 농촌에서 일하는 사람들이 보기에, 중국 농민들의 가장 큰 병폐는 '자기만 생각하는 것(私)'이다. '자기만 생각하는 것'을 말할 때 우리는 흔히 "각자 자기 집 대문 앞의 눈만 치우고 남의 집 지붕 위의 서리는 신경 쓰지 않는다(各人自掃門前雪, 莫管他人屋上霜)"는 속담을 생각하게 된다. 이 속담은 거의 모든 중국인들의 信條가 되어 있다는 점은 아무도 감히 부인하지 못할 것이다. 사실 이러한 태도를 가진 것은 농민들만이 아니다. 소위 도시인들도 일찍이 이와 같지 않았던 적이 있는가.
 자기 집 대문 앞의 눈을 치우는 사람은 그래도 公衆道德心이 있는 사람이라고 할 것이다. 보통 사람들은 쓰레기를 집 앞의 거리에 쏟아버리고는 그것으로 그만이다. 蘇州 사람들의 집 후문에는 보통 江이 흐르고 있는데, 이 江이 세상에서 가장 아름답다는 말도 있고, 또 文人들의 글에는 중국의 베니스라고 묘사되고 있지만, 나는 천하에 蘇州市의 이 물길보다 더 더러운 곳은 없다고 생각한다. 사람들은 본래 시원스레 흐르지도 않는 작은 강에다가 아무거나 마구 내다버리고, 적지 않은 집들에서는 아예 화장실조차 없는 실정이다. 남들이 이 강물에 옷을 빨고 채소를 씻고 있는 줄 뻔히 알면서도 자제해야 할 필요를 전혀 느끼지 못한다. 왜 그럴까? 이 작은 강은 '국가의 것(公家)'이기 때문이다.

일반적으로 '국가의 것(公家)'이라고 하면 모든 사람들이 어느 정도 덕을 볼 수 있는 것, 각자에게 權利는 있지만 義務는 없는 것이라고 말한다. 작게는 두 세 가족이 함께 거주하는 집의 庭園을 예로 들 수 있다. 함께 사용하는 복도에는 언제나 먼지가 쌓여 있고 뜰에는 잡초가 가득하지만 아무도 그것을 뽑아서 깨끗하게 만들 생각을 하지 않는다. 발을 딛기가 더 힘든 곳은 바로 화장실이다. 어느 한 집도 '자신과 상관없는 남의 일(閑事)'을 하려고 하지 않는다. 결국에는 그 광경을 차마 그냥보아 넘기지 못하는 사람이 다른 사람들을 위해 봉사하게 되지만, 그들로부터 고맙다는 인사 말 한 마디 듣기 어렵다. "惡貨가 良貨를 구축한다(壞錢驅逐好錢)"는 그레셤(Thomas Gresham)의 법칙처럼, 여기서는 '자기만 생각하는 마음(自私心)'이 公德心을 몰아낸다.

이로써 볼 때, 중국에서 '자기만 생각하는 마음(自私心)'의 병폐는 어리석음(愚)과 疾病보다 더욱 넓게 퍼져 있다. 위에서 아래까지 모두들 이러한 병폐가 없는 사람이 없다. 이미 이 병폐는 외국의 여론이 일치해서 우리를 공격하는 약점이 되어 있다. 소위 腐敗와 無能은 결코 한 개인의 절대적인 능력의 문제가 아니고 상대적인 것이다. 이것은 개인이 公共서비스와 責任에 대하여 어떤 태도를 가지느냐 하는 것을 가리키는 말이다. 중국인들이 經營에 소질이 없는 것은 결코 아니다. 동남아 지역의 화교들이 商業에서 거둔 성취를 서양인들은 누구나 다 보고 있다. 중국인들이 무능한 것은 더욱 아니다. 자신의 일이라면 돈을 긁어모으고 비위를 맞추는 등 다른 어느 나라 사람들보다 그 능력이 뛰어나다. 따라서 여기서 말하는 '자기만 생각하는 것(自私)'의 문제는 '자기와 집단(群己)', '나와 다른 사람(人我)'의 境界線을 어떻게 설정하는가 하는 문제이다. 우리의 전통적인 구분 방법은 서양의 그것과는 확연히 다르다. 따라서 만약 우리가 '자기만 생각하는 것(自私)'의 문제를 토론하고자 한다면 먼저 전체 社會構造의 상황을 제시하고 이 문제를 고려해야 한다.

  서양의 사회는 우리가 논에서 볏단을 묶는 것과 비슷한 점이 있다. 몇 포기의 벼를 한 줌(把)으로 묶고, 몇 줌을 한 다발(扎)로 묶고, 몇 다발을 한 단(捆)으로 묶고, 몇 단을 한 짐(挑)으로 만든다. 매 포기의 벼들은 일정한 볏단, 다발, 줌에 속하고, 매 포기의 벼들은 모두 같은 줌, 같은 다발, 같은 단의 벼로 분명하게 나뉘어 있고 뒤섞일 수 없다. 사회에서 이 단위는 바로 團體이다.

  내가 서양의 사회조직은 마치 볏단을 묶는 것과 닮았다고 말하는 것은 다음과 같은 점을 지적하기 위해서이다. 즉, 그들은 항상 몇 사람으로 하나의 단체를 구성한다. 각 단체는 그 경계가 분명하다. 누가 그 단체에 속한 사람이고 누가 그 단체 밖의 사람인지 모호할 수가 없고 반드시 그 경계가 분명해야 한다. 단체 내의 사람들은 같은 동료로서 그 단체와의 관계에 있어서는 모두가 동일하다. 만약 동일한 단체에서 組가 나뉘어 있거나 혹은 等級의 구분이 있다면, 그것 역시 미리 규정되어 있다.

4. 差等的 秩序構造 ■ 53

이러한 관계를 내가 볏단을 묶는 것에 비유한 것은 별로 적합하지 못한 비유일 수도 있다. 개인은 몇 개의 단체에 가입할 수 있지만, 어떤 포기의 벼가 동시에 몇 개의 다발 속에 들어가 있기는 불가능하기 때문이다. 그것은 인간과 벼 포기가 다른 점이다. 내가 이런 비유를 사용한 것은 사회생활에서 사람과 사람의 관계의 상황을 구체적으로 생각해 보도록 하기 위해서다. 우리는 이것을 '단체구조(團體格局)'라고 불러도 무방하다.

家族(family)은 서양에서는 경계가 분명한 단체이다. 만약 어느 한 친구가 당신에게 편지를 쓰면서, 그가 '나의 家族을 데리고' 당신을 찾아보겠다고 하였다면, 당신은 그 친구가 함께 오겠다는 사람이 몇 사람인지, 어떤 사람인지 분명히 알 수 있다. 그러나 중국에서는 그와 같은 말은 대단히 모호하다. 영국과 미국에서는 家族에는 그 친구와 그의 부인, 그리고 미성년의 아이가 포함된다. 만약 그 친구가 자기 부인과 함께 오려고 한다면 家族이라는 단어를 사용하지 않을 것이다. 중국에서는 흔히 초청장 등에 '합제광림(闔第光臨)' [1], 즉 '온 가족이 함께 왕림해 주시기 바랍니다'라는 뜻의 문구를 쓰지만, 과연 이때 '가족(第)'이라면 누구까지 포함하는 것인지 분명히 말할 수 있는 사람은 아주 드물다.

앞에서 文字의 用法을 설명했었지만, 이 '家'야말로 그 범위를 가장 자유자재로 늘이기도 줄이기도 할 수 있는 문자이다. '집안 사람(家里的)'이라고 하면 자기 부인 한 사람을 가리킬 수도 있고, '가문(家門)'이라고 하면 백부, 숙부, 조카 등을 가리킬 수도

---

1) '闔第(합제)'는 '전 가족'을 뜻한다. ― 역자 주.

있으며, '우리집 사람(自家人)'이라고 하면 자신의 테두리 안에 넣고 싶은 모든 사람들을 전부 포함시킬 수도 있는데, 보통은 친밀한 사람을 나타낸다. '우리집 사람(自家人)'의 범위는 때와 곳에 따라서 늘기도 줄기도 하기 때문에 그 범주가 크면 그 수가 분명하지 않아서 사실 온 天下가 一家로 될 수도 있다.

왜 중국에서는 가장 기본적인 사회단위의 名詞가 이처럼 분명하지 못한가? 내가 보기에는, 그것은 중국의 사회구조 자체가 서양의 상황과 다르다는 것을 보여준다. 중국의 상황은 한 단 한 단으로 명확하게 구분되는 벼 포기가 아니라 돌 하나가 수면에 던져졌을 때 생겨나는 同心圓이 점차 밖으로 퍼져나가는 波紋과 같다. 각 개인은 모두 그가 사회에 영향을 미치면서 퍼져나가는 同心圓의 中心이다. 동심원의 파문이 퍼져나가는 것에 의해 상호 연관이 발생한다. 각자가 특정 시점과 특정 지점에서 만들어내는 동심원의 물결은 반드시 동일한 것은 아니다.

중국 사회에서 가장 중요한 親族關係는 바로 돌을 던졌을 때 생겨나는 동심원 파문과 그 성질이 같다. 친족관계는 出産과 育兒, 結婚에 근거하여 발생하는 社會關係이다. 출산과 육아, 결혼이 만들어내는 네트워크로부터 우리는 무수한 사람, 즉 과거, 현재, 미래의 인물들을 포함하는 데까지 계속 퍼져 나갈 수 있다. 중국 속담에 '친척은 삼천리(一表三千里)'2)라는 말이 있는데, 바로 이런 뜻이다. 사실 여기서 삼천리는 그 범위가 넓다는 뜻을 나타내는 것

---

2) 一表三千里: 중국의 父系社會에서는 姓이 같은 傍系 친척을 호칭할 경우에는 堂, 姓이 다른 傍系 친척을 호칭할 때에는 表를 썼다. ― 역자 주.

에 불과하다. 이러한 네트워크는 거미줄과 같이 하나의 中心이 있는데, 그것은 바로 '自己'이다. 우리 각자는 친족관계로 짜인 네트워크를 가지고 있지만, 이 네트워크에 포함되어 있는 어떤 사람도 서로 같지 않다. 한 사회 안의 사람들은 동일한 體系로 그들의 친척을 기억하고 인식할 수 있지만, 동일한 것은 다만 이 體系뿐이다. 체계는 추상적 상황, 혹은 범주적 關聯 槪念이다. 우리가 그 체계를 이용하여 구체적인 친척을 인식할 때, 각자가 인식하는 것은 서로 다르다. 친척관계의 체계 안에서 우리에게는 모두 父母가 있지만, 그러나 나의 부모는 그의 부모와는 다르다. 한 걸음 더 나아가, 천하에는 두 사람이 인식하는 친척관계가 완전히 동일한 것은 없다. 물론 형제에게는 동일한 부모가 있다. 그러나 형제는 각자의 처와 자녀들을 두고 있다. 따라서 친족관계로 맺어진 사회관계의 네트워크로 말하자면 이들은 모두 개별적이고 전부 다 다르다. 모든 네트워크는 각기 '자기(己)'를 중심으로 하고 있지만, 각 네트워크의 중심은 전부 다 다르다.

중국의 향토사회에서는 친족관계만 그런 것이 아니라 地緣關係도 역시 그렇다. 현대의 保甲制度3)는 단체의 성격을 가지고 있지만, 그것은 전통적인 구조와는 같지 않다. 전통적 구조에서는 각 가족은 자신의 地位를 중심으로 주위를 하나의 테두리로 나누는데, 그 테두리가 곧 '이웃(街坊)'이다. 이웃 간에는 기쁜 일이 있으면 불러서 술을 대접하고, 아이를 낳으면 '붉은 물감을 들인 달

---

3) 保甲制度(보갑제도): 중국 基層의 말단 조직을 말한다. 10戶를 1甲으로, 10甲을 1保로 편성하였다. ─ 역자 주.

걀(紅蛋)'을 보내고, 喪이 나면 가서 殮하는 것을 도와주고 棺을 들어주는 등 생활상의 상부상조 기구이다. 그러나 이웃은 고정적인 단체가 아니라 하나의 범주이다. 이 범주의 크기는 中心의 勢力 여하에 따라서 결정된다. 세력이 큰 가족의 이웃은 마을 전체로 확대되고, 가난한 가족의 이웃은 이웃하고 있는 두 세 집밖에 되지 않는다. 이것은 중국의 親族의 범위와 마찬가지다. 소설 『紅樓夢』에 나오는 賈氏(가씨) 집안의 大觀園4)에서처럼, 고종사촌 林黛玉(임대옥)도, 이종사촌 薛寶釵(설보차)도 함께 거주할 수 있고, 후에 가서는 더 많아져서 寶琴(보금)이나 岫雲(수운) 등 친척이라고 할 만한 모든 사람들이 다 함께 거주할 수도 있다. 그러나 세력이 변화하면, 나무가 넘어지면 원숭이가 흩어지듯이, 작은 집단으로 수축된다. 아주 극단적인 상황에 처하게 되면 蘇秦(소진)5)이 초라하게 귀향했을 때처럼 "妻가 남편으로 여기지 않고, 형수가 삼촌으로 여기지 않게(妻不以爲夫, 嫂不以爲叔)" 될 수도 있다. 중국의 전통 구조에서 '차등적 질서구조'는 이와 같이 신축성이 있다. 농촌에서 가정은 아주 작을 수도 있지만, 돈이 많은 地主와 관료 계층에 이르면 마치 작은 國家처럼 커질 수도 있다. 중국인들 역시 '세상 인심의 변화(世態炎凉)'에 대단히 민감한데, 그것은 바로 신축성이 큰 사회의 범주가 중심 세력의 변화에 따라 변하기 때문이다.

　아이가 자라서 성년이 된 후에도 부모와 한 집에서 생활할 때에는 부모에게 食費를 내야 하는 서양사회에서는 모두가 단체의

---

4) 大觀園(대관원)은 소설 紅樓夢의 주무대이다. ― 역자 주.
5) 蘇秦(B.C.340-B.C.284)은 戰國 시기 6國이 合縱하여 秦을 타도해야 한다고 설파한 韓의 戰略家이다. ― 역자 주.

境界를 인정한다. 단체에 속한 사람은 일정한 자격을 가지고 있다. 자격이 취소되면 곧 그 단체를 떠나야 한다. 그것은 그들의 인심이 쌀쌀하거나 따뜻하다는 그런 人情의 문제가 아니라 權利의 문제이다. 서양사회에서 쟁취하려는 것은 權利이지만, 중국 사회는 '關係'를 맺으려 하거나 '交分'을 쌓으려고 애쓴다.

마치 물 위에 돌이 던져진 것처럼 '나(我)'를 중심으로 다른 사람과 연계되는 사회관계는, 모두가 하나의 平面 위에 같이 서 있는 단체의 分子와는 달리, 水面의 波紋과 마찬가지로 同心圓을 그리면서 멀리 퍼져나가고, 멀리 퍼져 나갈수록 약해진다. 여기서 우리는 중국 사회구조의 기본 특징을 만나게 된다. 중국의 儒家가 가장 중시하는 것이 '人倫'인데, '倫'이란 무엇을 뜻하는가? 나의 해석은 이렇다. 즉, 자기 자신으로부터 출발하고 또 자기 자신이 만들어낸 사회관계에 속해 있는 한 집단 내의 사람들 사이에서 한 둘레씩 형성되는 둥근 波紋과 같은 '差等的 秩序'이다.

『釋名』6)이란 책에서는 '倫'字를 설명하기를, "倫은 물에 파문이 일어나 차례차례 전해져서 생기는 결(倫也, 水文相次有倫理)"이라고 했다. 판광단(潘光旦)7) 선생은 일찍이 "侖(륜) 字를 공통분모로 삼고 있는 모든 글자의 의미는 동일하다. 모두 '條理', '類

---

6) 東漢 말년 劉熙가 '事物 名稱의 根源(名源)'을 解釋한 책 이름이다. ― 역자 주.
7) 潘光旦(1899~1967)은 1913~1922년 淸華대학교를 거쳐 1922~1926년 미국에서 生物學을 공부했다. 청화대학교 및 西南聯合대학교에서 敎務長, 사회학과 주임을 맡았다. 潘光旦은 費孝通보다는 한 연배 높은 학자이다. 潘光旦과 費孝通은 중국 지식인의 정치결사체인 中國民主同盟에 가입하여 정치사회 운동에 참여했고, 학문적으로도 인간적으로도 깊은 관계를 맺었다. ― 역자 주.

別', '秩序'의 뜻을 나타낸다"고 말한 바 있다.[8]

'倫'의 중점은 分別에 있다. 『禮記』〈祭統篇〉에는 '祭禮'로서 열 개의 倫을 들고 있는데, 귀신 섬기는 도리(事鬼神之道), 임금과 신하 간의 도리(君臣之義), 부자간의 도리(父子之倫), 귀한 자와 천한 자의 차등(貴賤之等), 친함과 소원함의 차등(親疎之殺), 관작과 포상 수여(爵賞之施), 부부간의 구별(夫婦之別), 정사의 공평무사(政事之均), 장유의 차례(長幼之序), 상하간의 분별(上下之際)이 그것으로, 이것은 모두가 差等을 나타내고 있다. '倫을 잃지 않는다(不失其倫)'는 것은 부모와 자식, 가까운 사람과 먼 사람, 친밀한 사람과 소원한 사람을 구분하는 것에 있다. 이처럼 '倫'은 차등적 질서이다.

지금 『禮記』를 읽어보면 귀신, 임금과 신하, 부모와 자녀, 남편과 아내 등 구체적인 사회관계가 어떻게 귀한 신분과 천한 신분, 친밀한 사람과 소원한 사람, 윗사람과 아랫사람 등 추상적이고 상대적인 지위와 함께 거론되었는지 궁금해진다. 이들은 정말로 우리 전통사회 구조에서 가장 기본적인 개념들이다. 개인과 개인의 왕래가 만들어내는 네트워크 중의 紀綱이 바로 '차등적 질서(差序)'이고 또한 '倫'이다. 『禮記』〈大傳篇〉에서는 "친밀한 사람은 친밀하게 대하고, 존귀한 사람은 존경하고, 어른은 어른으로 대접하고, 남녀 사이에는 구별이 있는 것, 이러한 것은 백성들과 함께

---

[8] 『鄕土中國』은 '潘光旦, 「論倫字」, 『社會學研究』, 第19期'라고 각주를 달고 있으나, 역자가 대조해본 결과 潘光旦의 이 말은 「論倫字」, 『蓋世報 社會研究』 1947년 12월 11일에 게재되었다. 潘乃谷, 潘乃和選編, 『潘光旦選集I』, 1999년, 350-353쪽 참조. — 역자 주.

변혁시킬 수 없는 것들이다(親親也, 尊尊也, 長長也, 男女有別, 此其不可得與民變革者也)"라고 했다. 이 말은, 사회를 지탱하는 기초인 倫理의 틀은 변화시킬 없고, 다만 이 기본 틀을 이용하여 수행하는 일들만 변화시킬 수 있다는 뜻이다.

공자(孔子)가 가장 중시했던 것은 물결이 외부로 확장되도록 하는 '미는 힘(推)'이라는 글자이다. 공자는 먼저 '자기(己)'의 존재를 전제하고, 그 '자기(己)'의 감정이나 생각을 기초로 易地思之하여 남의 입장을 헤아리는 '자기(己)', 다시 이러한 '자기(己)'의 욕망이나 행위를 '禮'에 합치되도록 억제하는 것, 즉 '자기 자신을 극복하는 것(克己)'이 곧 '修身'이라고 했다. 그리고 이 同心圓의 波紋을 따라서 나 자신을 밖으로 밀어 나가야 한다. 그렇게 할 때 비로소 "근본이 확립되어 道가 생긴다(本立而道生)"고 하였다. 그 결과 "사람 됨됨이가 부모에게 효도하고 연장자에게 공순하면서도 윗사람에게 대들기를 좋아하는 사람은 드물고, 윗사람에게 대들기를 좋아하지 않으면서도 반란을 일으키는 사람은 없게 되는(其爲人也孝弟, 而好犯上者, 鮮矣; 不好犯上, 而好作亂者, 未之有也)"것이다[9]. '자기(己)'로부터 '가족(家)'으로, 가족으로부터 '국가(國)'로, 국가로부터 '天下'로 나아가는 것은 전부 통하는 하나의 길이다. 『中庸』에서는 '五倫'을 천하의 '달도(達道)', 즉 '보편적으로 통하는 道'라고 보고 있다. 왜냐하면, 이 사회구조에서는 '자기(己)'로부터 출발하여 天下에 이르는 것은 그 테두리가 하나하나 밖으로 확장되어 가는 것이기 때문이다. 그래서 孟子는 "잘 밀어

---

[9] 『論語』〈學而篇(1-2)〉에 나오는 말이다. — 역자 주.

나갈 뿐이다(善推而已矣)"10)라고 했다.

　이처럼 신축성이 풍부한 네트워크 속에서는, 때와 장소에 따라서 하나의 '자기(己)'가 그 중심을 이루고 있다. 이것은 결코 個人主義가 아니고 自我主義이다. 개인주의에서의 個人이란 團體에 대한 것으로, 全體에 대한 分子를 말한다. 개인주의에서는 한편으로는 平等의 관념이 존재하는데, 이것은 동일한 團體 안에서 각 分子의 지위가 동동하고, 한 개인은 많은 사람들의 權利를 침범할 수 없다는 것을 의미한다. 그리고 다른 한편으로는 憲法의 관념이 존재하는데, 이것은 團體는 개인을 말살할 수 없고, 개인이 자발적으로 포기하는 權利에 대해서만 개인을 통제할 수 있다는 것을 의미한다. 이러한 관념들은 반드시 먼저 團體의 존재를 가정해야만 한다. 그러나 중국의 전통사상에는 이와 같은 관념이 없다. 왜냐하면, 우리가 가지고 있는 것은 自我主義, 즉 일체의 가치는 '자기 자신(己)'을 중심으로 한다는 主義이기 때문이다.

　自我主義는 자기 몸의 털 하나를 뽑아 天下를 이롭게 할 수 있는 일조차 결코 하려고 하지 않았던 楊朱11)에게만 해당되지 않고 儒家에게도 해당된다. 그러나 楊朱와 孔子가 달랐던 점은, 양주는 자아주의의 상대성과 신축성을 간과했다는 것이다. 양주는 너무나 고집스럽게 자기를 확고하게 붙잡고 놓지 않았다. 그러나 공자는

---

10) 『孟子』〈梁惠王上篇〉에 나오는 말이다. ─역자 주.
11) 楊朱는 戰國 시기 魏의 思想家이다. 他人의 이익을 훼손하여 자신의 이익을 도모하거나, 자신의 이익을 훼손하여 타인의 이익을 도모하는 것 모두를 거부하였다. 墨子의 兼愛思想을 반대하여 '자신을 중시하고(重己)', '자신의 생명을 귀하게 여기는(貴生)' 사상을 발전시켰다. ─역자 주.

'자신을 미루어 다른 사람에게 미치게(推己及人)' 해야 한다고 했다. 그러나 비록 자기를 四海에 풀어놓더라도 그 中心은 항상 자기 자신이어야 한다. 공자는 말하기를 "德으로 백성을 다스리는 것은 비유하자면 北極星은 제 자리에 가만히 머물러 있고 뭇 별들이 북극성을 바라보고 도는 것과 같다(爲政以德, 譬如北辰, 居其所而衆星共之)"12)고 하였다. 이 말은 '차등적 질서'에 대한 아주 좋은 비유이다. 언제나 움직이지 않고 제자리를 지키고 있는 북극성처럼 자기 자신이 中心이고 다른 모든 사람들은 나를 따라서 움직인다. 공자는 예수와 같지 않았다. 예수는 개인을 초월하는 단체의 성격을 가지고 있었다. 예수는 그 자신의 天國을 가지고 있었다. 그래서 그는 자기 자신을 희생시켜 천국을 완전무결하게 만들었지만, 그러나 공자는 그렇지 않았다.

　　子貢이 말했다: "만약 백성들에게 널리 은덕을 베풀고 대중을 구제해줄 수 있는 사람이 있다면 어떻습니까. 그를 仁者라 할 수 있습니까."
　　孔子가 말했다: "어찌 仁者일 뿐이겠느냐. 그는 반드시 聖人일 것이다. 堯임금이나 舜임금 같은 성인들도 그렇게 할 수 없음을 걱정하였다. 대저 仁者란 자기가 서고자 하는 곳에 남도 서게 하고, 자기가 이루고자 하는 것은 남도 이루도록 한다. 가까운 것, 즉 자기 자신으로부터 취하여 그것을 남에게도 미치게 할 수 있는 것, 이것이 곧 仁을 실천하는 방법이라고 할 수 있을 것이

---

12) 『論語』〈爲政篇(2-1)〉에 나오는 말이다. ─ 역자 주.

다."13)

　　(子貢曰: "如有博施於民, 而能濟衆, 何如? 可謂仁乎?" 子曰: "何事於仁, 必也聖乎! 堯舜其猶病諸! 夫仁者, 己欲立而立人, 己欲達而達人. 能近取譬, 可謂仁之方也已.")

　　공자의 도덕체계에서는 '차등적 질서구조'의 중심을 절대로 벗어날 수 없다. "君子는 잘못의 원인을 자기 자신에게서 찾고, 小人은 그것을 남에게서 찾는다(君子求諸己, 小人求諸人)".14) 따라서 공자는 천하를 보편적으로 사랑하거나 심지어 자신의 敵조차도 사랑하고 그리고 또 자신을 죽이려고 했던 사람들에 대해서조차 하나님의 자비를 구했던 예수와 같을 수는 없었다. 예수의 그와 같은 행위는 自我 중심에서 출발한 것이 아니다.

　　공자는 "德으로써 원한을 갚는 것은 어떻습니까(以德報怨, 何如)"라는 질문에, "그러면 德은 무엇으로써 갚겠는가? 원한은 곧음(直)으로써 갚고 德은 德으로써 갚아야 한다(何以報德, 以直報怨, 以德報德)"15)라고 대답했다. 이는 '차등적 질서'의 차원으로서, 공자는 그것을 절대로 느슨하게 적용하지 않았다. 그러나 공자는 양주처럼 '작은 나(小己)'로써 모든 상황에 대처하지 않았다. 공자는 그 도덕적 범위를 수요에 따라 확대하거나 축소하였다. 공자는 자기 자신을 한 번 놓아버리고 나서는 거두어들일 수 없었던 예수나 혹은 중국의 墨子와는 달랐다.

---

13) 『論語』〈雍也篇(6-30)〉에 나오는 말이다. ― 역자 주.
14) 『論語』〈衛靈公篇(15-20)〉에 나오는 말이다. ― 역자 주.
15) 『論語』〈憲問篇(14-36)〉에 나오는 말이다. ― 역자 주.

4. 差等的 秩序構造 ■ 63

우리가 일단 놓아버릴 수도 있고 거두어들일 수도 있으며, 확대할 수도 있고 축소할 수도 있는 이 사회 범주를 이해하게 되면 중국 전통사회에서의 '자기만을 생각하는 것(私的)'의 문제도 분명히 알 수 있게 된다. 내가 항상 느끼는 것은 '중국의 전통사회에서는 한 개인은 자기 자신을 위해서는 家族을 희생시킬 수 있고, 가족을 위해서는 黨을 희생시킬 수 있으며, 당을 위해서는 國家를 희생시킬 수 있고, 국가를 위해서는 天下를 희생시킬 수 있다'는 것이다. 이 말은 『大學』에 나오는 다음과 같은 말과 그 논리가 서로 통한다.

"옛날에 天下에 明德을 밝히고자 한 자는 먼저 자기 나라를 다스렸고, 자기 나라를 다스리고자 한 자는 먼저 자기 집안을 다스렸으며, 자기 집안을 다스리고자 한 자는 먼저 자기 몸을 닦았다. … 자기 몸이 닦여진 후에 자기 집안이 다스려지고, 자기 집안이 다스려진 후에 자기 나라가 다스려지며, 자기 나라가 다스려진 후에 천하가 태평해진다."
(古之欲明明德於天下者, 先治其國, 欲治其國者, 先齊其家, 欲齊其家者, 先修其身. … 身修而後家齊, 家齊而後國治, 國治而後天下平.)

단지 다른 점이 있다면, 그 향하는 방향이 하나는 內向이고 다른 하나는 外向이라는 것이고, 그 語法이 하나는 正面이고 다른 하나는 反面이라는 것이다. 그것은 일종의 차등적 질서를 推動하는 물결 형식이고, 집단과 나 자신의 경계를 상대적인 것으로 만들어서 양자를 모호하게 만드는 것이라고 말할 수 있다. 이 점에서 權利와 義務를 아주 분명하게 구분하는 서양의 사회와는 아주 다른 것이다.

自己를 위해서 家(가정, 가족)를 희생시키고, 家를 위해서 族(부족, 민족)을 희생시키는 것 … 이것은 실제로 존재하는 사실을 반영하는 公式이다. 이와 같은 공식이 통하는 현실에서 만약 당신이 그의 행위를 가리켜서 '私'만을 생각하는 것이니 어쩌니 하면서 비난한다면, 그는 당신의 말을 인정하지 않을 것이다. 왜냐하면, 그가 族을 희생시킬 때에는 그것은 家를 위해서인데, 家는 그에게는 바로 '公'이기 때문이다. 그가 자신이 속한 작은 단체의 이익과 권리를 위하여 國家를 희생시킬 때에는 그것 역시 '公', 즉 작은 단체의 '公'을 위해서이기 때문이다. 차등적 질서 상황에서 '公'과 '私'는 상대적인 것이고, 어떤 테두리 안에 서 있는지에 따라서 그 內部를 향하고 있는 것도 '公'이 될 수 있다.

사실 서양의 外交家가 국제회의에서 自國의 이익을 위하여 세계의 평화, 다른 국가의 이익을 희생시킬 때에도 마찬가지다. 다만 다른 점은, 그들은 국가는 다른 모든 작은 조직의 단체를 초월하고, 국가를 위해서는 위아래의 모든 사람들이 희생될 수 있지만, 다른 단체를 위해서 국가를 희생시킬 수는 없다고 여긴다는 것이다. 이것이 현대의 국가 관념인데, 이러한 관념은 향토사회에서는 존재하지 않는다.

서양 사회에서 국가라는 단체는 집단과 개인 간의 경계선이 분명하고 또 유일하고 특출하게 구분되는 단체이다. 국가의 人民은 마치 볏단에 묶여 있는 벼 포기처럼 국가라는 단체 밖으로 도망칠 수가 없다. 그들은 국가를 각 개인이 자신의 이익을 도모하는 기구로서 인식하기 때문에 그들에게는 革命이 있고, 憲法이 있으며, 法律이 있고, 國會 등이 있다.

그러나 중국의 전통 사회에서 집단의 極限은 그 경계가 모호하고 명확하지 않은 '天下'이다. 국가는 황제의 家로서 그 경계선은 언제나 명확하지 않지만, 자기 자신을 중심으로 해서 외부로 확대시켜 나간, 많은 사회 세력들 가운데 하나의 테두리일 따름이다. 그래서 만질 수 있고 구체적인 것은 언제나 나 자신밖에 없다. 그리하여 그러한 '나 자신의 욕망을 억누르는 것(克己)'은 사회생활에 있어서 가장 중요한 德性이 되는 것이다. 사람들은 집단을 억눌러서(克) 집단이 개인의 권리를 침략하지 못하도록 할 수는 없다. 이런 차등적 질서구조에서는 그와 같은 문제는 발생할 수가 없다.

차등적 질서구조에서 사회관계는 점차 한 사람 한 사람으로부터 퍼져 나간 것, 즉 개인적 연계가 증가된 것이다. 사회 범위는 하나하나의 개인적 연계가 구성하고 있는 네트워크이다. 따라서 중국의 전통 사회에서 모든 사회 도덕은 개인적 연계 가운데서만 意義를 가질 수 있다. 이 문제를 나는 다음 章에서 다시 제기하여 토론할 것이다.

5. 個人을 연결하는 道德

　중국 향토사회의 基層構造는 내가 말하는 일종의 '差等的 秩序構造'이다. 차등적 질서구조는 '하나하나의 개인적 연계가 구성하고 있는 네트워크'이다. 이러한 구조와 서양의 '團體構造'는 그 성격이 서로 다르다. 단체구조에서는 개인 간의 연계는 하나의 共同의 틀에 의존한다. 먼저 그 공동의 틀이 존재하고, 각 개인은 그 공동의 틀과 결합함으로써 상호 관련이 나타난다. '公民'이라는 관념은 '國家'라는 관념이 먼저 존재하지 않고서는 존재할 수가 없다.
　이런 구조는 아마도 '원시민족'의 '部落' 형태에서 이어져 내려왔을 것이다. 부락 형태는 遊牧經濟에서 가장 잘 나타나는데, 이것이 '團體構造'이다. 상호의존적으로 생활하는 한 집단의 사람들은 山林에서 독자적이고 분산적으로는 생활할 수가 없다. 그들에게 있어서 '단체'는 생활의 前提이다. 그러나 각자가 土地에서 자신의 힘으로 생활할 수 있는 평안한 향토사회에서는 사람들은 간헐적이고 임시적인 비상상황에서만 비로소 동료나 친구의 필요성을 느끼게 된다. 그들에게 있어서는 다른 사람과의 관계가 발생하는 것은 此後의 일이고 덜 중요하다. 더구나 그들은 서로 다른 상황에서 각각 다른 정도의 結合을 필요로 하기 때문에 일상적이면서 그 포괄 범위가 광범위한 단체가 꼭 필요한 것은 아니다. 따라서 그들의 사회는 '차등적 질서구조'를 채택하게 된다.

사회구조의 차이는 서로 다른 도덕관념을 만들어 낸다. 도덕관념은 사회에서 생활하는 사람들이 자각적으로 사회적 행위의 規範을 준수해야 한다는 신념인데, 그것은 行爲規範, 행위자의 信念, 사회의 制裁를 포함하고 있다. 그것의 내용은 그 사회의 구조에 따라서 결정되는 사람과 사람 사이의 關係의 행위규범이다. 사회적 관점에서 말하자면, 道德은 개인의 행위를 사회가 제재하는 힘이다. 즉, 도덕은 사람들에게 규정된 형식에 따라서 일을 처리하도록 요구하고, 그것을 통해서 그 사회의 生存과 永續을 보장한다.

'단체구조'에서 도덕의 기본 관념은 단체와 개인의 관계 위에서 구축된다. 단체는 개인을 초월하는 '實在'이지만 '형체가 있는 (有形)' 것은 아니다. 우리는 구체적으로 형체가 있는 것을 가리켜 "이것은 단체다"라고 말할 수 없다. 그것은 사람과 사람 간의 일련의 관계이고, 각 개인의 행위를 통제하는 力量이며, 分子의 생활이 의존하는 對象을 만드는 것이고, 어떤 개인보다 先行하면서도 개인을 벗어날 수 없는 共同意志이다. 이러한 '實在'는 '형체가 있는 것'을 사용하여 그것을 상징하고 그것을 표시할 수밖에 없다. '단체구조'의 사회에서만 비로소 모든 사물을 포괄하는 神의 관념이 생겨난다. 개인에 대한 단체의 관계는 곧 信徒에 대한 神의 관계에서 상징되는데, 神은 賞과 罰을 내리는 재판관이고, 公正을 유지하는 자이며, 전능한 보호자이다.

　우리가 서양의 '단체구조' 사회의 도덕체계를 이해하고자 한다면 그들의 종교 관념을 이해하지 않으면 안 된다. 종교적 경건함과 신뢰는 서양인들의 도덕관념의 근원일 뿐만 아니라 그들의 행위규범을 지지하는 力量이기도 하고, 단체의 象徵이기도 하다. 단체를 상징하는 神의 관념에서 두 개의 중요한 관념이 파생된다. 하나는, 모든 개인은 神 앞에서 平等하다는 관념이고, 다른 하나는, 神은 모든 개인에 대하여 公平하다는 것이다.

　예수는 말하기를, 神(즉, 天主, 하나님)은 자기의 父親이고, 그리고 모든 사람들의 부친이라고 하였다. 그러면서 그는 심지어 많은 사람들의 面前에서 자신을 낳아 길러준 자기 父母를 부인하였다. 이러한 '平等'을 관철하기 위하여 기독교의 神話에서는 예수가 童貞女(마리아)로부터 태어난다. 부모자식 간의 개별적이고 私的인 연계가 여기에서는 부정된다. 사실 이것은 결코 황당한 이야기가 아니라 유력한 상징으로, 이것은 '公有'의 단체, 단체의 대표인 神은 반드시 '無私'의 존재라는 것을 상징한다. 모든 인간의 자식들, 즉 '人子'들은 예수가 상징하는 단체의 '構成分子'로서, 이들에게는 私有의 父親 이외에 반드시 더욱 중요하면서 다른 사람들과 公有하는 '天父(하나님)'가 존재하는데, 그것이 곧 團體이다. 이처럼 각 개인의 人格的 平等이 확립되어야만 각 단체의 分子와 단체의 관계는 서로 평등하게 된다. 단체는 어떤 개인을 위해 소유될 수 없다. 이런 기초 위에서 비로소 미국 독립선언문 제1장의 "전 인류는 평등하게 태어났고, 그들 모두는 빼앗길 수 없는 '하늘이 부여한 권리(天賦權利)'를 갖고 있다"는 말이 나오게 된다.

그러나 하나님은 아득히 먼 하늘에 있는데, 이는 단체는 곧 無形의 實在임을 상징한다. 그러나 단체의 意志를 집행할 때에는 代理人이 존재해야 한다. '代理人(Minister)'은 단체구조 사회의 기본적인 개념이다. 하나님의 의지를 집행하는 목사는 'Minister'이고, 단체의 권력을 집행하는 관리도 'Minister'이다. 모두가 '代理人'이지 神 혹은 단체 그 자체가 아니다. 하나님과 목사, 국가와 정부의 구분은 혼동될 수 없다. 기독교 역사에서 사람들은 거듭 직접 하나님과 소통하고자 하였고, 하나님의 의지를 진정으로 대변하지 못하는 '대리인'에 대해서는 반항하였다. 사실 相通하는 것이고 一貫된 것이지만, 미국의 독립선언문에는 "이러한 권리를 보장하기 위해서 인류는 政府를 조직했고, 이 정부의 정당한 권력은 반드시 피통치자의 동의를 거쳐서 나와야 한다. 만약 어떤 형태의 政體이든 이러한 목표를 유린할 때에는 인민은 언제든지 그 정체를 변혁하거나 폐지할 권리를 갖는다. 우리는 이 진리가 증명하지 않아도 명백한 것이라고 생각한다"라는 말이 있다.

神은 각 개인을 공평하고 차별 없이 대하고 사랑한다. 만약 대리인이 '증명하지 않아도 명백한 진리'를 위반할 경우, 그 대리인은 대리인 자격을 상실한다. 그리하여 단체구조의 도덕체계에서 權利 觀念이 나타난다. 사람과 사람의 관계에서는 서로의 권리를 존중해야 하고, 단체와 개인의 관계에서는, 단체는 반드시 개인의 권리를 보장해야 하며, 단체의 대리인이 권력을 남용하는 것을 방지하기 위해서 憲法이 생겨난다. 헌법의 관념은 서양의 '公務' 관념과 서로 배합된다. 국가는 인민의 복무를 요구할 수 있지만, 국가 역시 인민의 권리를 침해하지 않을 것을 보장해야 하고, 인민의 권리를 공정하게 보호하는 범위 내에서 권력을 행사해야 한다.

나는 '단체구조'에서의 도덕체계와 관련해서 말을 적지 않게 했는데, 그 목적은 '차등적 질서'에서의 도덕체계의 특징을 돋보이게 하려는 데 있다. 양자 간의 차이라는 점에서 볼 때 많은 점이 서로 상반된다. 자신을 중심으로 삼는 사회관계 네트워크에서 가장 중요한 것은 자연히 "자신의 욕망과 욕심을 억누르고 禮를 따르는 것(克己復禮)", "하나같이 모두 자신의 몸을 닦는 것을 근본으로 삼는 것(壹是皆以修身爲本)"이다. 이것이 차등적 질서구조 사회의 도덕체계의 출발점이다.

자신으로부터 밖으로 뻗어 나가서 구성되는 사회의 범위는 하나하나의 개인적 연계로 결정되는데, 그 모든 개인적 연계들을 묶는 끈들은 도덕적 要素에 의해 유지된다. 사회의 범위는 '나'로부터 외부로 뻗어 나간 것으로, 뻗어 나가는 과정에는 각종 路線들이 있는데, 가장 기본적인 노선은 親族이다. 부모와 자식 그리고 同胞에 상응하는 도덕적 요소는 '孝(효: 효도)'와 '悌(제: 공경)'이다. "부모에게 효도하고(孝) 나이 많은 사람을 공경하는 것(悌)이 仁을 실천하는 근본일 것이다(孝悌也者, 其爲仁之本歟)".[1] 다른 한 노선은 친구를 향해 뻗어나간 것으로, 그에 상응하는 것은 '忠(충: 충성)과 信(신: 신의)'이다. "남을 위해 일을 꾀하면서 忠(충)을 다하지 않은 적은 없었는가. 벗들과 사귀면서 信(신)하지 않았던 때는 없었

---

1) 『論語』〈學而篇(1-2)〉에 나오는 말이다. ─ 역자 주.

는가(爲人謀而不忠乎. 與朋友交而不信乎.)"2) "忠과 信을 위주로 해야 한다. 자기보다 못한 자를 친구로 사귀지 말라(主忠信, 無友不如己者)".3) 공자는 결론적으로 "젊은이는 집에 있을 때에는 부모에게 효도하고, 집 밖에서는 연장자를 공경하고, 신중하고 신실하며, 사람들을 널리 사랑하고, 仁의 德을 갖춘 사람을 가까이 해야 한다(弟子入則孝, 出則悌, 謹而信, 泛愛衆, 而親仁)"4)고 하였다.

여기서 나는 비교적 복잡한 관념인 '仁'의 문제를 제기하고자 한다. 내가 앞에서 말한 것에 따르면, 차등적 질서구조에서는 사적 관계를 초월하는 도덕관념은 없다. 자기를 초월하는 관념은 반드시 단체구조 안에서만 생겨날 수 있다. 부모에게 효도하고(孝), 나이 많은 사람을 공경하며(悌), 매사에 정성을 다하고(忠) 신실한(信) 것은 모두 사적 관계의 도덕적 요소이다. 그러나 공자는 자주 '仁'이란 관념을 제기한다. 『論語』에는 '仁'에 대한 해석이 가장 많지만 그러나 또한 파악하기가 가장 어려운 것이 '仁'이다. 한편으로 공자는 몇 번이나 '仁'에 대해 명확하게 해석하려고 했지만, 다른 한편으로 "공자는 이익(利), 운명(命), 仁에 관해 드물게 언급하였다(子罕言利, 與命與仁)."5) 공자는 여러 차례 이 도덕적

---

2) 『論語』〈學而篇(1-4)〉에 나오는 말이다. ─ 역자 주.
3) 『論語』〈學而篇(1-8)〉에 나오는 말이다. '無友不如己者'에 대하여 리쩌허우(李澤厚)는 "자신보다 못한 친구는 없다, 친구의 장점을 보아야 한다."고 해석하고 있다. 李澤厚, 『論語今讀』, 安徽文藝出版社, 1998년, 37쪽. ─ 역자 주.
4) 『論語』〈學而篇(1-6)〉에 나오는 말이다. ─ 역자 주.
5) 『論語』〈子罕篇(9-1)〉에 나오는 말이다. 공자는 『論語』에서 命에 대해 몇 차례 언급하지 않았지만, 仁에 대해서는 일백 번 이상 언급하였다. 따라서 공자가 仁에 대해 거의 언급하지 않았다고 해석하는 것

요소에 대해 설명하려고 했지만 하지 못하고 말았다.

> 사마우(司馬牛)가 '仁'에 대해 묻자, 공자가 말했다.
> "仁者는 그 말하는 것이 어눌하다."
> "말하는 것이 어눌하면 곧 仁者라 할 수 있습니까?"
> 공자가 말했다: "(말한 것을) 실천하기가 어려운데, 그 말하는 것이 어눌하지 않을 수 있겠느냐?" 6)
> (司馬牛問仁. 子曰: "仁者, 其言也訒."
> 曰: "其言也訒, 斯謂之仁已乎?"
> 子曰: "爲之難, 言之得無訒乎?")

> 공자가 말했다: "나는 '仁'을 좋아하는 사람과 '不仁'을 미워하는 사람을 본 적이 없다.… 아마 있을지도 모르지만 나는 본 적이 없다."7)
> (子曰: "我未見好仁者, 惡不仁者. … 蓋有之矣, 我未之見也.")

> 맹무백(孟武伯)이 물었다: "자로(子路)는 '仁'한 사람입니

은 잘 이해할 수 없다. 그래서 일부 학자들은 '공자는 利益에 대해 거의 언급하지 않았지만, 命과 仁을 칭찬하였다'고 해석하고 있다. 이 해석은 '與命與仁'에서 '與'字를 허락한다는 뜻의 '許'로 해석하는 것이다. 현대 중국의 철학자 리쩌허우(李澤厚)도 후자의 해석을 따르고 있다. 李澤厚, 『論語今讀』, 安徽文藝出版社, 1998년, 213쪽; 楊伯峻譯注, 『論語譯注』, 中華書局, 1998년, 86쪽. ― 역자 주.

6) 『論語』〈顔淵篇(12-3)〉에 나오는 공자의 말이다. ― 역자 주.
7) 『論語』〈里仁篇(4-6)〉에 나오는 공자의 말이다. ― 역자 주.

까?"

공자: "모르겠다."

그가 다시 묻자, 공자가 말했다: "전차 일천 대를 동원할 수 있는 제후국에서 그에게 軍政 업무를 맡길 수는 있겠지만, 그가 '仁'한지 어떤지는 모르겠다."

"염구(冉求)는 어떻습니까?".

공자가 말했다: "일천 戶가 사는 邑에서 그를 邑長으로 삼거나 전차 일백 대를 동원할 수 있는 大夫의 봉지에서 그를 관리 책임자로 삼을 수는 있겠지만, 그가 '仁'한지 어떤지는 모르겠다."

"공서적(公西赤)은 어떻습니까?"

공자가 말했다: "그에게 禮服을 입고 조정에서 外賓을 접대하고 교섭하는 일을 맡길 수는 있겠지만, 그가 '仁'한지 어떤지는 모르겠다."[8]

(孟武伯問: "子路(=仲由)仁乎?" 子曰: "不知也." 又問.

子曰: "由也, 千乘之國, 可使治其賦也, 不知其仁也." "求也如何?" 子曰: "求(=冉求)也, 千室之邑, 百乘之家, 可使爲之宰也, 不知其仁也." "赤(=公西赤)也如何?" 子曰: "赤也, 束帶立於朝, 可使與賓客言也, 不知其仁也.")

---

[8] 『論語』〈公冶長篇(5-8)〉. 리쩌허우(李澤厚)는 孟武伯이 공자의 제자를 관직에 천거할 목적으로 몇몇 유명한 제자의 人品을 물은 것에 대해 공자가 인(仁)과 재능(才能)을 구분하여 대답하였다고 해석하고 있다. 李澤厚『論語今讀』, 安徽文藝出版社, 1998년, 127-128쪽. ― 역자 주.

공자는 "'仁'한 사람인지 어떤 사람인지 말하기 어렵다"라고 여러 차례 말했지만, '仁'이 무엇인지 적극적으로 설명할 때에는 "자기 자신의 욕심과 욕망을 억누르고 禮를 따르는 것이 '仁'이다(克己復禮爲仁)"9)라는 입장으로 돌아왔다. 그리고 "공손함(恭), 관대함(寬), 신실함(信), 민첩함(敏), 은혜 베풂(惠)" 등 다섯 가지 도덕적 요소를 들면서 "천하에 이 다섯 가지를 실천할 수 있다면 그것이 바로 '仁'이다.… 공손하면(恭) 모욕당하는 일이 없고, 관대하면(寬) 많은 사람들을 얻으며, 신실하면(信) 사람들의 신뢰를 얻고, 민첩하면(敏) 공적을 쌓을 수 있고, 은혜를 베풀면(惠) 남들을 부릴 수 있다."10)고 말했다.

(子張問仁於孔子. 孔子曰:"能行五者於天下爲仁矣." "請問之." 曰:"恭, 寬, 信, 敏, 惠. 恭則不侮, 寬則得衆, 信則人任焉, 敏則有功, 惠則足以使人.")

공자의 어려움은 단체 형성의 기초가 견고하지 않은 중국의 향토 사회에서 구체적으로 포괄적인 도덕관념을 제시하는 것이 결코 쉽지 않았다는 점에 있다. '仁'의 관념은 단지 논리적인 종합, 모든 私的 관계에서 도덕적 요소의 공통점이다. 그러나 사회 형태에서 개인적 관계를 종합하는 '단체'가 구체성을 결여하고 있기 때문에 다만 "天下가 '仁'으로 돌아간다(天下歸仁)"라고 하는, 이른바 모든 것을 감싸는 天下만 존재할 뿐, 천하에 상응하는 '仁'의 관념은 '天下' 관념보다 더 분명해질 수가 없다. 그래서 구체적으

---

9) 『論語』〈顔淵篇(12-1)〉에 나오는 말이다. ─ 역자 주.
10) 『論語』〈陽貨篇(17-6)〉에 나오는 말이다. ─ 역자 주.

로 설명하려고 할 때마다 '효도(孝)', '공경(悌)', '정성을 다함(忠)', '신실함(信)' 등과 같은 도덕적 요소들로 돌아가게 된다. '天下'를 설명할 때 '부자(父子)', '형제(昆弟)', '친구(朋友)' 등과 같이 구체적인 倫常의 관계로 되돌아가는 것과 동일하다.

중국의 전통적 도덕체계에서는 기독교의 敎理에서 말하는 것과 같은 종류의 '사랑(愛)'이라는 관념, 차등적 질서가 배제된 모든 사람을 사랑하는 '겸애(兼愛)'의 관념이 없을 뿐만 아니라 단체에 대한 개인의 도덕적 요소도 쉽게 찾아볼 수 없다. 서양의 단체구조의 사회에서 公務와 義務의 이행은 아주 명백한 행위규범이다. 그런데 중국의 전통에서는 그와 같은 행위규범이 없다. 지금 우리는 때때로 '忠'을 그 위치에 올려놓지만, 『論語』에서 '忠'의 의미는 그런 것이 아니다. 내가 앞에서 인용한 "다른 사람을 위해 일을 도모하면서 忠을 다했는가(爲人謀而不忠乎)"11)라는 구절의 '忠'은 '자신의 진심을 미루어 남을 헤아린다(忠恕)'라는 뜻으로 해석할 수 있는데, 이는 '사람에 대한 성심성의(對人之誠)'를 뜻한다. "忠과 信을 위주로 해야 한다(主忠信)"에서의 '忠'은 '속마음'이란 뜻의 '衷'자와 같은 뜻으로, '속마음에서 우러나온다(由衷)'란 뜻이다.

子張이 물었다: "楚나라의 令尹(宰相에 해당하는 초나라의 관직명) 子文은 세 차례나 재상이 되었지만 기쁜 표정을 하지 않았고, 세 차례나 파면을 당했지만 원망하는 표정을 하지 않았으며,

---

11) 『論語』〈學而篇(1-4)〉에 나오는 말이다. ─ 역자 주.

매번 관직을 그만둘 때에는 자신이 추진해 오던 이전의 정책을 전부 신임 영윤에게 말해 주었다고 합니다. 이런 사람이면 어떻습니까?"

공자가 말했다: "자기 직무에 충실했던 사람이다(忠矣)."12)

(子張問曰: "令尹子文三仕爲令尹, 無喜色; 三已之, 無慍色. 舊令尹之政, 必以告新令尹. 何如?" 子曰: "忠矣.")

여기서의 '忠'은 '직무에 충실하다(忠於職務)'는 말에서의 '忠'과 그 뜻이 가깝고, 단체에 대한 '충성맹세(矢忠)'의 뜻을 포함하고 있는 것은 아니다. 『論語』에서의 '忠'은 결코 임금과 신하 관계 사이의 도덕적 요소만을 담고 있는 것이 아니다. 임금과 신하 사이에는 서로 '義'로써 결합된다. "군자가 관직에 나아가서는 '義'를 행할 따름이다.(君子之仕也, 行其義也.)"13) 따라서 '忠臣'의 관념은 나중에 와서 생긴 관념이라 할 수 있고, '忠君'은 결코 개인과 단체의 도덕적 요소가 아니라 여전히 임금과 신하 사이의 사적 관계인 것이다.

단체 도덕의 결핍은 公과 私의 갈등에서 아주 분명하게 드러난다. 정치적 책임을 지고 있는 君王도 먼저 그 자신의 도덕을 완성해야 한다. 『孟子』〈盡心上篇〉에는 다음과 같은 대화가 나온다.

도응(桃應)이 물었다: "舜이 천자로 있고, 고요(皐陶)가 사법관

---

12) 『論語』〈公冶長篇(5-19)〉에 나오는 말이다. ─ 역자 주.
13) 『論語』〈微子篇(18-7)〉에 나오는 말이다. ─ 역자 주.

으로 있는데, 만약 천자인 舜의 부친 고수(瞽叟)가 사람을 죽였다면, 어떻게 해야 합니까?"

맹자가 말했다: "그를 잡아들여야지."

"그러면 舜이 잡아들이지 못하도록 막지 않을까요?"

맹자가 말했다: "舜이라고 어찌 그렇게 하지 못하도록 막을 수 있겠느냐. 先王 때부터 이어져온 法이 있는데."

"그렇다면 舜은 어떻게 해야 합니까?"

맹자가 말했다: "舜은 천하를 마치 헌신짝 버리듯이 버렸을 것이다. 그리고는 몰래 자기 부친을 업고 멀리 바닷가로 도망가서 숨어 살면서 그곳에서 죽을 때까지 자기 부친을 봉양하며 즐겁게 살고 천하의 일들은 잊어버렸을 것이다." 14)

(桃應問曰: "舜爲天子, 皐陶爲士, 瞽叟殺人, 則如之何?"

孟子曰: "執之而已矣."

"然則舜不禁與?" 曰: "夫舜惡得而禁之? 夫有所受之也."

"然則舜如之何?" 曰: "舜視棄天下猶棄敝蹝也. 竊負而逃, 遵海濱而處, 終身訢然, 樂而忘天下.")

이 말은 舜이 천자가 되어 있으면서도 다른 백성을 대하듯이 자신의 부친을 대할 수는 없다는 것을 말한다. 맹자의 대답은 이런 갈등을 이상적으로 해결하는 방법이다. 맹자는 두 가지 문제 모두를 완전하게 해결하려고 했다. 그래서 法이 미치지 못하는 바닷가로 멀리 도망가는 방법을 생각해 냈다. 맹자는 그렇게 대답할 수

---

14) 『孟子』 〈盡心上篇(13-35)〉에 나오는 말이다. ― 역자 주.

있다. 왜냐하면, 제자인 도응(桃應)의 질문은 결코 事實의 문제가 아니었기 때문이다.

한편, 孟子가 직면했던 문제는 도덕 기준의 결핍이 보편화되어 있었다는 것을 보여준다.

> 만장(萬章)이 물었다: "象은 날마다 형인 舜을 죽일 생각만 일삼았는데도 舜은 天子가 되고 나서 그를 멀리 추방하는 것으로 끝냈는데, 그 이유가 무엇입니까?"
>
> 맹자가 말했다: "사실은 象에게 封地를 주었는데, 어떤 사람들은 舜이 그를 추방했다고 말한다."
>
> 만장이 물었다: " … 象은 극히 '不仁'한 자였는데도 그에게 有庳(유비)의 땅을 봉지로 주었습니다. 도대체 유비 사람들에게 무슨 죄가 있다고 그랬습니까? '仁'한 사람은 본래 그렇게 하는 것입니까? 다른 사람은 죄를 지으면 처벌하고, 자기 동생은 죄를 지어도 봉지를 줄 수 있는 것입니까?"
>
> 맹자가 말했다: "(어진 사람이 동생을 대하는 태도는, 노여움을 가슴속에 감추어 두지 않고, 원한을 가슴속에 오래 묻어두지 않으며, 오로지 그를 親愛할 따름이다. 그를 친애한다면 그를 尊貴하게 해주고 싶고 그를 부유하게 해주고 싶은 것이다. 舜이 그를 유비의 땅에 봉해준 것은 그를 富貴하게 해준 것이다.) 본인은 天子가 되었는데 동생은 여전히 匹夫로 남아 있다면, 어찌 그를 親愛한다고 말할 수 있겠느냐?" 15)

---

15) 『孟子』〈萬章上篇(9-3)〉에 나오는 말이다. ─ 역자 주.

(萬章問曰: "象日以殺舜爲事, 立爲天子, 則放之, 何也?"
孟子曰: "封之也, 或曰放焉."
萬章曰: " … 象至不仁, 封之有庳, 有庳之人奚罪焉? 仁人固如是乎? 在他人則誅之, 在弟則封之?"
曰: "仁人之於弟也, 不藏怒焉, 不宿怨焉, 親愛之而已矣. 親之, 欲其貴也; 愛之, 欲其富也. 封之有庳, 富貴之也. 身爲天子, 弟爲匹夫, 可謂親愛之乎?")

차등적 질서구조의 사회는 무수한 私的 關係로 구축된 네트워크이다. 이 네트워크의 각각의 매듭은 모두 일종의 도덕적 요소를 달고 있다. 따라서 전통적 도덕에서는 하나의 포괄적인 도덕관념을 찾아볼 수 없고, 모든 가치 기준 역시 차등적 질서의 人倫을 초월하여 존재할 수 없다.

따라서 중국의 도덕과 법률은 모두 적용 대상과 '自己'와의 관계에 따라서 일정한 정도의 신축성을 띤다. 나는 적지 않은 친구들이 부패를 통렬하게 비판하지만, 자기 부친이 횡령을 했을 경우에는 비난하지 않을 뿐만 아니라 부친을 대신하여 사실을 은폐하려고 하는 것을 본 적이 있다. 더욱 심한 것은, 그들은 자기 부친에게 횡령한 돈을 나누어 달라고 요구하면서 동시에 다른 사람의 횡령은 비난한다는 사실이다. 자기가 횡령을 했을 때에는 '유능하다'란 말로 변명한다. 그런데 이런 현상은 모순되지 않는다고 생각할 수 있다. 왜냐하면, 이와 같은 사회에서는 보편적인 기준은 결코 작동하지 않고, 대상이 누구인지, 나 자신과 무슨 관계에 있는지를 분명히 살펴본 뒤에야 비로소 어떤 기준을 꺼낼 것인지를 결정하기 때문이다.

   단체구조의 사회에서는 같은 한 단체에 속한 사람들은 모두 '이로움을 같이 한다(兼善)'. 즉 '서로 동등하다(相同)'. 그러나 맹자가 가장 반대했던 것이 바로 이것이다. 맹자는 "무릇 모든 사물마다 차이가 나는 것이 사물의 本性이다. 자네가 그 차이를 무시하고 똑같이 보는 것은 곧 천하를 어지럽히는 것이다.(夫物之不齊, 物之情也. 子比而同之, 是亂天下也.)"라고 했다.16) 따라서 묵가(墨家)의 "사랑에는 차등이 없다(愛無差等)"라고 하는 주장은 유가의 '인륜의 차등적 질서(人倫差序)'와 정반대되는 것이므로, 맹자는 그들을 비판하면서, 그들의 안중에는 아버지도 없고 군주도 없다고 비난했던 것이다.

---

16) 『孟子』〈滕文公上篇(5-4)〉에 나오는 말이다. ─ 역자 주.

6. 家 族

나는 앞의 두 장에서 집단(集團)과 개인(個人)의 관계로부터 사회구조의 문제를 토론하였다. 나는 그 두 章에서 '차등적 질서구조(差序格局)'와 '단체구조(團體格局)'와 같은 몇 개의 개념을 제시하였다. 나는 이러한 생소한 명사(名詞)들이 독자들을 번거롭게 만들 것이라는 점을 잘 알고 있다. 그러나 이미 존재하는 사회학의 어휘 가운데 그런 개념을 대신할 적당한 명사가 없기 때문에 나는 새로운 기호를 쓰지 않을 수 없었다. 그러나 이 새로운 기호는 결코 나를 완전히 만족시키지 못하고 있고, 또 쉽게 오해를 불러일으킬 여지도 있다.

예를 들면, 한 친구는 내가 쓴 한 편의 글을 본 뒤 고개를 저으며 중국의 향토사회에는 단체가 없다고 한 나의 말에 동의할 수 없다고 했다. 그는 가정, 씨족, 동네, 이웃, 村落 등을 열거하면서, 이들은 단체가 아니고 뭐냐고 했다. 분명히 우리는 동일한 名詞로써 동일하지 않은 實體를 가리키고 있다.

나는 구조가 서로 다른 두 종류의 '사회집단(社群)'을 구분하기 위해서 단체라는 명사에 좁은 의미를 부여해서 '단체구조'에서 형성된 사회집단만을 가리키고, 그렇게 함으로써 그것을 차등적 질서 속에서 형성된 사회집단과 구분했다. 이 후자를 '사회적 테두리'라고 부름으로써 보통 단체라고 말하는 것을 '사회집단'으로 대체했다. '사회집단'은 일체의 조직을 가진 사람들의 집단이다. 나의 친구가 열거한 각종 사회집단들 가운데 대부분은 내가 말한 '사회적 테두리'의 성격에 속한다.

여기서 내가 덧붙여서 설명해둘 필요가 있는 것은, 나는 결코 중국의 향토사회에는 '단체'가 없고, 모든 사회집단은 '사회적 테두리'의 성격에 속한다고 말하는 것은 아니라는 점이다. 예를 들면 '계(錢會)', 즉 '종(睬)'은 분명히 '단체구조'에 속하는 것이다. 나는 이 문제를 분석하면서 다만 주요 구조 측면에서 설명하고자 했을 뿐이다. 즉, 중국의 향토사회에서는 차등적 질서구조와 사회적 테두리가 비교적 중요하고, 마찬가지로 서양의 현대사회에서는 차등적 질서구조도 존재하기는 하지만 상대적으로 덜 중요하다는 것이다. 이 두 가지 구조는 사회구조의 기본적 형식으로서, 槪念上으로는 분명하게 구분할 수 있지만, 事實上으로는 항상 竝存하는데, 우리가 보게 되는 것은 각각의 두드러진 특징에 불과한 것이다.

개념상으로 이 두 가지 構造와 두 가지 組織을 구별하는 것은 결코 불필요한 것이 아니다. 왜냐하면, 이와 같은 구분은 우리가 사회구조를 훨씬 더 적절하게 이해하도록 돕고 또 각종 혼동에서 벗어날 수 있도록 도와주기 때문이다. 여기에서 나는 계속 그 개념에 근거하여 중국의 향토사회의 기본적 사회집단인 '家'의 성격을 살펴보고자 한다.

　내가 여기에서 제기하고 토론하고자 하는 것은 우리 향촌사회의 기본적인 사회집단, 일반적으로 '大家庭'으로 불리는 것이다. 『江村經濟』에서 나는 그것을 '확대된 家庭(expanded family)'이라고 불렀다. 이 명사의 주체는 '家庭'인데, 가정에다가 작다거나 크다거나 하는 형용사를 덧붙여서 성격이 동일한 중국과 서양의 '家庭'의 형식적인 차이를 설명하려고 한다. 그러나 지금 내가 보기에는 그 명사는 그다지 적합하지 않다고 느껴진다. 중국 향토사회의 기본적인 사회집단은 '小家庭'이라고 해야 비교적 타당할 것이다.

　내가 이 새로운 명사를 제기하는 이유는 構造의 原則으로부터 중국 사회의 '家庭'의 차이를 설명하고자 하기 때문이다. 우리가 보통 大가정과 小가정을 구분하는 것은 결코 그것의 크기, 그 사회집단이 포괄하는 사람 수에 근거한 것이 아니다. 십여 명의 아이를 둔 가정이라도 결코 '大가정'의 조건을 갖춘 것은 아니고, 부부와 자식, 며느리 네 명으로 구성된 가정일지라도 사람 수 때문에 '小가정'이라고 말할 수는 없다. 數的으로 보면 전자가 후자보다 더 많지만, 구조적으로 보면 후자가 전자보다 더 복잡하며, 양자가 사용하는 원칙도 서로 다르다.

　인류학에서는 '家庭'의 개념에 대해서 명확하게 '定義'하고 있다. 즉, 가정은 '부모와 자식', 즉 '親子'가 구성하는 '출산과 양육을 위한 사회집단(生育社群)'이다. 부모와 자식은 가정의 構造를, 출산과 육아는 가정의 機能을 나타낸다. 부모와 자식은 '二重

系統(雙系)', 즉 부친과 모친 쌍방으로 연결되어 있다. 子女는 배우자가 낳은 아이로 한정된다. 이 사회집단의 결합은 자녀의 출산과 양육 때문이다. 개인이 아이의 출산과 양육을 책임지는 사회에서 이 같은 사회집단은 적을 수 없다. 그러나 각 개별 가정에 있어서 출산과 양육의 기능은 단기적인 것이다. 아이가 성장하여 부모의 보살핌에서 벗어나고, 성장한 그 아이는 다시 자신의 아이를 낳고 양육하게 됨으로써 世代가 이어진다. 따라서 가정이라는 사회집단은 일시적으로 존재한다. 이 점에서 가정이라는 사회집단은 보통의 사회집단과 다르다. 학교, 국가와 같은 사회집단은 사실 항구적이지는 않지만 장기적인 기능을 가지고 있기 때문에 일시적으로 존재하는 것은 아니다. 출산과 양육을 자신의 기능으로 하는 가정은 시작이 곧 종결이다. 아이를 보살피고 양육하는 목적은 보살피고 양육하는 일을 끝내는 데 있다. 나는 그런 의미에 대하여 『출산과 양육제도(生育制度)』에서 상세하게 검토한 바 있다.

그러나 어떤 文化에서도 가정이라는 사회집단은 항상 출산과 양육 이외에도 기타의 기능을 가지고 있다. 부부간의 협력은 자녀가 성장했다고 멈출 수 없다. 만약 가정을 그 성격을 변화시키지 않고 다만 부모와 자녀가 구성하는 사회집단으로 한정하여 말한다면, 가정이 형성된 초기와 자녀가 성장한 후의 일정한 기간의 가정은 단지 夫婦의 결합으로 이루어져 있을 따름이다. 물론 부부는 경제적, 감정적, 兩性的으로 협력하지만, 양자가 협력하는 것은 대단히 큰 제약을 받는다. 비교적 많은 사람들이 협력할 필요가 있는 일은 기타 사회집단이 감당해야 한다.

서양에서 家庭은 단체적 성격을 갖는 사회집단이다. 이 점에 대해서는 나는 이미 앞 장에서 단체에는 엄격한 경계가 있다고 설명하였다. 이런 이유 때문에 이 가정이라는 사회집단이 담당하는 일 역시 아주 적은데, 그 역할은 주로 아이를 출산하고 양육하는 것이다. 그러나 중국의 향토사회에서는 가정이라는 단체에 엄격한 경계를 두지 않고 있다. 이 사회집단의 分子는 필요에 따라서 親族의 차등적 序列을 따라서 외부로 확대될 수 있다. 여기서 말하는 사회적 테두리를 구성하는 分子는 결코 부모와 자식으로 한정되지 않는다. 그러나 구조적으로 확대되는 路線에는 한계가 있다. 중국의 가정이 확대되는 노선은 '單一系統(單系)', 즉 父系 한쪽만이다. 소수의 예외를 제외하면, 가정은 며느리와 사위를 동시에 다 포괄할 수 없다. 父系原則에서 사위와 결혼한 딸은 가정 밖의 사람이다. 그러나 父系 쪽은 아주 멀리까지 확대되는데, '다섯 세대가 한 집에서 함께 생활하는(五世同堂)' 가정, 다섯 세대 이내의 父系 쪽의 모든 친족들은 한 가정이 된다.

이런 단일 계통의 親族 원칙에 근거하여 구성된 사회집단에 대하여 人類學은 전문 용어로 '氏族'이라고 부른다. 우리의 가정은 구조적으로 하나의 씨족이다. 그러나 우리가 보통 '族'이라고 말하는 것과는 동일하지 않다. 왜냐하면, 우리가 말하는 族은 여러 가정으로 구성된 하나의 사회집단이기 때문이다. 따라서 나는 여기서 '小家族'이라는 名詞를 제시한다. 小가족과 大가족은 구조의 원칙에서는 동일하다. 다른 점은 그 수와 크기에서만이다. 바로 이 점이 내가 '大家庭'이라는 말을 사용하지 않고 '小家族'이라는 말을 사용하는 이유이다. 글자 하나의 차이가 사회단체의 구조적 성격을 설명해 준다.

家族은 구조적으로 家庭을 포괄한다. 최소의 家族은 家庭과 동일할 수 있다. 왜냐하면, 친족 구조의 기초는 親·子 관계, 父·母·子의 三角 관계이기 때문이다. 가족은 가정의 기초 위에서 나온 것이다. 그러나 家族에 포괄되는 家庭은 단지 (가족이라는) 사회적 테두리 내의 하나의 바퀴(輪)일 따름이다. 그것이 존재할 수 없다고 말할 수는 없지만, 그러나 그것이 스스로 독립적인 단위를 이룬다고도 말할 수는 없다. 그것은 단체가 아니다.

形態上의 차이는 性格上의 변화를 야기한다. 가족은 비록 출산과 양육의 기능을 포괄하고 있지만, 다만 출산과 양육의 기능에 한정되지 않는다. 人類學의 話法에 따르면, 氏族은 하나의 事業組織이고, 다시 확대되면 하나의 部落이 된다. 씨족과 부락은 정치, 경제, 종교 등 복잡한 기능을 가지고 있다. 우리의 '家' 역시 그렇다. 우리의 가설은 중국의 향촌사회는 차등적 질서구조를 채택하였고, 친족의 윤리와 도덕을 이용하여 사회집단을 조직하고, 각종 사업을 경영함으로써 기본적인 '家'를 氏族的 성격을 갖도록 변화시킨다는 것이다.

한편으로 우리는 중국의 향촌사회에서는 정치, 경제, 종교 등의 모든 기능들을 家族이 담당하도록 하고 있다고 말할 수 있고, 다른 한편으로는 이러한 수많은 사업을 경영하기 위해서 '家'의 구조는 부모와 자식으로 구성되는 작은 組合으로 한정될 수 없고 반드시 확대되어야 한다고 말할 수도 있다. 무릇 정치, 경제, 종교 등은 장기적으로 지속되는 성격이 있는데, 이 기본적 사회집단들은 서양의 가정처럼 임시적인 것이 아니다. '家'는 개인의 성장 때문에 분열되거나 개인의 사망 때문에 종결되는 것이 아니기 때문에 반드시 지속성을 갖고 있고, 그래서 '家'의 속성은 '族'으로 변화한다. 씨족은 본래 우리의 '家'와 마찬가지로 장기적인 지속성을 가지고 있다. 내가 중국의 사회집단을 小家族이라고 말하는 것도 이런 장기성을 드러내고 家庭의 임시성과 대조하기 위해서이다.

중국의 '家'는 하나의 事業組織이다. '家'의 크기는 사업의 크기에 따라서 결정된다. 만약 사업이 작으면 夫婦 두 사람의 협력만으로 대처할 수 있는데, 이때의 '家'는 家庭과 동일하게 작을 수 있다. 만약 사업이 커져서 부부 두 사람이 담당할 정도를 넘어서면 형제와 백부, 숙부 모두가 大家에 집합할 수 있다. 이는 중국 향토사회의 '家'의 크기 변화는 대단히 클 수 있다는 것을 말해 준다. 크기의 차이가 어느 정도인지를 막론하고 구조의 원칙은 일관되어 있는데, 그것은 '單一系統의 차등적 질서구조(單系的差序格局)'이다.

출산과 양육의 사회집단에게 다른 많은 기능을 부담하도록 하는 것은 그 사회집단의 각 分子 간의 관계의 내용도 변화시킨다. 서양의 家庭이라는 단체에서는 夫婦가 주축을 이루는데, 부부가 공동으로 출산과 양육을 맡고, 이 단체에서 자녀는 조연 역할을 하며, 성장한 뒤에는 이 단체를 떠난다. 서양에서는 정치, 경제, 종교 등의 기능을 다른 단체가 담당하고 있으며, 가정의 본분은 이러한 기능을 수행하는 것에 있지 않다. 부부가 主軸으로 되고 兩性

간의 애정은 응집의 역량이 된다. 양성 간 애정의 발전은 그들의 가정이 생활에서 위로를 얻는 중심이 되도록 한다. 나는 『美國人의 性格』이라는 책에서 '생활의 보루'라는 말로 그것을 형용한 바 있다.

중국의 향토사회에서 '家'의 성격은 이 점에서 현저한 차이가 있다. 중국의 '家'는 지속성을 갖는 '事業社會集團'인데, 그 주축은 父子間이고, 姑婦間의 관계는 횡적이 아니라 縱的이다. 부부는 '보조축'이다. '보조축'은 주축과 마찬가지로 결코 임시적인 것은 아니다. 그러나 사업의 필요 때문에 두 축은 모두 일반적인 감정을 배척한다. 내가 말하는 일반적 감정이란 紀律과 대비되는 것이다. 모든 사업은 效率을 추구하는 것에서 벗어날 수 없다. 效率을 추구하려면 기율이 유지되어야 한다. 기율은 사적인 감정인 寬容을 배제한다. 중국의 가정에는 '家法'이 있는데, 부부간에는 서로 존경해야 하고, 여자는 '三從四德'1)의 기준을 따라야 하며, 부모와 자식 간에는 책임과 복종을 중시해야 한다. 이 모두는 '사업사회집단'의 특성이다.

큰 집안의 사람들이나 '선비집안(書香門第)'뿐만 아니라 농촌에서도 남녀가 하는 일은 나뉘어 있다. 농촌 사회에서 부부간의 애정이 희박한 것 역시 일상에서 쉽게 볼 수 있는 현상이다. 나는 농촌에서 조사할 때 특별히 이 문제를 주의해서 살펴본 적이 있다.

---

1) '三從'이란, 여자는 어려서는 아버지를 따르고(在家從父), 시집을 가서는 남편을 따르고(適人從夫), 남편이 죽으면 자식을 따른다(夫死從子)는 것을 말하고, '四德'이란 여자의 말씨(婦言), 솜씨(婦功), 맵시(婦容), 마음씨(婦德)를 말한다. ― 역자 주.

이후에도 나는 戰禍를 피해 농촌으로 내려갔고, 한 번은 어느 농가의 한 방에서 오랫동안 머문 적이 있는데, 그때 그런 사실을 더욱 잘 알게 되었다.

내가 알고 있는 농촌의 부부들은 대개 "많이 말할 필요가 없다", "정말로 말할 거리가 없다"고 하였다. 아침 일찍 일어나서 각자가 자신의 일에 바쁘기 때문에 한담을 나눌 시간이 없었다. 문밖을 나서면 각자 자신의 일을 한다. 부인은 밭에 나가지 않으면 집에 남아서 아이를 돌본다. 일을 다 마친 남자들도 집에 있는 경우가 드물다. 사나이 대장부가 마누라를 지키고 있으면 변변치 못한 자가 되어버린다. 일이 있으면 밖에 있고, 일이 없어도 밖에 있다. 찻집(茶館), 담배 가게, 골목어귀 등은 남자들이 감정적인 위안을 찾고 소일하는 곳이다. 그곳에서는 모두가 할 말이 있고, 웃음이 넘치며 시끌벅적하다. 집으로 돌아오면 부부간의 협력이 순조로울 때에는 각자는 해야 할 일을 따라 자기 일을 해나갈 뿐이다. 일이 잘 풀리면 만사가 평온하고 대화도 없다. 그러나 협력이 순조롭지 않을 때에는 한바탕 소동을 치른 뒤 어색한 것을 없애려 온갖 노력을 하지만 그것을 두고 多情하다고 말할 수는 없다. 이런 관찰을 통해 나는 감정 면에서는 서양의 가정과 우리 농촌의 가정을 함께 거론할 수 없다고 느꼈다. 농촌에서는 同姓과 비슷한 연령대의 집단 내에서는 서로 할 말이 많고 또 웃을 일이 넘친다. 일, 출산과 육아 이외의 영역에서 남자는 남자끼리, 여자는 여자끼리, 아이들은 아이들끼리 성별, 연령별로 먼 거리를 유지한다. 그것은 결코 우연한 것이 아니다. 내가 보기에는 그것은 出産과 育兒 이외의 수

많은 기능이 그 사회집단 속에 들어가고 난 뒤에 나타난 결과이다. 중국인은 愛情 면에서, 특히 양성 간에서는 애정을 잘 드러내지 않고 마음에 담아두는데, 이 점에서 겉으로 애정을 드러내는 서양인과 다르다. 이 역시 그 같은 사회적 환경에서 양성된 성격 때문이다.

7. 男女有別

나는 앞 章에서 중국의 향촌사회에서 '家族'은 '事業社會集團'이라고 말했다. 무릇 사업을 하는 사회집단은 紀律을 반드시 유지해야 하는데, 기율은 사적인 感情을 배제한다. 나는 여기에서 중국의 전통적인 '感情의 定向'이라는 기본문제에 직면하게 되었다.

여기서 '감정의 定向'이라는 단어는 한 개인이 자신의 감정을 발전시키는 方向을 가리킨다. 그런데 그 감정의 방향은 文化의 제약을 받고, 따라서 문화의 모델을 분석할 때 우리는 그 문화가 규정하고 있는 개인의 감정이 발전할 수 있는 방향에 주의해야 하기 때문에, 간단히 '감정의 定向'이라고 말하고자 한다.

'感情'은 두 가지 측면에서 살펴볼 수 있다. 心理學은 유기체의 생리적 변화로부터 감정의 본질과 종류를 설명할 수 있지만, 社會學은 사람과 사람의 관계에서 감정이 미치는 영향을 설명할 수 있다. 喜·怒·哀·樂은 비록 생리적 현상이기는 하지만 항상 사람들의 일 속에서 발생하고, 또 사람들의 일의 관계에 영향을 미친다. 喜·怒·哀·樂은 기타 개인의 행위와 마찬가지로 사회현상의 차원에서 그 의의를 얻게 된다.

　심리적인 측면에서 말하면, 感情은 일종의 體內의 행위가 外部의 행위로 나타나는 것이다. 윌리엄 제임스(William James)는 感情은 內臟의 변화라고 말한다. 이러한 변화는 動作의 경향을 형성하는데, 변화 그 자체는 일종의 긴장 상태이고 행위를 야기하는 力量이다. 만약 어떤 자극과 어떤 반응 사이의 연관이 훈련을 통하여 이미 상당히 고정되었다고 한다면, 혹은 자동적으로 작동된다면, 체내의 긴장 상태는 발생하지 않고 강렬한 감정이 생기지 않는다. 감정은 새로운 반응이 적용되고 지난날의 반응이 잘 통하지 않을 때 나타난다.

　여기서 말하는 감정은 '흥분하고', 심지어는 '화를 내는(動火)' 것을 의미하는, 보통 '激動'이라고 말하는 것과 비슷하다. 사람의 감정을 불(火)로 형용하는 것은 움직이는 힘과 긴장의 상태를 가리키기 위해서다. 사회관계에서 말하면, 감정은 파괴와 창조의 기능을 가지고 있다. 감정의 激動은 원래의 관계를 변화시킨다. 이것은 만약에 고정적인 사회관계를 유지하려고 한다면 감정의 격동을 피해야 한다는 것을 말해 준다. 사실 感情의 희석은 일종의 안정된 사회관계의 표현이다. 그래서 나는 앞 章에서 紀律은 개인적 감정을 배제하는 것이라고 말한 바 있다.

　사회관계를 안정시키는 힘은 감정이 아니라 理解이다. 소위 이해라는 것은 동일한 意義體系를 받아들이는 것이다. 동일한 刺激은 동일한 反應을 불러일으킨다. 나는 「文字下鄕」의 章에서 친숙함이 야기하는 친밀한 느낌에 대해 말한 적이 있다. 친밀한 느낌과

激動的인 감정은 서로 다른 것이다. 친밀한 느낌은 '意氣가 투합하는 것(契洽)'이고 어떤 것이 지속될 수 있게 해준다. 친밀한 느낌은 감정이 분출할 때 큰 소리가 나는 것과는 달리 말이 없는 것이다. 노래하고, 울고, 슬피 통곡하는 것은 격동할 때 불가결한 요소이다.

오스왈드 스펭글러1)는 『西歐의 沒落(The Decline of the West)』이란 책에서 서양에는 두 가지 文化 모델이 있다고 말한 바 있다. 하나는 '아폴로 모델(Apollonian Model)'이고 다른 하나는 '파우스트 모델(Faustian Model)'이라는 것이다.

아폴로 모델의 문화는, 宇宙는 완전한 秩序로 배치되어 있고, 그 질서는 人力의 創造를 초월하며, 인간은 그 질서를 받아들이고 자신의 위치를 정하고 그 질서를 유지할 뿐이지만, 그 질서를 유지할 힘조차 없어짐으로써 天堂은 사라졌고 黃金時代도 지나갔다고 생각한다. 이는 서양의 고전적인 精神이다. 그러나 현대의 문화는 파우스트 모델의 문화이다. 파우스트 모델의 문화는 葛藤을 존재의 기초로 인식하고, 生命은 장애를 극복하는 것이며, 장애가 없으면 생명도 그 의의를 잃어버린다고 여긴다. 또한 파우스트 모델의 문화는 앞날을 무궁한 創造의 과정, 끊임없는 변화로 파악한다.

이 두 가지 文化觀은 향토사회와 현대사회가 감정의 定向에서 어떤 차이가 있는지를 이해하는 데 큰 도움을 준다. 향토사회는 아폴로的이고 현대사회는 파우스트的이다. 이 두 가지 정신의 차이

---

1) 오스왈드 스펭글러(Oswald Spengler, 1880~1936)는 독일의 역사학자이자 철학자이다. 『西歐의 沒落』은 1918년에 출판되었다. ― 역자 주.

는 두 종류 사회의 가장 기초적인 사회생활에서도 나타난다.

향토사회는 친밀하고 오랫동안의 공동생활에 기초하여 각자의 상호 행위를 배합한다. 향토사회의 연계는 증가하고 사람들이 자동적으로 반응한다고 느껴질 정도로 서로 익숙해진다. 그곳에서 태어나 그곳에서 죽는 사람들의 집단 속에서 이러한 친밀한 집단이 형성되고 각자는 상대방을 대단히 잘 이해하게 된다. 좋고 나쁜 것이 서로 의기투합하고, 고약한 냄새조차도 평범한 것이 된다.

이 경지에 도달하려면 하나의 조건이 필요한데, 그것은 바로 각자를 충분히 이해하는 것을 방해하는 差異가 존재하지 않아야 한다는 것이다. 향토사회에서 공간적 位置는 사람을 이해하는 것을 가로막는 요소가 되지 못한다는 것은 확실하다. 사람들은 동일한 작은 세상에서 살고 있다. 그 작은 세상은 대개 고립적이고, 그 작은 세상에서 살고 있는 사람들은 다른 집단과 중요한 접촉을 하지 않는다. 시간적으로 각 세대가 동일한 주기로 生老病死한다는 것은 하나의 公式이다. 젊은이들은 年長者의 생활을 경험하지 않았을 때에는 연장자의 심정을 이해할 수 없다. 연령은 일종의 간격이지만, 그 간격은 一面的이다. 연장자는 젊은이를 이해할 수 있고, 심지어는 젊은이들이 장차 직면하게 될 문제까지도 알고 있다. 젊은이들이 연장자를 자신의 미래 생활의 청사진으로 여길 때 소위 '이해할 수 없는 것'도 서로를 갈라놓는 큰 경계로 될 수 없다.

향토사회에서 공동생활을 하는 사람들이 서로를 충분히 이해하는 것을 방해하는 요소는 오히려 개인의 생리적인 차이이다. 그 차이는 결코 현저한 遺傳的 특성에서 비롯되는 것이 아니다. 세대 간

상호 결혼하는 작은 '사회공동체(社區)'에서 유전적 특성이 현저하게 차이가 날 수는 없다. 인간의 생리적 차이를 영원히 갈라놓는 것은 男女 兩性이다. 인간은 兩性의 차이를 몸소 느끼지 못했기 때문에 그 차이에 대한 우리의 인식은 항상 간접적이다. 말할 수 있는 차이는 대개 표면적인 것에 한정될 뿐이다. 실제 생활에서 누구라도 異性의 거리를 느낄 수 있지만, 그 차이의 내용은 영원히 추측되는 것일 뿐 몸소 체득되는 것은 아니다.

충분히 이해하는 것을 기초로 사람들의 상호행위를 配合하는 사회에서 이 性別 차이의 거리는 기본적인 장애요소이다. 그들이 이상적으로 생각하는 天堂에서만 그 거리는 극복된다. 종교인들이 性을 말살하는 것은 자각적이건 非자각적이건 간에 결코 우연이 아니다. 완전한 도덕과 의지는 반드시 충분히 이해하고 거리가 없어야 한다는 것을 요구하는데, 생리적으로 이미 거리를 둔 남녀 사이에 그것을 요구할 수는 없다.

남녀의 生理的 분화는 출산과 육아 때문인데, 출산과 육아가 다시 남녀의 結合을 규정한다. 이 결합은 같음이 아니라 다름에 기초하고 있다. 서로 다름에 기초하여 충분히 이해되기를 추구하는 것은 곤란한 일이고, 겹겹의 장애 요인이 있으며, 창조하는 가운데 부단히 통일을 추구해야 할 필요가 있는 것으로, 이는 파우스트式의 企圖이다. 파우스트는 감정의 象徵으로서, 감정의 격동과 부단한 변화를 생명의 주요 脈絡으로 삼는다. 파우스트式의 기도는 멈추지 않는 것이다. 최후의 統一은 영원히 완성되지 않고 다만 같음을 추구해 나아가는 과정일 따름이다. 그럴 뿐만 아니라 남녀의 공동생활은 깊이 발전할수록 서로 다른 情도 역시 더욱 깊어지고, 같음을 추구하는 것을 가로막는 장애물도 더욱 커지며, 그러한 장애물을 극복하는 創造力 역시 더욱 커질 필요가 있다. 파우스트의 입장에서 말하자면, 그 때문에 생명력이 더욱 강해지고, 그 때문에 생활의 의의 역시 더욱 깊어지는 것이다.

파우스트式의 異性 간의 戀愛를 출산과 육아 관계로 진입하는 수단이라고 여기는 것은 틀린 것이다. 연애는 일종의 탐험이고 未知에 대한 모색이다. 友情은 어느 정도의 이해에서 멈출 수 있는 것이지만, 연애는 멈출 수 없는 것, 끊임없는 추구이다. 이런 기도는 결코 實用을 목적으로 하는 것이 아니다. 그것은 생활 경험의 창조이고, 生命 意義의 창조라고도 할 수 있다. 그러나 그것은 경제적 생산이 아니고, 사업이 아니다. 연애의 지속은 낡은 것을 밀어내고 새로운 것을 만드는 것, 부단히 장애물을 극복하는 것, 부단히 장애물을 발견하는 것이다. 연애가 획득하고자 하는 것은 과정이지 그 과정의 結果가 아니다. 결과에서 보면 아무런 成果가 없다고도 할 수 있다. 성과가 없을 뿐만 아니라 사회관계가 안정될 수 없도록 하고, 사회관계에 의존하는 사업도 순조롭게 경영될 수 없도록 한다. 현대문화에서 볼 때, 남녀 사이의 감정의 격동적 발전은 이미 출산과 육아 事業을 위태롭게 만들고 있다. 이 사업은 다른 방법을 동원하지 않고서는, 즉 사회가 직접 경영하지 않고서는 위태롭다. 파우스트식의 정신은 확실히 사회의 기본 사업을 파괴한다.

향토사회에서는 이런 종류의 精神은 존재할 수가 없다. 향토사회는 새로운 사회관계의 창조를 필요로 하지 않는다. 사회관계는 태어나자마자 결정되는 것이다. 더욱이 향토사회는 안정을 추구하기 때문에 사회관계의 파괴를 두려워한다. 향토사회는 아폴로式이다. 남녀 사이에 격동적인 감정이 발생하지 않도록 남녀관계는 반드시 잘 按排되어야 한다. 그것은 곧 '男女有別'이라는 原則이다. '男女有別'은 남녀 사이에 같음을 구하지 않고, 생활에서 격리를 두는 것이다. 그 격리는 소위 "남녀 간에는 물건을 직접 주고받지 않는 것이 禮이다(男女授受不親, 禮也.)"2)란 말처럼 유형적인 것일 뿐만 아니라 心理的인 것이기도 하다. 즉, 남녀는 일정한 규칙에 따라서 分業과 協力의 경제 및 출산과 육아의 사업을 경영하고 상대방에게 '심리상의 의기투합'을 기대하지는 않는다.

앞 章에서 말했듯이, 그 때문에 사회구조적으로 同性 간의 組合이 발생한다. 이는 중국의 향토사회에서 아주 분명히 볼 수 있는 것이다. 同性 조합과 家庭 조합은 원칙적으로 뒤섞여 있다. 왜냐하면, 출산과 육아를 기능으로 하는 가정은 항상 異性의 조합이기 때문이다. 따라서 '가정'의 단결은 同性 조합의 영향을 받아서 쉽사리 공고해지지 않는다. 그래서 家族이 家庭을 대체한다. 家族은 同性을 위주로 하고 異性을 보조로 하는 '單一系統(單系)'의 조합이다. 중국의 향토사회에서 가족을 기본공동체로 하는 것은 同性 원칙이 異性 원칙보다 더 중요하다는 것을 보여준다.

男女有別의 경계는 중국 전통의 감정의 定向이 同性 방면으로 편향되어 발전하도록 하고 있다. 변태적인 同性愛와 나르시시즘

---

2) 『孟子』〈離婁上篇(7-17)〉에 나오는 말이다. — 역자 주.

(Narcissism: 自我戀)이 어느 정도로 퍼져 있는지에 대해서 우리는 확실히 말할 수 없다. 그러나 향토사회에서 義를 맺는 조직, '同日한 날에 태어나기를 바라지는 않지만, 동일한 날에 죽기를 바라는(不願同日生, 但願同日死)' 친밀한 결합은 감정의 定向이 同性 관계의 차원으로 발전해 나간 정도가 이미 매우 낮은 수준은 결코 아니라는 것을 어느 정도 나타내고 있다. 女性의 경우 극단적인 사례는 華南의 姉妹組織이다. 여성문학에서 드러내고 있는 것도 馮小靑式3)의 나르시시즘的 내용으로 가득 차 있다. 그러나 우리는 중국인의 감정 생활에 대해 너무 자세하게 분석하지 않고 있기 때문에, 이 문제에 대한 말도 여기에서 멈추어야겠다.

兩性 간에 같음을 추구하려는(求同) 노력의 결핍은 實利上의 打算 이외에서의 자극도 감소시킨다. 중국 향토사회의 이와 같은 실용적 정신은 현세적 색채를 띠도록 만들었다. 儒家는 귀신을 論하지 않고, "귀신에게 제사지낼 때에는 마치 조상의 귀신이 그곳에 와 있는 것처럼 한다(祭神如神在)."4) 생활에 밀접한 것을 제외하고는 개의치 않고 무관심하다. 더욱이 일반 사람들은 天國을 現世化하지, 결코 理想으로써 現實을 바꾸려 하지는 않는다. 천국은 이승에서 실현되는데, 사람들은 현실을 이상의 '기반(底稿)'으로 삼고,

---

3) 馮小靑(풍소청)은 명나라 때 廣陵(지금의 揚州)에서 태어난 才色을 겸비한 여성으로 세도가의 첩으로 팔려가서 夭折했는데, 생전에 남겼던 많은 애절한 시는 『焚餘稿』로 묶여져 전해져 내려온다. 사회학자 潘光旦은 1927년 프로이드의 정신분석학과 엘리스(Havelock Ellis)의 性心理學을 통해 풍소청의 나르시시즘을 연구한 책을 출판하기도 했다. ─ 역자 주.
4) 『論語』〈八佾篇(3-12)〉에 나오는 말이다. ─ 역자 주.

현세를 천국으로 확대해 나간다. 생활에 대한 태도는 자기 자신을 잘 다스려 외부로 나아가는 것이다. 그것은 자신을 변화시켜 外在의 질서에 적응하는 것이다. 따라서 그것은 고전적이고 아폴로式이라고 말할 수 있다.

사회질서는 個性을 아우르고 있다. 질서 유지를 위해 질서를 파괴할만한 모든 요소는 억제된다. 남녀 사이의 큰 간극은 여기에서 구축되었다. 향토사회는 男女有別의 사회이자 안정된 사회인 것이다.

8. 禮治秩序

　　사람들은 보통 '人治'와 '法治'를 대칭하여 말하고, 西洋은 法治 사회인데 반해 중국은 '人治' 사회라고 생각한다. 그러나 이처럼 대칭적으로 말하는 것은 전혀 정확하지 못하다. 法治란 法律 그 자체가 통치할 수 있고 사회의 질서를 유지할 수 있음을 뜻하는 것이 아니라 사회에서 사람과 사람의 관계가 法律에 근거하여 유지된다는 뜻이다. 더욱이 법률은 權力으로 뒷받침되어야 하고 사람이 집행해야 한다. 法治는 사실 '사람이 法에 의존하여 통치하는' 것이기 때문에 결코 人的 要素가 배제되는 것은 아니다.
　　法理를 논하는 현대 학자들 가운데는 人的 要素를 대단히 중시하는 학자들도 있다. 그들은 법률을 실제 상황에 적용할 때에는 法條文에 대한 法官의 해석을 반드시 거친다는 점에 주의한다. 법관이 해석하는 대상은 法條文이지만, 해석의 내용을 결정하는 것에는 여러 요소들이 있다. 법관 개인의 편견, 심지어 위장병이 있는지 없는지, 사회의 여론 등등의 요소가 대단히 중요하다. 이 역시 일면적으로 말하는 것일 뿐이다. 왜냐하면, 법관은 임의적으로 판결할 수 없고, 그의 판결은 적어도 반드시 법률에 근거한 것으로 인정되어야 하기 때문이다. 그러나 이 관점 역시 소위 法治는 결코 人的 要素가 없을 수 없다는 것을 말해 준다.

그렇다면 人治와 法治에는 어떤 차이가 있는가. 만약 人治가 法治의 대칭점에 있다면, 그 뜻은 '法律에 의존하지 않고 統治한다'는 것이 되어야 한다. 만약 統治가 社會秩序의 유지를 뜻한다면, 우리는 한 사회의 질서가 어떤 力量에 기대지 않고 유지될 수 있다거나, 또 사람과 사람의 관계가 어떤 규정에 근거하지 않고 자동적으로 배합될 수 있다고는 거의 상상조차 할 수 없다. 만약 법률에 근거하지 않는다면 무엇에 근거하는가. 文字만 보고 그 뜻을 짐작하는 방식으로 말하자면, 人治는 권력을 가진 사람이 자기 자신이 좋다거나 나쁘다고 판단하는 것에 근거하여 사회에서의 사람과 사람의 관계를 규정한다는 것을 가리키는 것처럼 보인다. 나는 이런 종류의 '人治'가 발생할 수 있다는 것에 대하여 매우 회의적이다. 만약에 공동생활을 하는 사람들 간의 상호 행위, 즉 權利와 義務가 일정한 規範이 없더라도 준수될 수 있다면, 통치자가 좋다거나 나쁘다고 판단하는 것에 의존하여 사람들 간의 관계를 결정할 수도 있을 것이다. 그러나 그가 좋다거나 나쁘다고 여기는 것을 예측할 수 없다면 사회는 반드시 혼란에 빠지게 되고, 사람들은 어떻게 행동해야 할지 모르게 된다. 이런 일은 불가능하기 때문에 '다스린다(治)'는 말도 할 수 없게 된다.

소위 人治와 法治의 차이는 人과 法 두 글자에 있는 것이 아니라 질서를 유지할 때 사용하는 力量과 근거로 삼는 規範의 성격에 있는 것이다.

향토사회의 질서의 유지는 현대사회의 질서의 유지와 여러 가지 측면에서 서로 다르다. 그렇다고 해서 향토사회가 '무법천지(無法無天)'라거나 '規律이 필요 없다'는 것을 말하는 것은 아니다. 어떤 사람은 정말로 그렇게 생각한 적이 있었다. "소박하고 천진난만한 생활로 돌아가고자 했던(返朴回眞)" 老子는 공동체의 범위를 축소하기만 하면, 즉 서로 닭 우는 소리와 개 짓는 소리가 들릴 정도로 가까운 이웃에 살면서도 서로 왕래하지 않는 작은 공동체의 사람들이 살고 있는 사회에서는, 사회질서가 외부의 힘에 의존하여 유지될 필요가 없고 각자의 本能과 良心에 의존해서도 잘 유지될 수 있다고 생각했다. 이런 생각은 老子만 갖고 있었던 것은 아니다. 즉, 현대와 같이 교통이 발달한 상황에서, 전 세계의 경제가 이미 밀접하게 연관되어 일체가 되어 있는 상황에서, 미국의 상당수 사람들은 고전경제학의 자유 경쟁의 이상을 신봉하면서 인위적인 計劃과 統制로 경제질서를 유지하는 것을 반대하고 있다. 그들은 자유 경쟁 하에서도, 깜깜한 상황에서도, '보이지 않는 손(invisible hand)'이 작용하고 있기 때문에 道德에 부합되는 경제질서를 만들어낼 수 있다고 생각했다. 사회, 정치, 경제의 각 영역을 불문하고 '무정부 상태'가 가장 이상적인 상태라고 여기는 사람들도 존재한다. 물론 '무정부 상태'는 '혼란'이 아니라 일종의 '秩序', 規律을 필요로 하지 않는 질서, 일종의 자동적인 질서, 즉 "다스리지 않아도 다스려지는(無治而治)" 사회를 말한다.

그러나 향토사회는 결코 그와 같은 사회가 아니다. 만약에 法律을 국가 권력이 유지하는 規則으로 한정한다면, 우리는 향토사회를 '법이 없는(無法)' 사회라고 말할 수도 있다. 그러나 '법이 없더라도' 향토사회의 사회질서는 결코 영향을 받지 않는다. 왜냐하면, 향토사회는 '禮治' 사회이기 때문이다.

먼저 禮治 사회는 『鏡花緣』1)에서 묘사하고 있는 '君子의 나라'와 같이 우아한 사회가 결코 아니라는 것을 설명해 두고자 한다. '禮'는 결코 '문명', '慈善', '사람을 보면 인사하고', '극악무도(窮凶極惡)한 행위를 하지 않는다'란 뜻을 가지고 있지 않다. 禮 역시 사람을 죽일 수 있고 대단히 '야만적'일 수 있다. 예를 들면, 印度의 어떤 지역에서는 남편이 죽으면 부인은 장례 때 다른 사람에 의해 화장되는데, 그것이 禮이다. 그리고 미얀마의 어떤 지역에서는 한 사람이 成年이 되었을 때 반드시 몇 사람을 죽이고 그 머리를 잘라 와야만 비로소 成年 儀式을 마칠 수 있다. 우리의 옛 소설에서도 사람을 죽여서 깃발에 제사를 지내는 것을 자주 볼 수 있는데, 그것이 '軍禮'이다. 禮의 내용을 현대의 기준에서 보면 아주 참혹한 것일 수 있다. 잔혹한지의 與否가 결코 禮에 부합하는지의 여부의 문제인 것은 아니다. "子貢이 告朔의 祭祀2)에

---

1) 『鏡花緣』은 청나라 때 이여진(李汝珍, 1763-1830)이 쓴 장편소설이다. 소설에는 '君子의 나라', '大人의 나라' 등 여러 나라가 나오는데, 군자의 나라에서는 商人이 좋은 물건을 저렴하게 팔고, 국왕은 신하와 백성이 보석을 상납하는 것을 엄격하게 금지하고, 그래도 보석을 상납할 경우 보석을 불태우고 보석을 상납한 사람의 죄를 묻는다. ― 역자 주.
2) 告朔은 매월 초하룻날 제후가 사당에 양을 바치고 제사지내는 것을 말한다. 제사를 지내고 난 뒤 신하들의 의견을 들었는데, 이를 視朔 또는 聽朔이라 한다. 당시 魯의 군주는 매월 초하룻날 사당에 나오지도 않고 다만 양만 죽여 제사를 지내고, 신하들의 의견도 듣지 않았다. 그래서 實質은 없어지고 形式만 남은 儀式을 위해 양을 바치는

서 산 羊을 희생의 제물로 바쳐오던 의식을 없애자고 하자 孔子가 말했다. "자공아, 너는 제물로 바치는 羊이 아까우냐? 나는 그 告朔의 禮 자체를 아낀다(子貢欲去告朔之餼羊. 子曰: 賜也! 爾愛其羊, 我愛其禮)"고 했다." 3) (孟子가 말한) '惻隱之心' 4)도 결코 공자로 하여금 (본래의 의미가 없어진 儀式을 위해 산 양을 죽여서 바치는) 잔혹한 行爲를 하지 못하도록 하는 데 同意하도록 설득하지 못한다.

禮는 사회가 공인한 格式에 맞는 행위규범이다. 禮에 부합한다는 것은 곧 그 행위를 올바르게 하였음을 말하고, 올바르게 하였다는 것은 격식에 맞는다는 뜻이다. 만약 행위규범만 놓고 말하면 본래 法律과 차이가 없다. 법률 역시 일종의 행위규범이다. 禮와 法이 다른 점은 규범을 유지하는 力量이다. 법률은 국가의 권력에 의지하여 집행된다. '국가'는 정치적 권력을 가리키는데, 현대국가가 형성되기 전에는 部落 역시 정치권력이었다. 그러나 禮는 유형의 권력기구를 통하여 유지되는 것이 아니다. 禮를 유지하고 있는 규범은 傳統이다.

傳統은 사회가 축적한 經驗이다. 행위규범의 목적은 사람의 행위를 배합하여 사회의 임무를 완수하도록 하는 데 있고, 사회의 임무는 사회의 각 分子의 생활상 需要를 만족시키는 데 있다. 사람이 수요를 만족시키기 위해서는 사회의 구성원들이 상호 협조해야 하고, 유효한 기술을 채택하여 환경에서 자원을 획득해야 한다. 이는 각 개인이 스스로 설계하거나 임시적으로 몇 사람을 모아서 기획

慣行을 없애는 게 어떠냐고 子貢이 물었던 것이다. ― 역자 주.
3) 『論語』〈八佾篇(3-17)〉에 나오는 말이다. ― 역자 주.
4) 『孟子』〈告子上篇(11-6)〉에 나오는 말이다. ― 역자 주.

하는 것으로써는 달성될 수 없다. 사람은 學習하는 능력이 있기 때문에 윗세대가 시험하여 만들어낸 결과를 아랫세대에게 전달해 줄 수 있다. 이렇게 각 세대가 축적해 놓은 일련의 방법들은 사람들이 생활하는 방법을 도와준다. 각 개인이 태어나기 전에 이미 다른 사람들이 자신을 대신하여 인생의 길목에서 발생할 수 있는 문제를 어떻게 대처할지 그 방법을 준비해 놓았다고 말할 수 있다. 그는 "배우고 수시로 그 배운 바를 익히면(學而時習之)" 수요를 만족시키며 즐겁게 살 수 있다.

文化는 본래 傳統이다. 어떤 사회든지 절대로 전통이 없을 수 없다. 衣·食·住·行의 갖가지 기본적인 일에 대해 우리는 힘들여 궁리할 필요가 없다. 왜냐하면, 祖上들 덕분에 하나하나마다 준수할 法則이 있기 때문이다. 그러나 향토사회에서 전통의 중요성은 현대 사회보다 더 크다. 그것은 향토사회에서 전통의 效力이 더욱 크기 때문이다.

향토사회는 "사람들이 자기 고장에서의 삶을 편안하게 여기고 그곳을 좀처럼 떠나려 하지 않는(安土重遷)" 사회이다. 그곳에서 태어나 그곳에서 성장하고 그곳에서 죽는 사회이다. 인구의 流動이 아주 적을 뿐만 아니라 사람들이 자원을 획득하는 土地 역시 거의 변화가 없다. 秦나라건 漢나라건 불문하고, 대대로 그러한 환경에서 개인은 자신의 경험을 신뢰할 뿐만 아니라 조상의 경험도 동일하게 신뢰한다. 향토사회에서 밭을 가는 늙은 농부가 직면하게 되는 것은 四季節의 변화이지 時代의 변화가 아니다. "해마다 사계절이 되풀이된다(一年一度, 周而復始)". 앞 사람이 생활문제를 해결했던 방법을 답습하여 완전히 자신의 生活 指針으로 삼을 수 있다. 앞 세대의 생활을 거쳐 유효하다고 증명된 것일수록 더욱 보존할 가치가 있다. 그래서 "말할 때는 반드시 堯舜 시절을 얘기한다(言必稱堯舜.)" 옛것을 좋아하면 생활이 보장된다.

나는 항일전쟁 시기 戰禍를 피해 昆明의 농촌으로 갔었는데, 한 번은 태어난 지 얼마 되지 않은 아이가 매일 멈추지 않고 큰 소리로 울었지만 의사를 찾을 수 없어서 집주인 할머니의 도움을 청할 수밖에 없었던 적이 있다. 할머니는 아이가 우는 소리를 듣고서 곧바로 잇몸(齒根)에서 일종의 기생균인 '가짜 이(假牙)'가 생겼다는 것을 알았다. '가짜 이' 때문에 젖을 먹을 때 아프고, 젖을 못 먹으면 배가 고파진다. 할머니는 당황하지 않고 천천히 짠 반찬과 남청색 천을 달라고 하더니 천에다 짠 반찬을 묻혀서 아이의 입안을 닦아냈다. 하루 이틀 지나니 과연 그 아이는 좋아졌다. 그곳에는 그와 같은 병이 있었고, 아이들은 모두 그 병을 앓았기 때문에 어머니들은 어떻게 치료하는지 알고 있었다. 그것은 유효한 경험이다. 환경이 변화하지 않으면, 새로운 세균이 침투하지 않으면, 學理的으로 말할 필요가 없는 대응 방법은 항상 유효하다. 유효할 뿐만 아니라 그 이유를 물을 필요도 없다.

이러한 전통처럼 그 이유를 알 필요도 없고 이전부터 해오던 대로만 하면 생활이 보장되는 방법은 자연스럽게 가치를 가지게 된다. 우리가 '靈驗하다'고 말할 때, 그것은 보이지 않는 곳에 알 수 없는 일종의 魔力이 존재한다는 것을 뜻한다. 종래 해왔던 대로만 하면 福이 있고, 그렇지 않을 경우 문제가 발생한다. 그래서 사람들은 傳統에 대해 점차 경외감까지 갖게 된다.

만약 우리가 行爲와 目的 간의 관계를 더 이상 추궁하지 않고 규정된 방법에 따를 때, 더욱이 규정된 방법을 따르지 않을 경우 불행하게 된다는 신념이 존재할 때, 그와 같은 일련의 행위는 우리가 일반적으로 말하는 소위 '儀式'이 된다. 禮는 儀式에 따라 행동한다는 뜻이다. '禮' 자는 본래 '豊(풍)'을 '보여준다(示)'는 것에서 유래하였다. '豊'은 일종의 祭器이고, '보여주는 것(示)'은 일종의 제사 의식이다.

禮는 결코 외부의 權力에 의존하여 보급되는 것이 아니다. 敎化를 통하여 개인의 경외감이 생겨나서 마음으로 따르도록 하는 것이다. 사람이 禮를 따르는 것은 主動的인 것이다. "부유하면서도 禮를 좋아한다(富而好禮)"[5]는 말처럼, 사람 됨됨이가 좋은 사람은 禮를 좋아한다. 孔子는 주동적으로 禮를 따르는 것을 아주 중시하였다. 이는 아래의 例에서 아주 잘 드러난다.

안연(顔淵)이 仁에 대해 묻자, 공자가 말했다.
"자신의 私心과 私慾을 극복하여 禮에 합치되도록 하는 것이 仁이다. 하루라도 이렇게 할 수 있다면 天下가 仁으로 돌아올 것이다. 仁의 실천은 자기 자신에게서 비롯되는 것이지 다른 사람에게서 비롯되겠는가?"

---

5) 『論語』〈學而篇(1-15)〉에서 子貢이 "가난하지만 아첨하지 않고, 부유하지만 교만하지 않다면 어떠합니까(貧而無諂, 富而無驕, 何如)" 하고 묻자 孔子가 "그것은 가난하면서도 道를 즐기고, 부유하면서도 禮를 좋아하는 것보다는 못하다(未若貧而樂, 富而好禮者)"고 대답했다. ― 역자 주.

안연이 물었다. "그것을 실천할 구체적인 條目을 가르쳐 주십시오."

공자가 말했다. "禮가 아닌 것은 보지도 말고, 禮가 아닌 것은 듣지도 말며, 禮가 아닌 것은 말하지도 말고, 禮가 아닌 것은 행하지도 말라."

안연이 말했다. "제가 비록 不敏하지만 선생님의 이 말씀을 받들어 실천하겠습니다."6)

〈顔淵問仁. 子曰: "克己復禮爲仁. 一日克己復禮, 天下歸仁焉. 爲仁由己, 而(=豈)由人乎哉?"

顔淵曰: "請聞其目."

子曰: "非禮勿視, 非禮勿聽, 非禮勿言, 非禮勿動."

顔淵曰: "回雖不敏, 請事斯語矣."〉

禮는 확실히 法律과 다를 뿐만 아니라 심지어 일반적으로 말하는 道德과도 다르다. 法律은 외부에서 인간을 제약하는 것이다. 법을 지키지 않아 받게 되는 罰은 특정한 권력이 사람들에게 부가하는 強制이다. 사람들은 法網을 피할 수 있다. 법망을 피하고서는 자만하고 자랑스러워할 수도 있다. 그러나 道德은 사회적 輿論이 유지하는 것이다. 부도덕한 일을 하면 사람들을 볼 수 없고, 그것은 나쁜 것이다. 사람들로부터 경멸받고, 치욕스러운 것이다. 禮는 道德보다 더 심하다. 만약 禮를 잃게 되면 좋지 않을 뿐만 아니라 틀린 것이고, 맞지도 않기 때문에 예를 잃을 수는 없다. 그것은 사

---

6) 『論語』〈顔淵篇(12-1)〉에 나오는 대화 내용이다. ― 역자 주.

람들의 習慣으로 유지되는 것이다. "많은 사람들의 눈이 보고 있고, 많은 사람들이 손가락질 하는 바(十目所視, 十手所指)"7)의 것이기 때문에 비록 사람들이 보지 않는 곳에서도 스스로 그만둘 수 없는 것이다. 曾子가 임종 직전에 '깔고 앉아 있던 대나무 방석을 바꾼(曾子易簀)'8) 것은 아주 좋은 예이다. 禮는 儀式에 부합하는 것이고, 敎化 과정을 통해 주동적으로 전통의 習慣에 따르는 것이다.

겉으로 보면 禮治는 마치 인간의 행위가 법률의 구속을 받지 않고 자동적으로 형성되는 질서인 것처럼 보이다. 사실 '自動的'이라는 말은 정확하지 않은데, '主動的'으로 기존의 규범에 따르는 것을 말한다. 孔子가 반복해서 '克'字와 '約'字를 사용하여 禮의 형성을 말한 데서도 알 수 있듯이, 예치는 결코 사회를 떠난 것이 아님을 알 수 있다. 왜냐하면, 禮治란 本能 혹은 하늘의 뜻으로 구성된 질서이기 때문이다.

傳統으로써 생활의 문제에 유효하게 대처할 수 있다는 前提가 있어야만 禮治가 가능해진다. 향토사회는 이 전제를 만족시키고 있다. 따라서 향토사회의 질서는 禮로써 유지될 수 있다. 그러나 변화가 대단히 빠른 사회에서 전통의 효력은 보증될 수 없다. 어떤 종류의 생활방식이 과거에는 어떻게 유효했든지 간에, 만약 환경

---

7) 『禮記』〈大學篇(제 6장)〉나오는 말이다. ― 역자 주.
8) 臨終을 앞둔 曾子는 대나무 방석이 깔려 있는 자신의 침상이 예법에 맞지 않는다는 것을 깨닫고 자식에게 대나무 방석을 바꾸게 한 뒤 곧바로 임종하였다. 그 후 '曾子易簀'이라는 말은 '임종을 앞두고 있다'는 뜻이 되었다. 본문에서는 '曾子易簀'을 증자가 행한 행위로 직역하였다. ― 역자 주.

이 변화한다면 누구라도 그 전의 방식에 의존하여 새로운 문제에 대처할 수는 없다. 만약 단체가 협력하여 어떤 문제에 대처하려고 한다면 모두가 동의할 수 있는 방법이 있어야 하고, 모두가 규정된 방법 하에서 협력하여 공동의 문제에 대처하는 것을 보증하려면 어떤 力量이 개인을 통제해야만 한다. 사실 그것이 곧 法律이고 '法治'이다.

法治와 禮治는 두 가지 서로 다른 종류의 사회구조에서 발생한다. 여기서 소위 예치라고 하는 것은 일반적으로 人治라고 말하는 것일 수도 있다. 그러나 사회질서가 마치 개인의 좋고 나쁨에 따라 유지되는 것처럼 느끼도록 하는 人治라는 단어보다 예치라는 단어가 덜 오해를 불러일으킬 수 있다. 예치는 傳統이고, 전체 사회의 역사가 그 질서를 유지하고 있기 때문에 개인의 좋고 나쁨에 기초하여 통치하는 것과는 거리가 아주 멀다. 예치는 변화가 아주 빠른 시대에는 결코 나타날 수 없다. 그것은 향토사회의 特性이다.

9. 無訴訟

 향토사회에서 '소송을 대리하는 사람(訟師)'이라는 말을 꺼내면 '쌍방을 부추겨서 是非를 일으키는' 종류의 惡行을 일삼는 자를 연상한다. 향토사회에서 '소송 문서를 작성하는 사람(刀筆吏)'[1]은 地位가 없다. 그러나 도시에서는 변호사(律師) 앞에 '大' 字가 붙는다. 신문 제1면은 변호사의 이름으로 모두 채워지는 경우도 있다. 게다가 좋은 회사와 잘 나가는 개인들은 변호사를 상임고문으로 둘 수도 있다. 전통의 눈으로 보면, 도시란 정말로 是非를 다투는 장소이고, 규칙을 잘 지키는 사람은 거주할 수 없는 곳이다.

 '소송을 대리하는 사람(訟師)'이라는 말은 '律師'라는 말로 바뀌었고, 게다가 '大' 字가 붙어 다닌다. '打官司'[2]라는 말은 '起訴'라는 말로 바뀌었고, '是非를 도맡다(包攬是非)'란 말은

---

1) 종이가 나타나기 전에는 竹簡에 글자를 썼는데, 글자를 잘 못 쓰면 칼로 잘못 쓴 부분을 긁어내고 다시 썼다. '刀筆吏'는 公文 또는 告發狀을 쓰는 사람을 뜻한다. ― 역자 주.
2) '打官司'라는 말은 '소송을 건다'는 뜻이다. 중국의 봉건적 법제도는 혐의자의 시비를 가리기 전에 먼저 혐의자는 죄가 있다는 데서 출발한다. 관리는 심문을 통해 혐의자의 是非를 가리지 못할 때 혐의자를 '때리는(打)' 방법을 사용했고, 그래서 '관리가 맡은 일(官司)'은 '때리는 것(打)'이라는 말이 생겼다. ― 역자 주.

'法律顧問'이라는 말로 바뀌었다. 이런 말의 변화는 사회의 성격이 바뀌고 있다는 것, 즉 禮治 사회에서 法治 사회로 바뀌고 있다는 것을 보여주고 있다.

도시 사회에서는 法律을 잘 모르는 사람이 다른 사람에게 도움을 청하는 것은 결코 부끄러운 일이 아니다. 사실 도시에서 거주하고 생활하고 있는 보통 사람들은 생활 및 직업과 관련된 법률을 알기 어렵다. 법률은 전문지식이 되었다. 법률을 모르는 사람은 도리어 법률 밖에서 생활할 수 없게 되었다. 질서가 있는 도시 사회에서 법률 밖의 생활은 사회의 공동 안전을 훼손할 수 있다. 그래서 법률 밖에서 생활하는 사람들은 법률 고문을 두지 않을 수 없다. 법률 지위의 중요성은 이로부터 획득된다.

그러나 향토사회의 예치 질서 하에서 사람 구실을 하고자 할 때, 만약 '禮'를 모른다면 제멋대로 굴고 규칙을 모르는 것이 된다. 그것은 정말로 道德의 문제로서, 예를 모르면 좋은 사람이 되지 못한다. 지방의 질서를 책임지고 있는 '부모와 같은 관료(父母官)'가 예치 질서를 유지하는 가장 이상적인 수단은 '가르치는 것(敎化)'이지 '판결하는 것(折獄)'은 아니다. 만약 소송을 하지 않으면 안 될 경우가 있다면, 그것은 필연코 어떤 사람이 傳統의 規則을 파괴했기 때문일 것이다. 옛날 소설에서 우리는 자주 소송을 심의하는 것을 보게 되는데, 판결하는 과정은 다음과 같다. '犯人'을 마당에 끌고나와 먼저 볼기에 곤장을 몇 대 때린 후 큰 목소리로 죄를 묻는다. 지방의 장관은 마치 '觀相을 보는' 눈빛으로 그 '惡人'을 가려내고, 좋은 사람이 아니면 加重 문책하여 진술하도록 압박한 결과 좋은 사람인지 나쁜 사람인지를 가려내고, 억울함이 풀렸다면서 하늘을 향해 크게 외친다. 이 과정은 현대의 눈으로 보면 합리적이지 않아 보이지만, 향토사회에선 모두가 인정하는 정당한 것이다. 그렇지 않다면 어찌 『包公案(包公의 재판기록)』[3], 『施公案(施公의 재판기록)』[4] 등과 같은 역사적 기록물들이 아주 잘 팔리는 古典이 되겠는가?

나는 앞에서 이미 禮治 질서의 성격을 말한 바 있다. 지금 나는 한 비유를 통해서 다시 그것을 설명하고자 한다.

축구 시합을 할 때에는 심판이 호루라기를 불어 저 사람이 규칙을 어겼다고 선언한다. 그러면 쌍방은 경기를 멈추고 서로 변론할 필요도 없이 그 사람은 罰則을 받는다. 가장 이상적인 시합은, (始蹴이나 축구공이 경계선을 벗어났다는 信號를 하는 일을 제외하면) 심판이 있으나마나한 경우이다. 왜 그럴까? 시합에 참여하는 모든 선수들이 사전에 규칙을 숙지하고 있고, 모두가 쌍방이 동의한 사전 약속에 따라 정해진 규칙에 따라 하는 시합에서는, 심판은 다만 規則의 權威를 상징하기 때문이다. 심판의 책임은 각 선수들의 동작이 규칙을 벗어나는지 여부를 살피는 것이다. '스포츠맨십(sports manship)'이 있는 선수라면 심판의 뒤에서 몰래 상대방의 선수를 가격하지 않는다. 만약 그와 같은 일이 발생하면 심판은 그 선수에게 벌칙을 줄 수 있고, 그 팀의 명예도 영향을 받게 된다. 선수는 규칙을 숙지해야 할 뿐만 아니라 생각대로 움직이지만 규

---

3) 청렴하고 엄정한 包公이 여러 사건을 다룬 明代의 通俗小說이다. ─ 역자 주.
4) 淸末의 통속소설이다. ─ 역자 주.

칙을 위배하지 않을 정도의 기술을 가져야 한다. 이를 위해서는 장시간의 훈련이 필요하다. 만약 고의로 규칙을 위배하는 행동이 있다면, 그것은 훈련이 잘 되어 있지 않았기 때문이고, 그것은 監督의 수치라고 말할 수 있다.

　이 비유를 사용하여 향토사회의 訟事에 대한 견해를 설명할 수 있다. 소위 禮治란 전통의 규칙을 언제나 잊지 않는 것이다. 생활의 각 측면, 사람과 사람의 관계에는 모두 일정한 규칙이 있다. 행위자는 그와 같은 규칙을 어릴 적부터 잘 알고 있고, 이유를 묻지 않고 당연한 것이라고 여긴다. 장기적인 敎育은 이미 外部의 규칙을 내재적 習慣으로 바꾸어 놓는다. 禮節과 風俗을 유지하는 力量은 몸 밖에 존재하는 권력이 아니라 몸 안에 있는 良心이다. 그래서 그와 같은 질서는 '자기 몸을 잘 닦는 것(修身)'을 중시하고, '자신의 사심이나 욕심을 극복하는 것(克己)'을 중시한다. 이상적인 禮治는 각 사람이 自律的으로 규칙을 준수하고, 외부의 감독을 필요로 하지 않는 것이다. 그러나 이상적인 예치는 항상 존재하는 것은 결코 아니다. 어떤 사람은 利己的인 動機 때문에 몰래 규칙을 어기기도 한다. 예치 질서에서 그러한 사람은 두말 할 필요도 없이 무뢰한이다. 각 개인이 예절을 아는 것은 責任이고, 사회는 각 개인이 예절을 알고 있다고 가정한다. 적어도 사회는 각 개인이 예절을 알도록 할 책임이 있다. 그래서 '자식을 잘못 가르친 것(子不敎)'은 '부모의 잘못이다(父之過).' 이것은 향토사회에서 '連坐制'가 통하는 근거가 된다. 자식이 나쁜 일을 했을 때 부친이 벌을 받고, 심지어는 선생님 역시 과실이 없다고 할 수 없다. 잘 가르쳤다면 子弟가 나쁜 행위를 할 리가 없다. 訴訟 역시 수치스러운 일로 되고 敎化가 충분하지 못했음을 나타낸다.

향촌사회에서 '調整'은 사실 일종의 敎育 過程이다. 나는 농촌에서 그와 같은 조정 모임에 참석한 적이 있다. 내가 초청을 받은 것은 농민들이 볼 때에는 당연한 것이다. 왜냐하면, 나는 학교에서 가르치는 사람이고, 책을 읽어서 예절을 알고 있는 사람, 곧 權威이기 때문이다. 조정 임무를 책임진 다른 사람들은 농촌의 長老들이다. 가장 흥미로운 것은 '保長'[5]은 전혀 發言을 하지 않는다는 것이다. 그는 농촌에서 사회적 地位가 없기 때문이다. 그는 단지 幹事일 뿐이다. 조정은 새로운 말이고, 옛말은 '評理'이다. 거의 매번 말을 잘하는 鄕紳이 말문을 연다. 항상 조정당하는 쌍방 모두에게 "정말이지 우리 마을을 망신시키고 있어! 아직도 잘못을 인정하지 않는가, 집으로 돌아가!"라면서 한바탕 야단을 치는 것이 公式이다. 그 다음에는 한 차례 敎訓을 늘어놓는다. 어떤 때에는 결국 책상을 치면서 화를 내기도 한다. 그는 자신이 '마땅히'라고 여기는 것을 그들에게 말한다. 그것은 대단히 효과가 크다. 쌍방은 늘 和解를 한다. 때로는 그들에게 벌로 사람을 초대하도록 한다. 당시 나는 마치 축구장에서 심판이 호루라기를 불고 패널티킥을 주는 것을 보고 있는 것과 같은 느낌을 받았다.

나는 아주 흥미로운 사례를 기억하고 있다. 甲이라는 사람은 꽤 나이가 들었는데, 담배를 피웠다. 큰 아들은 가정의 경제상황을

---

[5] 농촌에서 실시한 保甲制度로 농촌에는 保長과 甲長이 있었다. 10戶로 1甲을 구성하고, 10甲으로 1保를 구성한다. ― 역자 주.

고려하여 부친의 그 嗜好를 반대했지만, 그렇다고 간섭하기가 쉽지 않았다. 둘째 아들은 本業이 없었고, 몰래 담배를 피웠다. 그는 항상 늙은 부친에게 담배를 피우라고 했다. 자신도 혜택을 볼 수 있기 때문이다. 어느 날 동생이 담배 피우는 것을 본 큰 아들이 동생을 호되게 두들겨 팼다. 동생은 늙은 부친 핑계를 댔다. 큰 아들은 몹시 화가 나서 부친에게 욕을 했다. 집안에 난리가 났고, 그들은 사람들에게 이끌려 鄕의 公所에 와서 '잘잘못을 가리게 되었다(評理)'. 그 鄕紳은 관례대로 먼저 그 일은 마을 전체의 수치라고 여겼다. 그리고 모든 윤리 원칙을 동원해서, 둘째 아들은 파렴치한 이고, 보아하니 좋은 사람은 아닌 것 같고 가장 나쁜 행동을 했으니 마땅히 촌에서 쫓아내야 한다고 했다. 큰 아들은 부친에게 욕을 했으니 마땅히 처벌받아야 했고, 늙은 부친은 자식을 가르칠 줄 모르고 게다가 담배까지 피웠으므로 한바탕 교훈을 들었다. 이렇게 모두가 벌을 인정하고 집으로 되돌아갔다. 그 鄕紳은 고개를 돌려 나에게 세상이 갈수록 나빠지고 사회풍조가 나날이 나빠진다고 푸념했다. 공자는 "나도 訟事를 처리할 때에는 다른 사람들과 마찬가지로 하지만, 그러나 반드시 송사가 없도록 하겠다(聽訟, 吾猶人也. 必也使無訟乎)"[6]라고 했다. 당시 나는 공자가 이 말을 할 때의 '기분(神氣)'을 이해했다.

현대 도시 사회에서는 개인의 權利를 말하고, 권리는 침범될 수 없다고 말한다. 국가는 이와 같은 권리를 보호하기 위해 수많은 법률들을 제정하였다. 법관은 도덕 문제, 윤리 관념을 결코 고려하

---

6) 『論語』〈顏淵篇(12-13)〉에 나오는 말이다. ― 역자 주.

지 않고 또 사람들을 敎化하지도 않는다. 형벌의 목적은 더 이상 '一罰百戒함으로써 나쁜 것을 본받지 못하게 하는 것(以儆效尤)' 에 있지 않고 개인의 權利와 사회의 安全을 보호하는 데 있다. 특히 民法의 범위 내에서 법관은 是非를 가리지 않고 權利의 범위를 정리한다. 判例를 기초로 하는 영국과 미국의 법제도 하에서는 아주 오랜 기간이 소요되는 소송의 목적은 향후 준수할 규칙을 획득하는 데 있다. 변화하는 사회에서 모든 규칙은 변동하지 않을 수 없다. 환경이 변화하면 상호 권리 역시 환경의 변화에 맞추어 바뀌지 않을 수 없다. 사실상 두 사건의 환경이 완전히 동일할 수는 없다. 그래서 각자의 권리를 어떻게 정리할 것인가가 항상 문제로 되고, 그 때문에 소송이 발생하고, 준수할 판례, 소위 '시험적 事例(Test Case)'를 획득하게 된다. 이런 상황에서는 자연스럽게도 도덕 문제는 발생하지 않는다.

현대 사회에서는 법률을 결코 고정적인 規則으로 보지 않는다. 시간이 지남에 따라 법률의 내용은 반드시 바뀌게 된다. 그 때문에 사회생활을 하는 각 개인들 모두가 시간에 따라 변화하는 법률을 잘 알고 있기를 결코 바랄 수 없고, 따라서 법률을 모른다고 해서 결코 파렴치한이 되는 것도 아니다. 이리하여 변호사 역시 현대사회에서 없어서는 안 될 직업이 된다.

중국은 지금 향토사회에서 벗어나고 있는 과정에 있다. 소송에 대한 원래의 관념이 아직도 수많은 민간인들 속에 견고하게 남아있고, 그 때문에 현대의 司法이 철저하게 시행될 수 없다. 무엇보다 現行法 내부의 원칙은 서양에서 도입한 것인데, 오래 전부터 존재하던 중국의 윤리 관념과 크게 차이가 난다. 나는 앞의 몇 편의 글에서 중국 전통의 차등적 질서구조에서는 본래 모든 사람들에게 실행할 수 있는 統一的 規則을 인정하지 않는다고 말한 바 있지만, 현행법은 個人 平等主義를 채택하고 있다. 일반 사람들은 그 원칙을 잘 모르고 있고 또 司法的 節次는 어떻게 이용해야 할지 모를 정도로 거리가 있다.

농촌에서 보통 사람들은 여전히 訴訟을 두려워하지만 새로운 사법제도는 이미 농촌에서도 시행되고 있다. 이로써 향토의 윤리로써는 용납되지 않는 일부 사람들은 일종의 새로운 보호책을 찾게 되었다. 그들은 농촌의 調整에 복종하지 않고 司法府에 고소하러 간다. 이론적으로 보면 그것은 물론 좋은 현상이다. 왜냐하면 그렇게 해야만 본래의 향토사회의 전통을 타파하고 중국이 현대화의 길을 걸을 수 있도록 하기 때문이다. 그러나 사법부에 가서 소송을 하는 사람들은 바로 농촌 사람들이 파렴치한이라고 여기는 인물들이다. 現行法에 따라서 판결하는 것은, 독직이나 횡령(貪汚) 등과 같은 행위를 제외하고는, 대개 지방의 전통과 부합하지 않는다. 농촌 사람들이 나쁜 행위라고 여기는 것이 반대로 합법적인 행위로도 될 수 있기 때문에, 농촌 사람들의 눈에는 司法府가 나쁜 행위를 비호하고 나쁜 짓을 하는 기구로 보이게 된다.

法官을 겸하고 있던 한 縣長은 나에게 그와 같은 수많은 事例를 말한 적이 있다. 한 남자가 자신의 부인이 다른 남자와 情을 통했다는 이유로 '奸夫'를 때렸다. 농촌에서 그것은 '이유가 충분하고 떳떳한 일(理直氣壯)'이지만, 증거가 없으므로 情을 통한 것은 죄가 없는 반면에 때린 것은 죄가 되고 만다. 그 縣長은 나에게 어떻게 판결해야 좋겠느냐고 물었다. 그는 만약에 선량한 농민이라면 자신이 나쁜 짓을 했다는 것을 알고 절대로 관청(衙門)에 찾아가서 고소하지 않는다는 것을 더 잘 알고 있었다. 그러나 약간의 법률 지식을 활용하는 일부 파렴치한들은 농촌에서 나쁜 짓을 하지만 법률은 오히려 그들을 보호해 준다. 나 역시 그와 같은 일이 발생할 가능성이 높다는 것을 인정한다.

농촌에서 現行의 司法制度는 아주 특수한 副作用을 낳고 있다. 즉, 본래의 예치 질서를 타파하였지만 法治 秩序는 유효하게 확립하지 못했다. 법치 질서는 단지 몇 개의 법률 조항을 제정하고 몇 개의 법정을 설립했다고 해서 확립될 수는 없다. 중요한 것은 사람들이 어떻게 그와 같은 제도와 시설을 응용하는가 하는 것이다. 한 걸음 더 나아가, 사회구조와 思想觀念에서 한바탕의 개혁이 선행되어야 한다. 만약 그러한 것을 개혁하지 않고 단지 法律과 法廷만을 농촌에 들여놓는다면, 法治 질서의 좋은 점은 확립되지 않고 禮治 질서를 파괴하는 병폐가 먼저 발생하게 된다.

10. 無爲政治

權力을 論하는 사람들은 대체로 두 개의 派, 두 개의 견해로 나 뉠 수 있다. 한 派는 사회의 葛藤에 치중하고, 다른 한 派는 사회 의 協力에 치중한다. 각각 置重點이 다르고, 보는 것 역시 피치 못 하게 다른 점이 있다.

　사회의 갈등 측면에 착안하면, 권력은 사회의 서로 다른 단체 혹은 계층 간의 '主從'의 형태에서 표현된다. 위에 있는 것이 권 력을 가지고 있다. 위는 권력을 이용하여 아래를 支配하고, 命令을 내리며, 그들의 의지대로 피지배자의 행동을 조종한다. 이 관점에 따르면, 권력은 갈등 과정의 持續이고, 일종의 휴전상태 중의 임시 平衡이다. 갈등의 성격은 결코 소멸되지 않지만, 武力의 단계가 지 나면, 지배를 당하는 쪽은 패배를 인정하고 굴복한다. 그러나 그들 은 승리자가 규정한 조건을 결코 기꺼이 받아들이지 않는다. 마음 으로부터 복종하는 것은 아니다(非心服也). 이 두 방면의 관계에서 권력이 발생한다. 권력은 이 관계를 유지하는 데 필요한 手段이고, 억압적 성격을 가지고 있으며, 上下가 구별된다. 이러한 관점에서 보면 政府, 심지어는 국가조직까지도, 그와 같은 권력을 가지고 있는 것은 모두가 統治者의 道具이다. 정부, 심지어 국가 조직조차도 계급투쟁의 과정에서 존재하는 것이라고 말할 수 있다. 만약 어느 날 '계급투쟁'의 문제가 해결되어 사회에서 계급을 구분하지 않게 되면 정부, 심지어 국가 조직까지도 모두 가을바람에 오동나무 잎처럼 땅으로 떨어지게 된다. 이런 권력을 우리는 '횡포권력(橫暴權力)'이라고 할 수 있다.

그러나 사회의 協力 측면에 착안하면, 권력은 다른 성격을 드러내게 된다. 사회분업의 결과 각 개인은 '다른 사람의 도움을 받지 않고는(不求人)' 생활할 수 없게 되었다. 分業은 각 개인 모두에게 유리하다. 왜냐하면 그것이 경제의 기초이기 때문이다. 사람들은 비교적 적은 노력을 들이고서도 비교적 많은 收穫을 얻게 된다. 勞力은 費用이고 고통스러운 것이다. 사람들은 分業에 의지함으로써 생활의 부담을 덜고 생활의 즐거움을 증가시킬 수 있다. 물론 생활의 즐거움은 모든 사람들이 추구하는 것이지만, 그와 같은 利益을 탐할 경우 모든 사람들은 만족하지 못하게 된다. 만약 他人이 자신의 위치에서 그에게 분담된 일을 잘 하지 못하게 되면 그로부터 나의 생활도 영향을 받기 때문에, 우리는 '자기 혼자 몸만 修養하는 것(獨善其身)'이 불가능해지므로 '남의 일(閑事)'에도 간섭하지 않을 수 없게 된다. 자기 자신을 위하여 타인을 간섭하지 않을 수 없는 것이다. 마찬가지로, 만약 자신의 본분을 다하지 않는(不盡其身) 경우에는 역시 타인에게 영향을 미치기 때문에 타인의 간섭을 받지 않을 수 없다. 이렇게 해서 權利와 義務가 발생한다. 타인을 간섭하는 측면에서 말하자면 그것은 權利이고, 자신이 타인의 간섭을 받는 측면에서 말하자면 그것은 義務이다. 각자가 자신의 일을 유지하고 보호하는 것은 상호 감독할 수 있는 責任이다. 어떤 사람도 '任意'로 자신의 즐거움에 근거하여 자신이 하고 싶은 일만 할 수는 없다. 모두가 同意하여 分配한 일을 준수해야 한다. 그러나 그것을 어떻게 보장할 수 있을까? 만약 어떤 사람이 그 규칙을 준수하지 않으면 어떻게 할까? 이리하여 모두에 의해 부여된 權力이 발생한다. 그 권력의 기초가 사회계약, 즉 '同意'이다. 사회분업이 복잡해질수록 그 권력은 더욱 커진다. 만약 그와 같은 권력의 제약을 받지 않으려면 '다른 사람의 도움을 구하지 않는(不求人)' 경지로 되돌아가서 로빈슨 크루소(Robinson Crusoe)처럼 살 수밖에 없는데, 그때야말로 홀로 하늘을 떠받치고 땅 위에 우뚝 선(頂天立地) 영웅이 되어야 하고, 그렇지 않으면 '백성이 적은 작은 나라(小國寡民)'[1]이므로 그 권력의 크기도 따라서 줄어들어야 한다. 이런 권력을 우리는 同意權力이라고 부를 수 있을 것이다.

    두 가지 견해 모두 근거가 있고 또 상호 대립하는 것도 아니다. 왜냐하면, 인류사회에는 두 가지 종류의 권력이 모두 존재하기 때문이다. 게다가 사실상의 통치자, 소위 政府는 항상 이 두 가지 종류의 권력을 대표하고 있는데, 다만 配合의 정도가 다를 뿐이다. 그 원인은 사회의 分化가 쉽지 않기 때문이다. 적어도 과거의 역사를 놓고 말하자면, 協力이 존재해야만 충돌이 없다. 이 두 가지의 과정은 항상 상호 교차되면서 分割되고, 종횡으로 混合되어 있으

---

1) '백성이 적은 작은 나라(小國寡民)'는 노자(老子)가 말한 이상사회이다. ─ 역자 주.

며, 협력하는 가운데 충돌하는, 결코 단순한 것이 아니다. 따라서 위에서 언급한 두 가지 성격의 권력은 槪念的 구분이지 항상 존재하는 事實的인 구분은 아니다. 만약 우리가 한 社會共同體의 권력구조를 잘 알고자 한다면, 이 두 가지의 권력이 어떻게 배합되어 있는지의 문제부터 분석하지 않으면 안 된다. 어떤 공동체는 이런 권력에 편중되어 있고, 다른 어떤 공동체는 저런 권력에 편중되어 있다. 더구나 한 공동체 내에서 어떤 사람들 사이에는 이런 권력의 관계가 발생하고, 다른 어떤 사람들 사이에는 저런 권력의 관계가 발생할 수도 있다. 예를 들어 美國의 경우, 겉으로는 同意權力에 편중되어 있지만, 種族들 사이에는 사실상 여전히 橫暴權力이 작동하고 있다.

어떤 사람은 권력 자체가 사람을 이끄는 힘을 가지고 있다고 보고, 사람은 '權力에 굶주려' 있다고 말한다. 이런 관점은 권력의 도구적 성격을 간과하고 있다. 사람은 모종의 비정상적인 심리 때문에 단순한 支配欲 혹은 소위 '새디즘(sadism: 잔혹한 기호)'을 드러낼 수도 있지만, 결국 그것은 정상적인 것은 아니다. 사람들이 좋아하는 것은 權力으로부터 획득하는 利益이다. 만약 장악한 권력이 이익을 가져다주지 않는다면, 혹은 권력을 장악하지 않아도 이익을 획득할 수 있다면, 권력의 吸引力 역시 그렇게 강렬하지 않을 수 있다. 예를 들어 英國의 한 여론조사는 자기 자식이 장차 議員 혹은 閣僚가 되기를 희망하는 사람의 비율이 아주 낮다는 것을 보여준다. 영국에서는 의원 혹은 각료의 봉급은 비록 적지만 사회적 名譽라는 보수가 있다. 대다수 사람들은 여전히 그리고 조급하게 봉급을 올려야 한다고 생각하지 않는다. 만약 명예조차 부여하지 않고 권력을 사용하는 사람들이 정말로 '公僕'으로 변화한다면, 세상에서 許由[2]나 務光[3]과 같은 사람들은 진기한 사람이 되지 못할 것이다.

권력이 사람을 吸引하는 가장 중요한 이유는 경제적 利益 때문이다. 同意權力 하에서 권력을 장악하는 사람은 결코 자신의 특수한 利益을 보장하려고 하지 않기 때문에 반드시 사회적 명예와 높은 보수로써 그들을 초빙해야 한다. 횡포권력과 경제적 利益의 관계는 더욱 밀접하다. 통치자가 폭력으로써 그들의 지위를 유지하고자 하는 것은 目的이 없다고 할 수 없고, 그 목적이 경제적인 것이 아니라고 상상하기는 어렵다. 반대로, 만약 획득할 경제적 이익이 없다면 횡포 권력도 큰 의의가 없기 때문에 횡포권력은 쉽게 발생하지 않는다고 말할 수 있다.

甲이라는 단체가 권력으로써 乙이라는 단체를 통치하여 경제적 이익을 획득하고자 할 때에는 반드시 하나의 전제가 있어야 한다. 즉, 乙이라는 단체의 존재가 그와 같은 利益을 제공할 수 있어야 한다는 것이다. 좀 더 명확하게 말하면, 乙이라는 단체의 生産量은 반드시 그 자체의 消費量을 초과해야 하고, 일부 剩餘가 있어서 甲이라는 단체가 자신을 정복하도록 유인해야 한다. 자신의 생존에

---

2) 許由(허유)는 堯舜 시대의 賢人이다. 『莊子』〈逍遙遊篇〉에 따르면, 堯가 許由에게 가르침을 청했으나, 허유는 거절하고 箕山(기산)에 들어가 은거하였다. ―역자 주.
3) 務光(무광)은 夏의 賢人이다. 『莊子』〈雜篇〉에 따르면, 湯이 務光을 찾아서 王의 자리를 넘겨주려 했으나 무광은 거절하고 그 일을 수치로 여기고는 廬水(여수)에 몸을 던져 자살했다고 한다. ―역자 주.

필요한 소비품만 생산하는 사람은 결코 노예가 될 자격이 없다. 내가 이처럼 말하는 것은 농업사회에서의 횡포권력의 한계를 지적하기 위해서다. 廣西省 瑤山에서 조사할 때 나는 漢族이 瑤族의 토지를 점령했지만, 결코 요족을 정복하여 그들을 노예로 삼지는 않았다는 사실을 자주 볼 수 있었다. 물론 그 원인은 여러 가지가 있겠지만, 내가 볼 때 주요한 원인 가운데 하나는 土地가 너무 척박하다는 것이었다. 논을 경작하는 요족은 결코 생활수준을 낮추어서 한족의 小作人이 되려고 하지 않았다. 만약 요족이 한족을 이길 수 없다면, 그들은 토지를 버리고 다른 곳으로 가버린다. 농업 민족의 투쟁에서 가장 주요한 투쟁방식은 토착민을 쫓아내고 그들의 토지를 점거하여 직접 경작하는 것이다. 특히 인구가 이미 대단히 많고, 노력하면 自足이 가능하고, 토지 이용의 정도가 한계에 도달한 경우에는 더욱 그렇다. 우리는 역사책에서 종종 '수만 명의 병사들을 생매장했다(坑卒幾萬人)'는 식의 기록이나 또는 사람을 보면 죽이는 도적을 찾을 수 있다. 불과 얼마 전에 겪었던 경험도 있다. 이와 같은 상황은 공업적 성격의 侵略權力이 이해할 수 있는 것이 아니다.

나는 농업적 성격의 향토사회의 기초 위에서는 횡포권력이 건립될 수 없다고 말하는 것은 결코 아니다. 반대로, 우리는 그런 사회가 바로 皇權의 發祥地임을 흔히 보게 된다. 그 이유는 향토사회는 결코 저항 능력이 큰 조직이 아니기 때문이다. 농업 민족은 유목민족의 침략을 받는 것이 역사의 끊임없는 기록이다. 그것은 맞다. 동쪽의 農業 平原은 帝國의 영역이지만, 農業의 帝國은 허약하다. 왜냐하면, 皇權이 건장하게 자랄 수 없기 때문이다. 강력한 횡포권력을 지배할 수 있는 기초가 부족하고, 농업의 剩餘는 인구의 증가에 따라 나날이 감소하고, 平和는 또한 인구 증가의 기회가 되기 때문이다.

중국의 역사는 다음과 같은 관점을 증명하는 데 큰 도움을 준다. 웅대한 계획과 전략을 가진 皇權은 변경을 개척하고, 城을 쌓고 치수사업을 전개한다. 본래 이와 같은 것을 虐政이라고 말할 수는 없고 일종의 投資라고 볼 수 있는데, 그것은 루즈벨트의 대규모 테네시 프로젝트와 같은 성격을 가지고 있다. 그러나 축적된 것이 없는 농업경제는 그와 같은 프로젝트의 비용을 감당하기가 어렵다. 충분한 잉여가 없기 때문에 怨聲이 자자하고, 너 죽고 나 죽자는 식으로 皇權을 난처하게 만든다. 그럴 경우 前途가 양양한 황권은 대내 압력을 가하지 않을 수 없는데, 그 때문에 비용은 더욱 증대되기만 한다. 陳涉과 吳廣4)과 같은 무리의 봉기가 일어나고 천하가 혼란에 빠진다. 人民들은 도처에서 죽어나고, 人口는 감소한다. 그래서 오랜 혼란은 반드시 정리되고, 休息보다 더 사람을 유혹할 것이 없는 국면이 형성되며, 황권은 백성을 기른다(養民)는 소위 '無爲'5)를 애써 추구하게 된다. 백성을 어느 정도 돌보고 난

---

4) 陳涉(진섭, ?-B.C. 208)은 陳勝(진승)이라고도 하는데, 字가 涉이다. 진섭은 秦나라 시기의 사람으로 吳廣(오광)과 함께 농민봉기를 일으켰다. 진섭은 陳縣(진현)을 점령하고 국호를 張楚(장초)로 정했다. — 역자 주.
5) 노자(老子)의 『道德經』의 주요 개념이다. '無爲'란 본래 자신의 직책의 범위에 속하는 일은 엄격하고 정확하게 처리하지만, 자신의 직책을 벗어나는 일은 일률적으로 처리하지 않는다는 뜻을 담고 있다. 그러나 無爲의 개념은 점차 자연의 법칙을 따른다는 道敎의 信仰으로

단계가 되면 황권은 力量을 축적하게 되고, 그 역량은 황제의 웅대한 計劃과 戰略을 다시 자극하게 된다. 그래서 그와 같은 순환이 또다시 시작된다.

皇權 자신의 유지를 위해 역사의 경험으로부터 '無爲'의 생존가치를 찾아내고, 無爲의 정치 이상을 확립했던 것이다.

橫暴權力은 이와 같은 경제적 구속을 받는다. 그래서 황제로부터 아주 멀리 떨어져 있는 곳에서는 향토사회의 인민들의 이익과 밀접하게 관련된 公共의 사업을 同意權力에 이전해 버린다. 그러나 동의 권력은 일련의 경제적 조건의 제한을 받는다. 내가 앞에서 말한 것에 따르면, 동의권력은 分業 시스템의 산물이다. 분업 시스템이 발달하면 동의권력도 동시에 확대된다. 향토사회는 小農經濟이다. 경제적으로 각 농가는 소금과 철을 제외하고는 필요하면 집안 내에서 自給할 수 있다. 그래서 우리는 동의권력의 범위 역시 '집 대문 안(關門)' 정도로 아주 작아질 수 있다고 상상할 수 있다. 여기서 우리가 볼 수 있는 것은 향토사회의 권력구조이다. 비록 명의상으로는 '專制', '獨裁'라고 말할 수도 있지만, 스스로 지속하기를 원하지 않았던 마지막 황제를 제외하고는, 인민의 실제 생활에서 본다면, 이름만 그렇게 붙은 권력일 뿐 느슨하고 미약한 無爲의 權力이다.

발전하였다. ─ 역자 주.

11. 長老統治

　　향토사회의 권력구조를 이해하기 위해서는, 내가 앞 편에서 분석했던 橫暴權力과 同意權力 두 개념만으로는 충분치 못하다. 물론 우리는 향토사회의 성격으로부터 횡포권력이 받게 되는 사실상의 제약을 설명할 수도 있지만, 그 말이 향토사회의 권력구조가 일반적으로 소위 '民主' 형식을 갖는 권력구조를 의미하는 것은 결코 아니다. 향토사회에서는 동의권력에 근거하고 있는 민주적 형식이 횡포권력이 부가하고 있는 '政府'의 통치를 격리시킨다. 전통적인 無爲政治에서 그와 같은 차원의 통치는 본래 아주 강력한 것이 아니며, 基層에서 표현되어 나온 것 역시 결코 權利의 측면에서 상호 동등한 수많은 公民이 공동으로 참여하는 정치와 완전히 같은 것은 아니다. 이 지점에서 중국 기층 정치의 성격에 관한 한 가지 수수께끼를 토론하게 된다. 어떤 사람들은 중국은 비록 政治의 民主는 없지만 社會의 民主는 있다고 말한다. 또 어떤 사람들은 중국의 정치 구조는 두 가지 차원으로 구분할 수 있고, 민주적이지 않은 차원이 민주적인 차원을 억압하고 있다고 말한다. 이런 견해는 모두 부분적으로 사실에 가깝다. 정확하다고 하지 않고 가깝다고 말하는 것은 橫暴權力의 성격도 아니지만 同意權力의 성격도 아닌 다른 종류의 권력, 사회적 葛藤에서도 발생하지 않고 사회적 協力에서도 발생하지 않는 권력이 존재하고 있기 때문이다. 그것은 '사회의 연속적 교체(社會繼替)' 과정에서 나타나는 것이고, 敎化的 성격의 권력, 英語의 paternalism, 즉 아버지식(爸爸式)의 권력이다.1)

　'사회의 연속적 교체(社會繼替)'라는 말은 내가 『출산과 육아제도(生育制度)』에서 제기한 새로운 名詞이지만, 결코 새로운 槪念은 아니다. '사회의 연속적 교체'는 사회 成員의 신진대사의 과정이다. 삶과 죽음은 無常하고, 사람의 수명은 有限하다. 한 개인에 대해 말하자면, 이 세계는 "여관(逆旅)"에 불과하다. 그 여관에 의탁하고 있는 기간은 길기도 하고 짧기도 하지만, 그 차이가 크지는 않다. 그러나 이 여관에는 다른 어떤 여인숙이나 호텔보다도 더욱 복잡하고 엄격한 規律이 존재한다. 새롭게 이 여관을 찾는 사람이 아니라면, 모두가 문을 들어서기 전에 그 규율을 잘 알고 있다. 그럴 뿐만 아니라, 이 여관에 들어온 것은 자기 자신의 선택이 아니기 때문에, 들어온 이후에는 임의로 이사해 나갈 수도 없다. 오직 이 여관밖에 없고 分店은 없다. 물론 이 큰 여관에는 서로 다른 부분들이 존재한다. 우리가 서로 다른 文化의 구역이라고 말하는 각 부분은 완전히 동일한 規律을 갖고 있는 것은 아니지만, 규율이 존재한다는 점에서는 결코 차이가 없다. 十戒보다 더 많은 '여행객

---

1) 改革開放 이후 중국의 학계에서는 'paternalism'을 '부애주의(父愛主義)'로 번역하고 있고, 한국의 학계에서는 '가부장적 온정주의'로 번역한다. ― 역자 주.

숙지' 사항이 붙어 있지 않은 담벼락은 없다. 따라서 이 여관에서 생활하는 사람들은 그와 같은 많은 규율 하에서 하고 싶은 대로 하되 철벽을 건드리지 않도록 그 敎化를 반드시 받아들여야 한다.

사회의 규율 가운데 일부는 사회적 葛藤의 결과이기도 하고 사회적 協力의 결과이기도 한다. 개인의 행위를 사방에서 둘러싸고 있는 철벽은 어떤 것은 橫暴한 것이고 어떤 것은 同意한 것이다. 그러나 사람들은 그와 같은 규율을 이유를 불문하고 준수해야 하고 그 내용을 잘 알고 있어야 한다. 만약 사람이 개미나 혹은 벌이라면 상황은 간단하다. 집단적 생활의 규율은 생리적으로 보장되어 있기 때문에 배우지 않아도 잘 안다.

사람들의 규율은 모두가 人爲的인 것이다. 젓가락으로 두부를 집는다거나, 하이힐을 신고 춤을 추되 다른 사람의 발을 밟지 말아야 하는 것은 정말이지 사람을 성가시게 하는 규율이다. 배우지 않으면, 또 갈고 닦지 않으면 할 수 없다. 더구나 학습할 때 어려움을 두려워하지 말아야 할 뿐만 아니라 귀찮아하지도 말아야 한다. 그런데 두려워하지 않고 귀찮아하지 않는 것은 天性이 아니다. 그래서 강제하지 않을 수 없다. 强制는 權力을 발생시킨다.

이런 식으로 나타나는 권력은 결코 同意的인 것이 아니고 또 橫暴한 것도 아니다. 아이들에게 신발을 신어야 거리로 나갈 수 있도록 하는 것이 일종의 社會契約이라고 말하는 것은 아무래도 지나친 말이다. 소위 사회계약은 반드시 개인의 意志를 전제로 한다. 비록 개인은 그러한 契約으로부터 자유롭게 이탈할 권리를 갖고 있지 않지만, 그와 같은 계약적 성격을 갖는 규율이 형성되는 과정에서 반드시 각 개인의 自由意志는 존중되어야 한다.

民主政治의 형식은 곧 개인 의지의 綜合이자 사회적 강제의 結果이다. 教化의 과정에서 교화되는 사람은 선택할 수 있는 기회를 갖고 있지 않기 때문에 결코 그러한 문제는 나타나지 않는다. 교화되는 사람이 學習해야 하는 것, 우리가 文化라고 말하는 것은, 교화되는 사람보다 앞서 존재한다. 우리는 '意志'를 미성년자의 人格에 강제할 필요가 없다. 왜냐하면 교화의 과정에서 그와 같은 승인은 필요하지 않기 때문이다. 사실 意志는 결코 생리적인 器官처럼 천천히 성장하는 것이 아니다. 그것은 심리적 현상이 아니고 사회적 承認이다. 동의질서를 유지할 때에는 意志는 반드시 필요한 요소이지만, 다른 질서 하에서는 그렇지 않다. 우리는 미성년자가 의지를 가지고 있다는 것을 인정하지 않는데, 그것은 곧 그들이 동의질서에 결코 진입하지 않았다는 사실을 설명해 준다.

나는 "아이들이 부딪히게 되는 것은 아이들의 편의를 위해 설계된 世界가 아니라 성인들의 편의를 위해 설계된 庭園이다. 아이들이 그 정원에 진입할 때에는 새로운 질서를 확립할 力量이나 舊질서에 복종하겠다는 마음가짐을 가지고 진입하는 것이 결코 아니다"라고 말한 적이 있다(『출산과 육아제도(生育制度)』101쪽). 상대방의 의사를 구하지 않고, 또 상대방의 동의 여부를 고려하지 않은 상태에서 상대방은 반드시 적응해야만 되도록 설계된 사회생활 방식의 측면에서 말하자면, 상대방을 教化하는 사람은 民主的이지 않다고 말할 수는 있지만, 그렇다고 해서 横暴的이라고 말하는 것은 맞지 않다. 횡포권력은 사회적 葛藤에서 발생하는 것이고, 그것을 이용하여 被統治者를 착취하여 이익을 획득하는 도구이다. 만약 敎化 과정이 착취적 성격을 갖고 있다고 말한다면, 그 역시 분명히 지나친 말이다. 나는 그것은 "자신은 손해를 보고 상대방을 이롭게 하는(損己利人)" 일이라고 말한 적이 있다. 한 개인이 生命을 배태하고 그를 成人으로 양육하는 책임을 지는 것은 정신적인 위안 이외에 물질적으로 무슨 도움이 되겠는가? '成人'의 時限을 생리적으로 아직 아동인 단계로까지 낮추어 '착취'하기 시작하는 것도 일어날 수 있는 현상이다. 그러나 경제적인 打算으로 아이를 낳고 키우는 것은 적어도 계산을 그다지 정확하게 하지 않은 손해 보는 장사일 뿐이다.

　　표면적으로 볼 때 "한 아이가 한 시간 동안 받게 되는 干涉은 성인이 일 년 동안 받게 되는 사회적 指摘의 회수를 반드시 초과한다. 가장 전제적인 君王 하에서 백성이 되는 것 역시 한 아이가 그를 가장 사랑하는 부모 아래에서 보내는 시간보다 고통스럽지는 않다.(上同 注)" 그러나 엄한 부친과 전제 군주는 어쨌든 성격이 다르다. 서로 다른 점은, 부친의 敎化의 과정은 사회를 대신하여 자식을 일정한 文化方式에 부합하는 가운데 집단적인 생활을 할 수 있도록 훈련시킨다는 것이다. 이 일을 부담하는 것은 한편으로는 사회를 위한 것이고, 다른 한편으로는 교화를 받는 자를 위한 것이라고 말할 수 있다. 그것은 결코 통치관계가 아니다.

　　敎化 성격의 권력은 비록 부모와 자식의 관계에서 가장 명확하게 나타나지만, 결코 그 관계에 한정되는 것은 아니다. 무릇 정치적 성격의 强制가 아니라 文化的 성격의 것들은 모두 이러한 권력

에 포함된다. 文化와 政治의 구분은 다음과 같은 데 있다. 사회가 문제로 삼지 않고 받아들이도록 하는 모든 規範은 文化的 성격이다. 한 사회가 공동으로 그 규범을 아직 받아들이지 않고 각종 의견이 잇달아 제기될 때 임시적 해결 방법을 구하는 활동은 政治이다. 문화의 기초는 반드시 同意여야 하지만, 사회의 새로운 성원에 대한 문화의 강제는 일종의 敎化 과정이다.

변화가 아주 적은 사회에서 文化는 안정되어 있고, 새로운 문제가 아주 적고, 생활은 일련의 전통적 방법으로 영위된다. 만약 우리가 완전히 전통에 의해 규정되는 하나의 사회생활을 상상할 수 있다면, 그 사회는 정치가 없는 사회이고 존재하는 것은 오직 敎化뿐이다. 물론 그와 같은 사회는 사실상 존재하지 않지만, 향토사회는 그러한 기준에 가까이 가 있는 사회이다. "정치는 말을 많이 하는 것에 있지 않다(爲政不在多言)", "무위의 정치(無爲而治)"라는 말은 모두 정치활동의 단순함을 묘사한 것이다. 그와 같은 사회에서 사람들의 행위는 전통적인 "禮에 의해 단속된다(禮管束着)". 儒家는 敎化 권력 위에 구축된 王을 뒷받침하는 많은 思想을 가지고 있다. 그들은 횡포권력이 유지하는 질서에 한 번도 열정적이었던 적이 없다. "호랑이보다 더 무서운 가혹한 정치(苛政猛于虎)"[2]는 횡포적인 성격을 갖고 있고, "德으로 하는 정치(爲政以

---

2) 『禮記〈檀弓下篇〉』에서 孔子가 한 말이다. 孔子가 수레를 타고 泰山 옆을 지나갈 때 한 여인이 묘지 앞에서 너무 슬프게 우는 것을 보고, 子貢을 보내어 그 이유를 물어보게 했다. 그 여인은, 시아버지는 호랑이에게 물려 죽었고, 남편도 호랑이에게 물려 죽었으며, 아들도 마찬가지라고 대답했다. 孔子가 그렇다면 왜 이 지역을 떠나지 않는지 물었더니, 그 여인은 가혹한 정치가 없기(無苛政) 때문이라고 대답

德)"는 교화적 성격을 갖고 있다. "백성의 父母가 되는 것(爲民父母)"3)은 아버지식의 權力이라는 뜻이다.

교화 권력이 成人 간의 관계로 확대되기 위해서는 반드시 안정된 文化의 존재를 가정해야 한다. 안정된 문화적 전통은 그것이 유효하게 확대되도록 보증해 준다. 만약 우리가 개별 문제에 개별적으로 대응한다면 '늙을 때까지 배워야 하는(活到老, 學到老)' 것을 면할 수 없다. 왜냐하면, 생활에서 만나게 되는 문제들은 모두가 서로 다른 것들이기 때문이다. 文化는 한 장의 '생활기록부(生活譜)'와 같으므로 문제가 생길 때마다 참조할 수 있다. 그래서 그와 같은 사회에서는 우리가 지금 말하고 있는 成年의 制限이 없다. 무릇 나의 연장자는 반드시 내가 지금 직면하고 있는 문제를 먼저 직면했을 것이고, 따라서 연장자는 또한 나의 '선생(師)'이 될 수 있다. "세 사람이 걸어가면 그 가운데는 반드시 내가 현재 직면하고 있는 문제에 어떻게 대처해야 할지 가르쳐 주는 선생이 있다(三人行, 必有我師焉)"(〈論語·述而篇〉). 그래서 연장자는 모두 나이가 어린 사람을 강제하는 敎化 권력을 가지고 있는 것이다. "집 밖으로 나가면 반드시 연장자에게 공손해야 하고(出則悌)", 연장자가 가진 교화의 권력에 순종해야 한다.

했다. 이에 대해 공자는 "너희들은 기억해 둬라. 가혹한 정치는 호랑이보다 더 무섭다(小子識之, 苛政猛于虎也)"라고 했다. ― 역자 주.
3) 『孟子〈梁惠王上篇〉』에서 梁惠王이 孟子의 가르침을 받는 과정에서 맹자가 한 말이다. 맹자는 "짐승들이 서로를 잡아먹는 것도 사람들은 보기 싫어하는데, 백성의 부모가 되어 정치를 하면서 짐승을 끌고 와서 사람을 잡아먹는 것과 같은 일이 없도록 하지 못한다면, 어찌 백성의 부모라 할 수 있겠습니까(獸相食且人惡之, 爲民父母行政, 不免於率獸而食人, 惡在其爲民父母也)"라고 했다. ― 역자 주.

우리의 인사말에는 서로 나이를 묻는 것이 있는데, 이것은 결코 우연한 것이 아니다. 중국 사회에서 서로를 대우하는 태도를 직접적으로 반영하고 있는 이 예절은 長幼의 질서에 근거한 것이다. 長幼의 질서 역시 敎化 권력이 발생하는 효력을 잘 드러내고 있다. 親屬의 호칭에서 長幼는 아주 중요한 원칙이다. 우리는 형(兄)과 동생(弟), 누나(姊)와 여동생(妹), 큰 아버지(伯父)와 작은 아버지(叔父)를 구분하는데, 많은 民族은 결코 이와 같이 구분하지 않는다. 나는 쉬로꼬고로프 선생이 나에게 이와 같이 長幼를 구분하는 것은 중국의 親屬制度의 가장 기본적인 원칙이고, 때로는 世代를 아우를 수 있는 원칙이라고 말한 것을 기억한다. 親屬 原則은 사회생활에서 형성되고 長幼 원칙의 중요성 역시 敎化 권력의 중요성을 나타낸다.

  文化가 안정되지 않고, 전통적인 방법이 현재의 문제를 대처하기에 불충분할 경우, 敎化 권력도 반드시 동시에 축소된다. 그것은 아버지와 자식의 관계, 선생과 학생의 관계로 축소되며, 더구나 아주 짧은 시간 내로 더욱 제한된다. 사회가 변천하는 과정에서는 경험에 의존하여 지도할 수가 없다. 의존할 수 있는 것은 개별 정황을 초월하는 원칙이다. 그런데 원칙을 형성하고 원칙을 응용할 수 있는 사람은 반드시 연장자인 것은 아니다. 그와 같은 능력과 연령의 관계는 크지 않다. 중요한 것은 智力과 專攻이고, 한 가지 덧붙일 것이 있다면 機會이다. 기회를 말하자면, 연소자가 연장자보다 오히려 더 많다. 연소자는 변화를 두려워하지 않고, 호기심이 많으며, 실험을 해보려고 한다. 변천의 와중에서는 習慣은 적응에 장애가 되고, 經驗은 완고함과 낙오와 같은 것이다. 완고함과 낙오는 결코 단지 구두상의 嘲笑에 그치지 않고 생존의 機會를 위협한다. 이런 상황에서 아이가 자신의 부친을 '별명(小名)'으로 호칭하더라, 그것은 부친의 질책을 유발하지 않을 뿐만 아니라 오히려 일종의 친밀함의 표현이자 부친에게도 밀려나지 않고 있다는 일종의 안도감을 주기도 한다. '존귀한 것과 비천한 것(尊卑)'은 연령과 무관한 것이기 때문에 '연장자와 연소자(長幼)'를 서로 비교하는 것은 의미가 없고, 그래서 만날 때에도 더 이상 나이를 묻지 않는다. 그와 같은 사회는 향토적 성격과 너무나 멀리 떨어져 있다.

향토사회로 되돌아가도록 하자. 향토사회의 권력구조에서는 비록 민주적이지 않은 橫暴權力이 존재하기는 하지만 또한 민주적인 同意權力도 존재한다. 그러나 이 두 가지 권력 이외에도 敎化權力이 존재한다. 교화권력은 민주적인 것도 아니지만 또한 비민주적인 專制도 아니다. 그것은 또 다른 종류의 권력이다. 그래서 民主와 民主가 아닌 척도로 중국의 사회를 가늠하는 것은 모두 옳기도 하고 모두 옳지 않기도 하며, 모두 일부 그럴듯한 측면도 있지만, 그러나 모두 정확하지 않은 것이다. 반드시 하나의 개념을 제시해야 한다면, 지금 당장에는 '長老統治'보다 더 좋은 개념을 생각해낼 수 없다.

12. 血緣과 地緣

　　변동이 없는 文化에서는 연장자와 연소자 사이에 사회적인 '차등적 질서(差次)'가 발생하고, 연장자는 연소자를 강제할 수 있는 권력을 갖는다. 이것은 血緣社會의 기초이다. 血緣이란 뜻은 사람과 사람의 권리와 의무가 친속관계에 근거하여 결정된다는 것이다. 親屬은 출산과 육아, 결혼을 통해 구성되는 관계이다. 엄격하게 말하면, 血緣은 출산과 육아가 만들어내는 親子關係이다. 사실 '단일계통(單系)'의 가정조직에서 중시하는 친속은 확실히 출산과 육아로 인해 늘어나고 혼인으로 인해 줄어든다. 그래서 혈연이라고 해도 무방하다.

　　出産과 育兒는 사회의 지속을 위해 필요한 것이다. 이는 어떤 사회나 마찬가지다. 다른 것은, 일부 사회는 출산과 육아가 발생시키는 사회관계에 의해 각자의 사회적 지위가 규정되지만, 다른 어떤 사회는 그렇지 않다는 것뿐이다. 前者는 혈연적이다. 대략적으로 말하면, 혈연사회는 안정되어 있지만 변동이 결여되어 있다. 변동이 큰 사회는 혈연사회가 되기 쉽지 않다. 사회의 안정은 그 구조가 정지되어 있다는 것을 말한다. 그러나 그 구조에 들어가 각각의 地位를 점하고 있는 개인들은 정지할 수 없다. 그들은 생명(즉, 수명)의 제한을 받으므로 그곳에서 영구히 머물 수가 없다. 그들은 죽지 않을 수 없다.

혈연사회는 생물의 신진대사 작용을 통해 출산과 육아를 하고, 그것을 통해 사회구조의 안정을 유지하려고 한다. 아버지가 죽으면 자식이 그 자리를 계승한다. 농민의 아들은 항상 농사에 종사하고, 상인의 아들은 항상 상업에 종사한다. 그것은 직업의 혈연적 연속적 교체(繼替)이다. 귀족의 아들은 여전히 귀족이다. 그것은 身分의 혈연적 연속 교체이다. 부자의 아들은 여전히 부자이다. 그것은 財富의 혈연적 연속 교체이다. 물론 현재에 이르기까지 극히 일부 사회만이 혈연적 연속 교체를 완전히 포기했는데, 친속이 출산과 양육을 부담하는 시대에서는 그것을 포기하기가 쉽지 않았다. 그러나 만약 사회구조에 변동이 생긴다면 완전히 혈연에 의존하여 연속적 교체를 하는 것 역시 불가능한 일에 속한다. 출산과 육아가 社會化되기 이전에는 혈연 작용의 强弱은 사회 변천의 速度에 의해 결정되는 것 같다.

血緣에 의해 결정되는 사회적 地位는 개인의 선택을 용납하지 않는다. 세상에서 개인의 意志가 가장 통하지 않고 동시에 생활에서 가장 영향력을 주는 결정은 바로 누가 당신의 父母인가 하는 것이다. 당신에게 있어 누가 당신의 부모인가 하는 점은 순전히 機會의 문제이고, 더구나 당신이 존재하기 이전에 이미 결정된 事實이다. 경쟁할 수도 없고, 또 감추거나 왜곡하기도 쉽지 않은 사실을 가지고 각자의 직업, 신분, 재산을 분배하는 표준으로 삼는 사회는 가장 합리적이지 않은 것으로 보인다. 만약 그럴듯한 이유가 있다면, 그것이 기존 질서를 安定시키는 가장 기본적인 방법이라는 것 때문이다. 당신이 이 원칙을 받아들이기만 한다면, 사회에서 발생할 수 있는 수많은 분쟁들은 발생하지 않는다. 그런데 누가 이 사실을 진지하게 의심해본 적이 있었고, 또 그 원칙의 존재 이유를 검토해본 적이 있었던가?

血緣은 安定의 力量이다. 안정된 사회에서 地緣은 혈연의 投影에 지나지 않고 분리될 수 없는 것이다. "여기에서 태어나서 여기에서 죽는 것(生于斯, 死于斯)"이 사람과 땅의 인연을 고정시킨다. '태어나는 것(生)'은 곧 '피(血)'이며 그의 '땅(地)'을 결정한다. 마치 나무에서 나뭇잎이 자라나듯이 세대 간에 인구가 번식하여 한 지역에서 한 무리로 밀집된다. 지역적으로 근접해지는 것은 일종의 혈연적으로 가깝고 먼 것의 반영이라고 말할 수 있다. '지역의 위치(區位)'는 사회화된 공간이다. 우리는 방향에서도 '존귀한 것과 비천한 것(尊卑)'을 구분할 수 있다. 왼쪽은 오른쪽보다 높고, 남쪽은 북쪽보다 높다. 이것은 혈연의 坐標이다. 공간 그 자체는 구분이 없지만, 우리는 혈연적 좌표로써 공간을 방향과 위치로 구분한다. 우리가 '地位'라는 두 글자로 한 사람이 사회에서 점하고 있는 위치를 묘사할 때, 그것은 본래 '空間'을 지칭하는 명사이지만 사회적 가치를 가지게 된 것을 뜻한다. 이는 '땅(地)'의 관련성은 사회적 관계에서 파생된다는 것을 우리에게 알려준다.

人口가 流動하지 않는 사회, 인구가 유동할 필요가 없는 自給

自足의 향토사회에서는 家族이라는 사회집단에는 지역적 숨意가 포함되어 있으므로 村落의 개념은 불필요한 군더더기라고 말할 수 있다. (아이들이 木馬를 타고 부르는) 동요에 "흔들 흔들 흔들, 흔들어서 외갓집까지(搖搖搖, 搖到外婆家)"라는 말이 있는데, 우리 자신의 경험에서 '외갓집'은 지역적 의미가 충만한 곳이다. 혈연과 지연이 합쳐진 것이 '사회공동체(社區)'의 원시 상태이다.

그러나 결국 사람은 식물이 아니기 때문에 流動하려고 한다. 향토사회에서는 피할 수 없는 것이 '細胞分裂'의 과정이다. 인구가 증가하고 있는 한 '혈연적 사회집단'은 인구가 일정한 정도까지 증가하면 그 사회집단이 필요로 하는 토지면적 때문에 특정 지역에서 함께 거주할 수 없게 된다. 따라서 人口가 증가하면 居住 지역도 부단히 확대되어야 한다. 일정한 정도로 확대되어 거주하는 지역과 일하는 지역의 거리가 너무 멀어 효율성이 저하될 때, 그 사회집단은 지역적으로 분리되지 않을 수 없다. 이는 토지가 무한히 확대될 경우에 그렇다는 것이다. 사실 각 가족이 외부로 토지를 개간할 수 있는 기회는 제한되어 있다. 인구 증가는 기존의 토지를 효과적으로 경작하도록 만든다. 그러나 효과적인 토지 경작은 '土地收穫 遞減의 法則'의 제한을 받는다. 그래서 그 사회집단은 분열되고, 분열되어 나간 한 부분은 다른 지역으로 가서 토지를 경작하게 된다.

만약 분리되어 나간 세포가 황무지를 개간하고 번식하여 또 다른 村落을 형성하면, 그 촌락은 본래의 鄕村과 혈연적 관계를 맺게 되고, 심지어는 본래의 地名으로 새로운 지역을 호칭하기도 한다.

그것은 空間的 분리를 부정하는 것이다. 이런 사례는 移民社會에서 아주 많다. 미국을 여행하는 사람들은, 단지 地名만 보게 되면, 미국은 '유럽을 섞어놓은 것'이란 환상을 갖게 될 것이다. 특히 뉴잉글랜드(New England), 뉴욕(New York)이 유명하다. 런던(London), 모스크바(Moscow) 등과 같은 지명을 미국의 지도에서도 모두 찾을 수 있는데 그것도 한 곳만이 아니다. 중국도 마찬가지다. 혈연적 성격의 地緣이 더욱 현저하다.

나는 열 살 때 고향 吳江을 떠나 蘇州市에서 9년을 살았다. 그러나 나는 각 문건의 본적 란에 줄곧 '江蘇省 吳江'이라고 적었다. 中日抗戰 시기[1] 雲南에서 8년간 거주했지만 본적은 변하지 않았고, 雲南 출생의 딸도 나의 본적을 따르고 있다. 딸 또한 아마도 평생 동안 자신의 본적을 '江蘇省 吳江'이라고 쓸 것이다. 나의 祖上은 吳江에서 이미 20여 대를 살아왔지만, 우리 집의 燈籠에는 '江夏 費'라는 커다란 붉은 글자가 적혀 있다. 江夏는 湖北省에 있다. 지연으로 보았을 때, 내가 江夏와 관계를 맺을 무슨 특별한 이유가 있을까? 정말이지 나의 자식과 마찬가지로 무엇을 근거로 딸이 한 번도 가 본 적이 없는 吳江과 딸 사이에 地緣이 형성될 수 있을까? 여기서 중국 향토사회의 지연은 독립적으로 단결력을 구성하는 일종의 관계가 아니라는 것이 아주 명확해진다. 우리의 本籍은 우리의 부모의 것을 따르는 것이고, 자신이 출생했거나 혹은 거주하고 있는 지역을 따르는 것은 결코 아니며, 또 姓과 마찬가지

---

[1] 1937년 일본이 중국 대륙을 전면적으로 공격한 때부터 일본이 패망한 시기(1937~1945)까지를 말한다. — 역자 주.

로 계승된다. 그것은 '血緣'이고, 따라서 우리는 본적은 '혈연의 공간적 투영'이라고 말할 수 있는 것이다.

고향을 떠나 다른 지방으로 흘러들어간 사람들은 새로운 촌락에서 마치 씨앗이 땅에 떨어져 싹을 틔우듯이 자라날 수는 없다. 그들은 단지 이미 형성되어 있는 공동체에 일정한 방법에 따라 挿木될 수 있을 뿐이다. 만약 혈연적 관계가 없는 사람이 한 지역의 사회적 공동체 성원으로 된다면, 그들과의 연계는 순수한 지연이지 혈연은 아니다. 이렇게 해서 혈연과 지연은 비로소 분리된다. 그러나 이는 중국의 향토사회에서는 상당히 힘든 일이다. 나는 각 지방의 촌락에서 '客邊', '新客(새로 온 나그네)', '外村人(다른 마을 사람)' 등으로 불리는 사람들을 항상 볼 수 있었다. 호구책에도 '寄籍(기적)'[2])이라고 적혀 있었다. 지금 도시에서는 그 지역의 公民權을 획득할 수 있는 절차를 규정하고 있는데, 중요한 것은 일정한 居住 기간이다. 그러나 농촌에서는 거주 기간이 결코 중요한 조건이 아니다. 나는 많은 농촌에서 이미 몇 대를 살아온 사람들도 여전히 '新客' 혹은 '客邊'이라 불리고 있음을 알고 있다.

나는 江村과 祿村에서 조사할 때 "어떻게 해야 그 마을 사람이 될 수 있는가" 하는 문제에 주의하였다. 대략 몇 가지 조건이 있다. 첫째, 土地에 뿌리를 내려야 한다. 즉, 그 마을에 토지를 가지고 있어야 한다. 둘째, 결혼할 때 현지의 親屬 테두리로 들어가야 한다. 이 두 가지 조건은 결코 쉬운 것이 아니다. 왜냐하면, 중국

---

2) '寄籍(기적)'은 본적지를 떠나 外地에 거주하여 거주지의 籍에 오른 것을 말한다. ─ 역자 주.

의 농촌사회에서 토지는 자유롭게 매매될 정도로 충분하지 않기 때문이다. 토지는 氏族의 보호를 받는다. 氏族의 동의를 받지 않고 토지를 외부인에게 팔기는 대단히 어려운 일이다. 結婚을 통해 地緣을 획득할 수도 있다. 다른 지방 사람에게 시집가서 그 지방의 사람이 되는 것이다. 남성도 데릴사위가 되어 다른 지방 공동체에 들어갈 수 있다. 그러나 이미 他地에 거주하고 있는 '外客(외부에서 온 손님)'이 그 지역의 女性을 아내로 맞이하고, 자식들이 그 타지의 공동체에 진입할 수 있도록 만들기란 결코 쉽지 않다. 대개 먼저 土地가 있어야 비로소 혈연적 네트워크에 뿌리를 내릴 수 있다. 그러나 이 이야기는 나의 假說에 지나지 않는 것으로서, 좀 더 많은 비교자료로써 實證되어야 비로소 성립할 수 있는 것이다.

공동체의 경계 지역에 寄居하고 있는 사람들은 이미 그 촌락의 공동체에 삽입되었다고 말할 수 없다. 왜냐하면 그들은 종종 一般 公民으로서의 權利를 획득하지 못하고 있고, 또 그들 사람으로 간주되지 않으며, 사람들로부터 신뢰를 받지 못하고 있기 때문이다. 나는 향토사회는 친밀한 사회라고 말한 적이 있다. 그런데 그들은 '낯선' 사람들이고, 내력이 불명확하며, 행적이 의심스러운 사람들이다. 그러나 바로 이런 특징 때문에 그들은 향토사회에서 특수한 직업을 찾을 수 있다.

친밀한 혈연관계는 일부 사회활동을 제약한다. 그 가운데 가장 중요한 것이 葛藤과 競爭이다. 親屬은 자기 사람이다. 한 뿌리에서 싹터 나온 가지는 원칙적으로 "서로의 고통이나 이해에 관심을 가져야 하고(痛痒相關)", "있는 것과 없는 것을 서로 교환해야 한다

(有無相通)." 게다가 친밀한 공동생활에서 각자가 상호 의존하는 지점은 다면적이고 장기적이다. 따라서 서로 주고받는 것을 하나하나씩 명확하게 계산하여 되돌려줄 수가 없다. '친밀한 사회집단'의 團結性은 각 分子 모두가 서로 오랫동안 질질 끌면서 갚지 못하고 있는 人情에 의존한다. 친구들 사이에는 서로 서둘러 보답하는데, 그것은 마치 일부 자금을 투자한 것과 같이 나의 '人情'에 대해 상대방이 빚지도록 만들기 위한 것이다. 우리 사회에서는 이 점은 아주 명확하게 나타난다. 다른 사람의 人情을 빚지면 기회를 찾아서 빚진 것 이상의 '禮'를 표시해야 한다. 그렇게 加重하는 것은 자신의 人情에 대해 상대방이 빚지도록 만들기 위한 것이다. 서로 왕래하는 가운데 사람과 사람의 상호협력이 유지된다. 친밀한 사회집단에서는 서로 人情을 빚지지 않을 수 없고, 또 '결산(算帳)'하는 것을 가장 두려워한다. 서로 인정을 빚지지 않으면 상호왕래가 불필요하기 때문에 '決算' 또는 '淸算'은 絕交의 말과 동일하다.

그러나 親屬은 아무리 친밀하더라도 결국 자기 자신이 될 수는 없다. 비록 "서로의 고통이나 이해에 관심을 갖는다(痛痒相關)"고 말하지만, 심각한 자기 자신의 문제는 아니다. 만약 그러한 친밀한 단체의 친밀성을 유지하고자 한다면, "전생의 원수끼리 서로 만나게 되는(不是冤家不碰頭)" 형국이 되지 않도록 너무 중첩되는 人情은 반드시 피할 필요가 있다. 사회관계에서 權利와 義務의 균형은 반드시 갖춰져야 한다. 그 균형은 시간적으로는 아주 길게 잡아 늘일 수 있지만, 만약 한쪽으로 기울어진다면 결국 그 사회관계는 유지될 수 없다. 강제력이 가해지지 않으면 사회관계는 단절되고 만다. 단절을 피할 수 있는 방법 가운데 하나는 사회관계의 부담을 더는 것이다.

한 가지 사례를 들어 설명해 보도록 하자. 雲南의 농촌에는 일종의 상호 信用扶助 조직인 '종(睒)'이라고 불리는 '계(錢會)'가 있다. 나는 '계(睒)'에 참여한 사람들의 관계를 조사한 적이 있는데, 두 가지 경향을 보게 되었다. 첫째는 同族의 친속은 피한다는 것이다. 둘째는 친속 관계가 아닌 親舊에 치중한다는 것이다. 나는 그들에게 왜 동족의 친속을 찾지 않고 '계'에 가입했는지 물어보았다. 그들의 이유는 대단히 현실적이었다. 이론적으로는 동족의 친속은 '서로 있는 것과 없는 것을 융통하고(互通有無)' 또 '서로를 구제해 주어야 할(互相救濟)' 책임이 있다. 만약에 능력이 있으면서 好意的이라면 '계'에 가입할 필요 없이 직접 돈을 주어서 상대방을 도와줄 수도 있다. 그러나 그와 같이 후하게 대하는 친속은 결코 많지 않다. 만약 친속을 '계'에 가입하도록 했는데, 그 친속이 제때 돈을 넣지 않을 경우 인정을 해칠까봐 그 친속을 강요하지 못하고, 결국 '계'도 허사가 되고 만다. 그래서 그들은 아예 동족 친속을 찾지 않는다. 외갓집 사람과 같은 기타 친속이 '계'에 가입한 경우에도 제때 돈을 넣지 않는 경우가 자주 발생한다. 내가 조사를 할 때 한 계주가 그 때문에 조급해 하는 모습을 본 적이 있다. 그 계주는 크게 탄식하면서, 가급적 친척과는 금전적 거래를 하지 않는 것이 가장 좋다고 힘주어 말했다. 이 말이 바로 내가 앞에서 사회관계의 부담을 덜어야 한다고 말했던 것의 주해(註解)이다.

사회생활이 발전할수록 사람과 사람의 왕래도 빈번하게 되는데, 단지 人情에 의존하여 상호간의 권리와 의무의 균형을 유지하기는 쉽지 않다. 그래서 '즉석에서 決算할' 필요성 또한 증가한다. 화폐는 결산의 單位와 媒介體이다. 일정한 단위가 있으면 결산할 때 정확할 수 있다. 이 매개체가 있기 때문에 각 사람 간에 받을 것과 갚아야 할 것의 信用을 보증할 수 있다. '금전상의 去來'는 바로 즉석에서 결산할 수 있는 것이고, 또 일반적으로 "經濟"의 범주에 포함되는 활동인데, 좁게 말하자면 '장사 방법(生意經)' 또는 商業이다.

친밀한 혈연사회에서는 商業은 존재할 수 없다. 그 사회에서 거래가 발생하지 않는다는 뜻은 결코 아니고, 그들의 거래가 人情, 즉 상호선물(相互饋贈)의 방식으로 유지된다는 뜻이다. 사실 선물과 무역은 모두 '있는 것과 없는 것을 서로 융통하는 것(有無相通)'인데, 다만 決算 방식에서 차이가 있을 뿐이다. 태평양 군도에서는 아직도 대규모 물건을 선물로 거래하는 것을 볼 수 있다. 말리노프스키(Malinowski)가 묘사하고 분석한 쿠루(kulu) 제도가 바로 그것이다. 그러나 그 제도는 복잡할 뿐만 아니라 많은 제약을 받는다. 보통의 상황은 혈연관계 밖에서 상업적 기초를 확립하는 것이다. 우리의 향토사회에서는 전문적으로 거래 활동을 하는 '街集'이라는 것이 있다. '街集'은 항상 마을 안이 아니라 마을 밖의 넓은 빈 터에서 형성된다. 각지의 사람들이 '인정과는 무관한(無情)' 신분으로 지방의 특산물을 가지고 와서 이곳에 모인다. 이곳에서는 모두가 본래의 관계를 잠시 옆으로 치워두고 모든 거래를 즉석에서 결산한다. 나는 이웃 사람들이 먼 십여 리를 걸어서 '街集'에 가서 거래를 정확히 끝내고 다시 먼 길을 되돌아오는 것을 자주 보았다. 집 앞에서도 교환할 수 있는데 왜 구태여 '街集'까지 가야만 했을까? 멀리 나가는 데는 그 이유가 있다. 집 앞은 이웃이고, '街集'에 가야 비로소 '낯선' 사람들을 만날 수 있기 때문이다. 현장에서 정확하게 계산하는 것은 낯선 사람들 사이의 행위이므로 기타 사회관계에 영향을 미칠 수가 없다.

'街集'에서의 거래에서 店鋪에서의 거래로 발전하는 과정에서 '客邊'은 특별히 편리한 지위를 갖게 된다. 혈연적 성격의 공동체 주변에 얹혀 살던 외부 사람들은 상업 활동의 매개자가 된다. 마을 사람들은 그와 값을 흥정할 수도 있고, 즉석에서 결산할 수도 있으며, 人情을 말할 필요도 없고, 또 계면쩍어 할 필요도 없다. 따라서 내가 알고 있기로는, 아주 가난한 노인의 露店과 거지와 다를 바 없는 露店을 제외하면, 마을에서 점포를 열고 있는 사람들의 대다수는 외부에서 온 '新客(새로 온 나그네)'들이다. 商業은 혈연 밖에서 발전된다.

地緣은 商業에서 발전되어 나온 사회관계이다. 血緣은 신분사회의 기초이고, 地緣은 계약사회의 기초이다. 契約은 낯선 사람들이 서로를 규정하는 約定이다. 계약을 체결할 때 각자는 선택의 자유를 가지고 있다. 계약이 진행되는 과정에서는 한편에서는 信用이, 다른 한편에서는 法律이 작동된다. 법률은 同意權力의 지원을 필요로 한다. 계약의 완성은 권리와 의무의 청산인데, 반드시 정밀하게 계산해야 하고, 확실한 단위와 믿을 수 있는 매개체를 필요로 한다. 여기서는 感情이 아니라 냉정한 思考가 필요하다. 그래서 理性이 사람의 활동을 지배한다. 이 모든 것은 현대사회의 특징인데, 그것은 바로 향토사회에는 결여되어 있는 것이다.

혈연적 결합이 지연적 결합으로 전환하는 것은 사회 性格의 전환이고, 또한 社會史上의 一大 전환이다.

13. 名稱과 實際의 分離

　　우리가 향토사회를 靜態的인 사회로 간주한 것은 편의상 그렇게 한 것이다. 특히 현대사회와 비교할 때 향토사회의 특징으로 靜態的이라는 것을 꼽는데, 사실 완전히 정태적인 사회는 존재하지 않는다. 향토사회는 현대사회에 비해 그 변화가 더딜 뿐이다. 변화가 더디다는 말의 주요 의미는 당연히 변동의 速度를 가리킨다. 그러나 서로 다른 변동의 속도 또한 변동 方式의 특수한 차이를 만들어 낸다. 나는 본문에서 향토사회의 변동의 속도가 아주 더딘 것이 만들어내는 변동 방식을 토론하고자 한다.

　　나는 앞에서 권력의 성격을 토론할 때 이미 세 가지 방식을 제시하였다. 첫째는 사회적 葛藤 속에서 발생하는 橫暴權力이다. 둘째는 사회적 協力 속에서 발생하는 同意權力이다. 셋째는 사회의 연속적 交替 속에서 발생하는 長老權力이다. 이제 나는 네 번째 권력을 제시하고자 한다. 이 권력은 격렬한 사회 변천의 과정에서 발생한다. 사회의 연속적 교체(繼替)는 고정된 사회구조에서 인물들이 流動하는 것을 가리킨다. 그러나 사회의 변천은 사회구조 자체의 변동을 가리킨다. 이 두 가지 과정은 결코 서로 충돌하지 않고 동시에 존재한다. 어떤 사회일지라도 하루아침에 갑자기 과거의 구조와 완전히 다른 樣式으로 변화할 수는 없다. 소위 사회의 변천은 얼마나 빨리 진행되건 관계없이 점진적이다. 한 시점에서 말하자면, 변화한 것은 항상 전체 구조 중의 작은 一部이다. 따라서 그 두 가지의 사회 과정에서 발생한 두 가지 권력 역시 필연적으로 동시에 존재한다. 그러나 그들의 '소멸과 성장'은 상호 연관되어 있다. 만약에 사회 변동이 너무 더디면 長老의 權力은 더 많은 권력을 갖고, 사회 변동이 너무 빠르면 "아비가 아비답지 못하고, 자식이 자식답지 못한(父不父, 子不子)"[1] 현상이 발생할 수 있고 長老의 權力도 축소된다.

    사회구조 자체는 결코 변동될 필요가 없다. 내가 앞 장에서 언급한 스펭글러(Spengler)와 같은 일부 학자는 文化의 하나의 주요 부분인 사회구조를 우리의 신체와 마찬가지인 有機體로 보고 幼年, 壯年, 老年, 衰退 단계로 구분한다. 나는 그의 관점을 받아들일 생각이 없다. 왜냐하면, 나는 사회구조를 文化의 다른 부문과 마찬가지로 사람이 만들어낸 것, 또 환경으로부터 생활의 需要를 만족시키는데 사용되는 道具라고 보기 때문이다. 사회구조의 변동은 사람들이 그 구조의 변화를 要求하기 때문이고, 사람들이 그 구조의 변화를 요구하는 이유는 그 구조가 더 이상 사람들의 生活의

---

[1] 『論語』〈顏淵篇(12-11)〉에 나오는 말이다. 齊 나라의 景公이 孔子에게 나라 다스리는 도리를 묻자, 공자는 "임금은 임금다워야 하고, 신하는 신하다워야 하며, 아비는 아비다워야 하고, 자식은 자식다워야 합니다(君君, 臣臣, 父父, 子子)"라고 대답했다. 이에 경공은 "참으로 지당한 말씀입니다. 만약 임금이 임금답지 못하고, 신하가 신하답지 못하며, 아비가 아비답지 못하고, 자식이 자식답지 못하다면(君不君, 臣不臣, 父不父, 子不子), 비록 곳간에 양식이 가득 차 있다고 한들 내가 어찌 그것을 먹을 수 있겠습니까?"라고 대답하였다. ― 역자 주.

需要를 충족시키지 못하고 있기 때문이다. 이는 마치 붓으로 글자를 쓰는 것과 같다. 붓과 글자는 모두 道具이다. 글자를 쓰는 목적은 그것을 사용하여 우리의 뜻을 다른 사람에게 전달하려는 것이다. 만약 우리가 전달하고자 하는 대상이 英國人이라면, 중국어와 붓글씨는 유효한 도구가 될 수 없기 때문에, 영어와 타자기를 사용해야 한다.

　이렇게 보면, 사회의 변천은 항상 과거의 사회구조가 새로운 환경에 부응하지 못할 때 발생한다는 것을 알 수 있다. 새로운 환경이 나타났을 때 사람들이 가장 먼저 직면하게 되는 것은 과거의 방법으로는 더 이상 유효한 結果를 얻지 못하고, 그리하여 생활에서 어려움을 느끼게 된다는 것이다. 사람들은 과거의 방법을 적용할 수 없다고 느끼기 이전에는 과거의 방법을 버리지 않는다. 과거의 생활방식에는 습관적인 타성(惰性)이 있다. 그러나 과거의 생활방식이 더 이상 사람들의 需要에 부응하지 못한다면, 그 방식에 대한 사람들의 信仰은 결국 사라진다. 유효하지 않은 도구를 지키는 것은 意義가 없고, 생활에서 불편함을 야기하며, 심지어 사람들은 그 때문에 손해를 보기도 한다. 다른 한편, 새로운 方式 역시 현재 존재하는 것은 아니다. 사람들은 새로운 방법을 발명해야 하거나 혹은 다른 문화에서 배우고 輸入해야 한다. 게다가 실험을 거쳐 사람들로부터 受用되어야 하는데, 그때 가서야 비로소 사회 변천의 과정도 완성된다. 新舊 方式이 교체될 때 '두렵고 당혹스러운 느낌(惶惑)'은 피할 수 없다. '어느 것을 따라야 할지 모르는(無所適從)' 시기, 이 시기는 심리적으로 긴장, 망설임, 불안이 가득하다.

여기서 "文化英雄"이 나타난다. 그는 方法을 제시할 수 있고, 새로운 실험을 조직할 능력이 있으며, 다른 사람의 信任을 얻을 수 있다. 이런 사람은 그를 따르는 군중을 지배할 수 있고, 따라서 새로운 權力이 발생한다. 이러한 권력은 횡포권력과는 결코 같은 것이 아니다. 왜냐하면 그것은 착취 관계에서 확립된 것이 아니기 때문이다. 그러나 동의권력과도 다르다. 왜냐하면, 그것은 사회가 권한을 부여한 것이 아니기 때문이다. 그것은 장로권력과도 다르다. 왜냐하면 그것은 전통에 근거한 것이 아니기 때문이다. 그것은 時勢가 만들어낸 것인데, 이름이 없기 때문에 '時勢權力'이라고 命名하고자 한다.

이러한 시세권력은 원시사회에서 흔히 볼 수 있다. 황량한 들판에서 사람들은 자주 平常的이지 않은 환경에 직면하게 되고, 따라서 방법을 알고 있는 人材, 英雄을 필요로 한다. 또한 비상한 국면인 전쟁 중에도 이런 영웅이 頭角을 나타낸다. 현대 사회 역시 변천이 심한 사회이기 때문에 이런 권력이 등장한다. 가장 흥미로운 것은, 낙후된 국가가 現代化를 서두르는 과정에서 이런 권력이 자신을 드러내는 것이 대단히 분명하다는 점이다. 나는 이 각도에서 소련의 권력의 성격을 살펴볼 수 있다고 생각한다. 英美 학자들은 그 권력을 횡포권력과 동일한 것으로 간주한다. 왜냐하면 그 권력은 형식에 있어서는 독재이기 때문이다. 그러나 소련 인민의 입장에서 보았을 때 그 독재와 帝政러시아 황제의 독재는 다르다. 만약 우리가 '時勢權力'이라는 개념을 사용한다면 비교적 쉽게 그 권력의 본질을 이해할 수 있다.

그와 같은 권력이 가장 발달하지 않은 곳은 안정된 사회이다. 향토사회는 그 사회구조가 사람들의 생활의 需要에 부응할 수 있을 때 가장 쉽게 안정된다. 그 때문에 향토사회는 '지도자', '영웅'이 대단히 적은 사회이다. 소위 安定은 상대적인 것으로서 변화가 대단히 더딘 것을 뜻한다. 만약 내가 "대단히 더디다(很慢)"라고만 말하면, 그 말은 명확한 것이 되지 못한다. 반드시 어느 정도로 더딘지를 말해야 한다. 사실 이미 孔子가 이 문제에 대해 대답하였다. 그의 대답은 "죽은 후 삼년 동안 부친이 해오던 방식을 바꾸지 않는 것(三年無改于父之道)"2)이다. 환언하면, 사회의 변천이 사회의 연속적 교체 속에 흡수될 수 있다면, 우리는 그 사회가 안정되어 있다고 말할 수 있다.

儒家가 중시하는 '孝'는 사실 사회의 안정을 유지하는 수단이다. 孝에 대한 해석은 "어기지 않는다(無違)"는 것인데, 그것은 長老權力을 승인한다는 것이다. 장로는 전통을 대표하고, 전통을 준수하는 것 또한 아버지의 가르침을 어기지 않는 것이 된다. 그러나 시간이 지나면 전통의 대표도 사망하게 되고, 그 또한 시간이 흐르는 과정에서 長老의 지위로 진입하게 된다. 만약 사회 변천의 速度가 세대교체의 속도와 같을 수 있다면, 아버지와 자식 간 혹은 두 세대 간에는 갈등이 발생하지 않고, 전통도 천천히 변하며, 長老의 지도권도 보전할 수 있다. 이런 사회 역시 '革命'을 필요로 하지

---

2) 『論語』〈學而篇(1-11)〉에 나오는 말이다. 孔子는 "父親이 생존해 있을 때는 그(子)가 뜻하는 바를 살펴보고, 부친이 돌아가신 후에는 그(子)가 행하는 바를 살펴본다. 돌아가신 후 3년 동안 부친이 하던 방식을 바꾸지 않는다면 그를 孝子라고 할 수 있다(父在, 觀其志; 父沒, 觀其行; 三年無改於父之道, 可謂孝矣.)"고 했다. ― 역자 주.

않는다.

　사회 전체를 볼 때, 지도계층이 사회 변천의 速度를 따라갈 수 있을 때에는 그 사회 역시 사회 변천 때문에 발생하는 혼란을 피할 수 있다. 그 좋은 예가 英國이다. 많은 사람들은 영국이 피를 흘리지 않고 기본적인 생활을 풍부하게 하는 다양한 改革을 실행한 것을 부러워한다. 그러나 많은 사람들은 그들이 그와 같은 改革을 할 수 있었던 條件은 보지 못한다. 영국은 과거 몇 세기 동안 전 세계의 文化에서 지도적 지위를 점하고 있었다. 영국은 産業革命의 本家이다. 또한 영국 사회의 지도계층은 환경의 변화에 가장 잘 적응하였다. 환경 변동의 속도가 지도계층의 적응 속도와 잘 배합되어 流血革命이 발생하지 않았다. 영국이 이 기록을 앞으로도 유지할 수 있을지 여부는 그와 같은 配合을 유지할 수 있는지의 여부에 달려 있다.

　향토사회의 환경은 고정되어 있다. 부친이 돌아가고 나서 3년 후에야 비로소 부친이 해오던 방식을 바꿀 수 있는 그런 속도에서는 사회의 변천이 人事의 葛藤을 야기하지 않는다. 人事의 범위에서 長老는 그들의 권력을 유지하고, 子弟들은 주어진 기준을 어기지 않는 가운데 傳統의 통치를 받아들이다. 여기서는 反對가 발생하지 않고, 장로 권력 역시 반대를 용서하지 않는다. 장로 권력은 敎化의 작용 위에 확립되어 있다. 敎化는 '앎을 가진 자와 앎이 없는 자가 서로 마주하는 방식(有知對無知)'이다. 만약 전수하는 文化가 여전히 유효하다면, 敎化를 받는 입장에 있는 사람은 그것에 반대할 필요가 없다. 만약 전수하는 문화가 이미 그 효력을 상실한다면, 敎化의 意義도 근본적으로 사라진다. 이런 관계에서는 "반대"는 발생하지 않는다.

容認, 심지어 장려 내지 반대는 同意權力에서 비로소 발생한다. 왜냐하면, 동의권력은 계약 위에서 확립되고, 그 권력을 집행하는 사람은 계약의 준수 여부를 반드시 항상 감독해야 하기 때문이다. 게다가 반대, 즉 異議는 동의를 획득하는 필요한 절차이다. 횡포권력 아래에서는 反對는 없고 反抗만 있을 뿐이다. 왜냐하면, 이미 횡포권력의 관계 안에 반대의 의미가 포함되어 있기 때문이다. 따라서 횡포권력은 반드시 반항을 억눌러야 하고 反對를 용납할 수 없다. 時勢權力 하에서의 反對는 동일한 문제에 대한 서로 다른 答案에서 발생한다. 그러나 때때로 한 사회는 동시에 여러 종류의 서로 다른 답안을 시험할 수 없다. 그래서 서로 다른 답안들 사이에 투쟁 혹은 냉전이 나타나고, 전쟁이 선포되며, 서로 지지 人民을 얻으려고 전쟁이 발생한다. 功을 세우기 위해 문제를 해결할 수 있다고 자신하는 사람은 다른 답안이 자신의 답안에 대한 대중의 주의와 지지를 분산시킬 수 있다고 느끼게 되고, 따라서 반대를 용납하지 못하는 思想統制가 나타나게 된다. 사상투쟁에서 중요한 것은 戰線이기 때문에 반대는 對峙로 변한다.

長老權力 하의 향토사회로 되돌아와서 말하자면, 반대는 시간이 지남에 따라 약화되어 注釋으로 변한다. 註釋은 장로권력을 유지하는 形式이자 변동의 內容을 주입한다. 사회의 변천이 아주 빨랐던 춘추전국 시기, 百家爭鳴의 사상투쟁이 존재했던 시기를 제외하면, 중국의 思想史에서는 하나의 至尊이 확립된 후에는 注釋

의 방식으로 사회변동에 맞추고 적응을 도모하였다. 주석의 변동 방식은 名稱과 實際 사이에 아주 큰 분리를 야기하였다. 長老權力 하에서 傳統의 形式은 반대를 허락하지 않는다. 그러나 표면적으로 그 형식을 인정하기만 하면 내용은 주석을 거쳐 변화시킬 수 있다. 그 결과 '말로는 찬성하지만 마음으로는 반대하는(口是心非)' 것을 피할 수 없다. 중국의 舊式 가정에서 성장한 사람들 모두는 家長의 意志가 표면적으로는 지켜지지만 실제로는 어떻게 왜곡되는지 잘 알고 있다. 이런 상황에서 虛僞는 피할 수 없을 뿐만 아니라 필요한 것이기도 한다. 반대할 수도 없고 그렇다고 實用에 부합하는 것도 아닌 敎條 혹은 命令에 대해서는 왜곡하는 길밖에 없고, 체면만 살려주면 된다. 체면은 곧 표면적으로 거스르지 않는 것이다.

사회 변천의 속도가 증가하면 名稱과 實際 사이의 거리도 벌어진다. 완전히 고정된 사회구조에서는 그러한 거리가 발생하지 않지만, 다만 실제로 완전히 고정된 사회는 결코 존재하지 않는다. 변화가 대단히 더딘 사회에서는 長老權力을 발생시키지만, 그 통치는 반대를 용인할 수 없다. 만약 사회의 변동이 빨라지면 본래의 뜻을 왜곡하는 注釋式 방법도 피할 수 없다. 天子를 협박하여 諸侯들을 호령한 결과 지위와 권력, 名稱과 實際, 말과 행동, 이야기와 事實, 理論과 現實 모두가 서로 분리되어 갔던 것이다.

14. 欲望에서 需要로

　'時勢權力'을 제기하고 보니 사회 변천에 대한 또 다른 문제, 우리가 현재 자주 듣고 있는 社會計劃, 심지어는 사회 프로젝트 등과 같은 일련의 말들이 생각난다. 이러한 말들은 분명히 현대적인 것이고 향토사회에서는 익숙한 것들이 아니다. 여기에는 사실 하나의 중요한 변화가 포함되어 있는데, 만약 우리가 '時勢權力'과 '長老權力'의 차이를 잘 알고자 한다면, 이 점을 살펴보아야 한다.

　인류는 사회도 計劃할 수 있다는 것을 발견하였는데, 그것은 중대한 발견이다. 즉, 인류가 이미 향토적 성격의 사회에서 벗어났다고 말할 수 있다. 향토사회에서는 그러한 견해가 없다. 향토사회에서는 '欲望'에 따라 일을 처리한다. 그러나 현대사회에서는 결코 욕망을 사람들의 행위를 지도하는 것으로 삼을 수가 없다. 그래서 '需要'가 나타나고, 그 때문에 '計劃'이 존재한다. 욕망에서 수요로의 변천은 사회 변천에서 매우 중요한 里程標이다. 우선 욕망과 수요 두 개념을 구분해 보자.

　인류의 행위를 관찰해보면, 인류는 결코 行爲를 위해 행위를 하거나 活動을 위해 활동을 하지 않는다는 것을 볼 수 있다. 행위 혹은 활동은 모두 手段이고, "하고자 하는 바가 있기 때문에 한다 (有所爲而爲)". 스스로 자기 자신을 묵묵히 관찰할 수 있고, 일거수 일투족(一擧手一投足)에는 모두 目的이 있다. 밥을 먹으려고 할 때 비로소 젓가락을 들고, 배가 고파야 밥을 먹는 등 '원하는 것 (要)'이 항상 자신의 활동을 이끌고 있다. 당신 역시 "왜 왔는 가?" "무슨 일이 있는가?"라며 다른 사람에게 물어볼 수 있다. 우리 역시 그런 물음을 통하여 그들의 행위에 대한 그들의 해석을 들을 수 있다. 그래서 우리는 인류의 행위에는 動機가 있다고 말한다.

인류의 행위에는 동기가 있다는 말에는 두 가지 뜻이 있다. 첫째는 인류는 자신의 행위를 통제할 수 있다는 것이다. 이렇게 하고 싶을 때 이렇게 하고, 그렇게 하고 싶지 않을 때에는 그렇게 하지 않는다. 즉, 소위 '意志'이다. 둘째는 인류가 어떤 것을 채택하거나 버리는 데에는 근거가 있다. 그 근거는 바로 欲望이다. 욕망은 인류의 行爲의 方向을 규정한다. 즉, 위에서 말한 것처럼 이렇게 하고 싶고 저렇게 하고자 '원하는 것(要)'이다. 그 '원하는 것'은 행위보다 앞서고, '원하는 것'이 얻어지면 곧 욕망도 만족되고, 그 때문에 우리도 유쾌해진다. 욕망이 만족되지 않으면, 원하는 것을 얻지 못하면, 몸 전체가 불편하다. 욕망과 원하는 것의 영어식 표기는 모두 'want'인데, 'want'는 '不足한 것'이라고 해석할 수도 있다. 부족하다는 것은 일종의 상태에 대한 묘사일 뿐만 아니라 '움직인다(動)'는 뜻도 포함되어 있다. 여기에 힘(勁)이 존재한다. 몸이 불편해서 야기된 힘은 인류의 신체로 하여금 움직이도록 추동한다. 이 힘을 '긴장상태'라고 부르기도 한다. 그러나 이 긴장상태는 오랫동안 지속될 수 없고 반드시 해소되어야 하며, 해소되어 行爲로 전환되고 만족을 얻어야 한다. 욕망 — 긴장 — 동작 — 만족 — 유쾌, 이것이 인류가 행위를 하는 과정이다.

    욕망이 만약 意志를 통하여 行爲에 대해 통제될 수 있기 위해서는, 그것은 반드시 행위자가 自覺을 하는 것이어야 한다. 자각이란 행위자가 자신이 무엇을 원하는지 아는 것을 말한다. 욕망의 차원에서 말하면, 이 말은 맞다. 그러나 여기에서 문제가 발생한다. 즉, 인류가 욕망에 따라서 행위를 하면 그들의 행위는 반드시 개체의 건전한 발전에 반드시 유리할까, 사회의 각 개인의 융화와 조화, 그리고 사회의 완전화와 지속에 유리할까? 하는 문제가 발생한다. 여기서 이런 문제를 제기하는 이유는 결코 性善이나 性惡의 문제를 고려하기 위해서가 아니라 다만 인류의 生存이란 사실에서 제기되는 것이다. 만약 우리가 인류의 범위를 벗어나서 아주 멀리에 서서 마치 기타 生物들과 같이 인류를 본다면, 인류는 상당히 오랜 역사를 가지고 있고, 인류는 수많은 일을 했으며, 그 일들은, 마치 개인의 건전한 발전과 완전화가 그들의 목적인 것처럼, 인류로 하여금 생존하고 지속할 수 있게 하였음을 볼 수 있다. 그러나 아주 가까이 가서 사람들을 붙잡고 물어보면, 그들은 그 目的과 아무런 관련이 없는 欲望을 말한다. 당신은 멀리서 남녀가 상호 접근하여 아이를 낳고, 남녀가 협력하여 아이를 부양하는 것을 볼 수 있다. 이런 일련의 행위는 사회의 완전화를 위해 필요하다. 만약에 아무도 아이를 낳지 않고 아무도 아이를 키우지 않으면, 인류는 하나씩 죽어가고, 사회는 혼란스럽게 되고, 인류는 단절되지 않겠는가. 그래서 당신은 자신 있게 그들에게 그렇게 물어보겠지만, 그들은 당신에게 "우리는 사랑 때문에 그렇게 하였고, 아이를 원하지 않았지만 아이가 생겼다"라고 대답할 것이다. 그들은 "세상에서 인류의 種族을 유지하고 싶다는 欲望을 가진 사람들이 어디 있겠는가, 누가 여자 친구를 찾을 때 책에서 나오는 그와 같은 큰 문제를 생각하는가?"라며 이치에 맞지 않는 말을 하는 당신을 비웃을 수도 있다.

동일하게 당신은 멀리서 매일 사람들이 전분, 지방, 비타민A, 비타민C 등 아주 긴 목록의 營養素를 먹는 것을 보게 된다. 또 당신은 실험실에서 연구하여 전분이 熱量을, 비타민A는 사람들에게 이런저런 것을 제공하여 영양분으로 되고 생명을 유지하도록 한다는 것을 발견할 수 있는데, 그것은 전혀 틀린 것은 아니다. 그러나 현대 도시에 거주하지 않는 농촌의 노인에게 왜 고추와 마늘을 먹느냐고 물어보면, 그는 "맛있으니까, 입맛을 돋우니까"라고 대답한다.

사랑과 맛있다는 것은 欲望이고 自覺的이다. 우리의 행위를 직접적으로 결정하는 것은 확실히 이와 같은 욕망이다. 이런 욕망이 이끌어내는 행위는 항상 인류의 생존 조건과 합치되는 것일까? 이 문제는 많은 학자들의 토론과 연구를 불러일으킨 바 있다. 만약 우리가 위에서 말한 것에서 본다면, 인류의 欲望은 확실히 미묘하다는 것을 느끼지 않을 수 없다. 비록 인류는 이것저것을 원하지만,

그 결과는 항상 바로 그들의 생존조건에 부합한다는 것이다. 욕망이란 무엇인가? "食欲과 色欲은 인간의 본성이다(食色, 性也)". 그것은 生物의 기초에 깊게 뿌리를 내리고 있는 특성이다. 여기에는 절묘한 배분이 이루어져 있는 것 같다. 사람에게는 종족의 유지를 위해 兩性의 사랑이 있고, 또 영양을 위해 '다섯 가지 맛(五味)'을 느끼는 감각이 있다. 따라서 19세기에 나타난 한 理論은 각자가 '利己的'일 수만 있다면 충분히 우리의 本性이 야기하는 욕망을 만족시킬 수 있고, 사회는 가장 좋고 조화로운 질서를 형성할 수 있다고 주장하였다. 아담 스미스는 "보이지 않는 손(invisible hand)"이 사회질서를 만들어내고, 자기 자신을 위해 打算하는 각 사람들이 훌륭하게 생활을 할 수 있도록 해준다고 주장하였다.

이 이론이 근거하고 있는 사회는 사실 현대사회가 아니라 향토사회이다. 왜냐하면, 향토사회에서 이 이론은 어느 정도 정확하다고 할 수 있는데, 그 이유는, 정말로 '보이지 않는 손'이 존재해서가 아니라, 향토사회에서 개인의 욕망은 항상 인류의 생존 조건에 부합하기 때문이다. 양자가 부합하는 이유는 욕망이 生物的 사실이 아니라 文化的 사실이기 때문이다. 내가 욕망이 문화적 사실이라고 말하는 것은 '사람은 그렇게 생각하도록 길러진다'는 뜻이다. 예를 들어 북방 사람이 마늘을 먹으려는 욕망은 결코 유전인자 때문이 아니라 어릴 때부터 길러진 習慣 때문이다. 소위 '利己的'인 것과 자신을 위해 打算하는 것, 그리고 어떻게 타산할 것인가는 사회에서 學習하는 것이다. 문제는 원한다는 그 자체가 아니라 어떤 내용을 원하는가 하는 것이다. 그 내용은 文化가 결정한다.

나는 욕망은 文化的 事實이라고 말했는데, 그렇다고 해서 그 말이 모든 문화적 사실은 인류의 생존 조건에 부합한다는 뜻은 결코 아니다. 文化 가운데는 인류의 생존 조건과 무관하거나 심지어는 有害한 문화도 많이 있다. 먹는 것을 예를 들면, 만약 문화적으로 우리 입에 들어갈 수 있는 모든 것이 營養이라는 原則에 부합해야 한다고 한다면, 우리에게는 소위 독극물과 같은 것은 존재하지 않았을 것이다. 굳이 독극물을 예로 들지 말고 보통의 食品을 예로 들더라도 '병은 입으로부터 들어온다(病從口入)'는 말을 증명할 수 있다. 좀 더 나아가 나는 종종 生存을 인류의 최종적 價値로 삼는 것은 그다지 적절하지 못하다고 느낀다. 인류가 기타 동식물과 다른 점이 있다면, 내가 보기에 가장 중요한 것은, 인간은 생존 이외에 약간의 가치 기준, 소위 '眞, 善, 美'와 같은 것들을 찾았다는 점이다. 나 역시 '사람은 생물 가운데서 유일하게 자살할 수 있는 種'이라는 점을 들어 인간이 금수와 다른 점은 "얼마 되지 않는다(幾希)"[1]란 말을 설명하기를 좋아한다. 그러나 비록 인류가 주관적으로 생존보다 더 중요한 가치를 가지고 있다고 하더라도, 어떤 文化는 인류의 생존과 무관하고 또 無益한데, 생존의 조건에 부합하지 않는 이런 문화와 이런 문화를 받아들이는 사람들은 시간이 지나면 도태하게 된다. 그들은 더 이상 존재하지 않게 된다. 그러나

---

1) "사람이 금수와 다른 점은 얼마 되지 않는다(人之異於禽獸幾希)"라는 말은 『孟子』〈離婁下篇〉에 나오는 말이다. 맹자는 사람과 동물은 본성에서 큰 차이가 없지만, 사람에게는 동물이 갖지 못한 몇 가지, 즉 人倫이 있다는 점을 들었다. 맹자는 人倫을 自覺하는 사람은 인륜의 禮에 부합하는 행위(義)와 사람을 사랑하는 마음(仁)을 실천에 옮긴다고 보았다. ─ 역자 주.

도태 기능의 역량은 문화에만 한정되는 것이 아니다. 문화 이외의 것에도 있는데, 바로 自然의 力量이다. 이 역량은 가치의 문제에는 결코 관심을 갖지 않는다. 즉, '아름다움과 추함(美醜)', '선함과 악함(善惡)', '참과 거짓(眞僞)' 등에 대해서는 관심을 기울이지 않는다. 그것은 약간의 조건만 열거하고, 그 조건에 부합하지 않으면 버리고 부합하면 남겨 둔다. 우리는 병든 西施[2]가 아름답다고 느낀다. 그러나 자연은 결코 그녀가 아름답다고 해서 그 때문에 그녀를 남겨 두지는 않는다. 병든 사람은 죽게 마련이고 건강만이 생존의 조건이다. 자연은 사람이 자살하는 것을 막지는 않지만, 자살한 사람이 계속 존재할 수 있도록 할 力量도 없다.

그래서 다른 한 가지 견해가 나타난다. 섬너(W.G. Sumner)[3]는 그의 유명한 저서 『風俗(Folkways)』의 첫 章에서 분명하게 말했다. 인류에게는 "먼저 行爲가 있었고 뒤에 思想이 있었다(先有行爲, 後有思想)"라고. 行爲를 결정하는 것은 실험과 착오의 公式에서 축적된 經驗이고, 思想은 단지 그 경험을 남겨두는 역할을 할 뿐이

---

[2] 西施(서시)는 춘추 시기 越나라의 美女이다. 서시는 王昭君, 貂蟬(초선), 楊玉環(양옥환)과 더불어 중국 고대의 4大 美人이다. 서시는 越王 勾踐(구천)이 吳王 夫差와의 전쟁에서 패배하자 越나라 참모 范蠡(범려)의 전략에 따라 패전 처리의 貢物로 吳王 夫差의 여인이 된다. 吳王 夫差가 서시에게 빠져 있는 동안 臥薪嘗膽하던 월왕 구천은 吳를 패망시킨다. ― 역자 주.
[3] 섬너(William G. Sumner, 1840~1910)는 미국의 예일대학교 교수로서 미국의 역사, 경제사, 정치이론, 사회학, 인류학 방면에 많은 저서를 남겼다. 미국에서 '사회학(sociology)'이라고 命名된 敎科科目을 처음으로 가르쳤다. 그는 『風俗(Folkways)』(1906)에서 제국주의를 정당화하는 수단을 '민족중심주의(ethnocentrism)'로 개념화하였다. ― 역자 주.

며, 자각적 欲望은 文化의 命令이라는 것이다.

　향토사회에서 이 말은 정확하다. 왜냐하면, 향토사회는 전통사회이고, 傳統은 곧 經驗의 누적이며, 누적될 수 있었다는 것은 곧 自然의 선택을 거쳤다는 말이고, 각종 착오, 즉 생존 조건에 부합하지 않는 行爲가 도태된 후에 남은 일련의 生活方式이란 것이다. 행위자가 그와 같은 일련의 생활방식에 대해 무슨 말을 하더라도 그것은 반드시 생존에 도움이 된다.

　여기서 좀 더 言及할 수 있는 것은 우리 스스로가 향토사회에서의 많은 행위를 어떤 欲望 혹은 目的을 달성하기 위한 것이라고 여기고 있다는 점이다. 그러나 객관적으로 검토할 때, 우리는 그러한 행위는 주관적인 需要를 만족시킬 뿐 자각적인 수요를 만족시키지 못하고 있고, 게다가 行爲와 우리가 말하고 있는 目的 사이에는 실재적인 관련성이 전혀 없다는 것을 보게 된다. 巫術은 그와 같은 행위의 가장 명확한 事例이다. 예를 들어 귀신을 쫓는 것은 실제로는 심리적인 공포를 없애려는 것이다. 귀신이 존재하는지 아닌지는 중요하지 않고, 다만 공포는 반드시 제거되어야 하기 때문이다.

　향토사회에서 欲望은 문화적 '陶冶'를 거쳐서 행위의 안내자로 삼을 수 있는데, 그 결과는 생존의 조건에 정확히 부합한다. 그러나 그처럼 정확히 부합하는 것은 결코 自覺的인 것이나 計劃的인 것이 아니다. 비록 文化는 人爲的인 것이지만, 향토문화에서의 미묘한 配合은 人力이 아니라 '天工(하늘의 작업)'이라 할 수 있다. 이와 같이 非자각적이면서도 생존의 조건에 정확하게 부합하는 것은 그 나름의 병폐가 있다. 즉, 만약 환경이 변했는데도 사람이 主動的이고 計劃的으로 적응을 하지 못하면, 섬너가 말한 것처럼, 맹목적으로 착오와 실험의 公式을 거쳐서 새로운 방법을 찾게 된다. 향토사회의 환경은 크게 변화하지 않는다. 따라서 문화의 변천 속도도 더디며, 사람들은 조용히 맹목적인 실험을 할 시간이 있고, 착오가 야기하는 損失도 치명적이지 않다. 산업혁명 초기의 思想家들은 사회의 질서를 '보이지 않는 손'에 맡겨둘 수 있었다. 사실 지금에 이르기까지 미국과 같이 발전한 문화, 그처럼 복잡한 사회에서 상당히 많은 사람들은 여전히 計劃經濟를 반대하고 있다. 그러나 오늘날의 시점에서 향토사회에서 양성된 정신을 유지하려고 하는 것은 위험하다. 그렇게 하다가는 혼란이 발생하는데, 그 혼란은 '이만저만한 일이 아니다(非同小可)'.

사회가 빨리 변동하고 원래의 문화가 생활의 만족을 효과적으로 가져다주지 못할 때, 인류는 行爲와 目的의 관계를 탐구하지 않을 수 없다. 이때 欲望은 결코 최후의 動機가 아니라 생존의 조건에 도달하기 위해 만들어진 동기라는 것을 발견하게 된다. 그래서 사람들은 생존 조건 그 자체에 주의하게 된다. 사회학에서는 새로운 개념, 즉 '機能'이라는 개념이 나타났다. 기능은 객관적 입장에서 한 가지 行爲가 개인의 생존과 사회의 완전화에 대해 야기하는 作用을 보는 것이다. 기능은 행위자가 반드시 자각하는 것은 아니다. 그것은 分析의 결과이고 味覺이 아니라 營養에 해당하는 것이다. 여기서 우리는 생존의 조건을 자각적인 것으로 변경하였다. 자각적인 생존 조건이 '需要'인데, 이로써 非자각적인 '欲望'과 구별한다. 현대 사회의 사람들은 영양을 위해서 그들의 식품 재료를 선택하기 시작했다. 현대는 理性의 시대이다. 이성은 이미 알고 있는 수단과 목적의 관계에 따라서 자신의 行爲를 계획하는 것이다. 그래서 그것은 科學化된 것이라고 말할 수 있다.

현대사회에서 知識은 곧 權力이다. 왜냐하면 이와 같은 사회에서 생활하는 사람들은 그들의 需要에 따라서 계획하기 때문이다. 지식에서 획득한 권력은 내가 앞 章에서 말했던 時勢權力이다. 향토사회는 경험에 의존하고 있다. 그들에게는 계획이 필요 없다. 왜냐하면 시간이 지나가는 과정에서 自然이 그들을 대신하여 충분히 따라 할 수 있는 전통적인 생활 방안을 선택해 주기 때문이다. 각자는 자신의 欲望에 따라 생활하더라도 무방하다.

著者 後記

　이 책에 수록된 14편의 論文은 내가 과거 1년 동안 '鄕土社會學'이라는 과목에서 강의했던 내용들을 정리한 것의 일부분이다. 나는 이 교과 과목을 몇 차례 강의하였다. 처음에 나는 미국의 교과서를 참고했는데, 매우 만족스럽다는 느낌이 들지 않았다. 당시는 내가 중국의 鄕村經濟의 문제에 주의하고 있던 때였고, 내가 조사한 자료를 사용하여 강의한 적도 있었다. 비록 학생들은 흥미를 가졌지만, 鄕村社會學에서 경제문제를 강의하게 되어 편협함을 면할 수 없었고, 또 학교에서는 土地經濟學, 比較經濟制度 등과 같은 교과 과목이 있었기 때문에 많이 중복되는 것을 피할 수도 없었다. 과거 1년 동안 나는 다른 아궁이를 만들기로 작정했다. 심지어는 잠시 경제 문제를 떠나 社會構造 그 자체에 전념하기로 했다. 첫 실험은 성숙한 경지와는 거리가 아주 멀었지만, 그 또한 나 자신의 일종의 試圖였다고 볼 수 있다.

　社會學 내에서의 나 자신의 작업으로 말하자면, 이는 제 2기의 노력에 해당된다. 제 1기의 작업은 현지의 '사회공동체(社區)' 연구였다. 나는 淸華大學校 대학원을 떠난 후 그 쪽을 선택했다. 1935년 여름 나는 前妻 통후이(同惠) 여사와 함께 廣西省 瑤山(요

산)에 가서 현지의 瑤族(요족)의 생활을 연구했다. 그해 겨울 산에서 불행한 일을 겪었는데, 전처는 결국 回生하지 못했다. 나는 부상을 당해 廣州 병원에서 봄을 넘겨서야 겨우 되돌아올 수 있었다. 병을 치료하는 동안 나는 前妻의 유고를 정리한 뒤 『花藍瑤(화람요) 사회조직』을 썼다. 1936년 여름, 나는 고향에서 한 村을 조사했고, 가을에 영국에서 자료를 정리했다. 나는 恩師 말리노프스키(Malinowski) 교수의 지도하에 『Peasant Life in China』를 썼다. 1938년 귀국하기 전에 원고를 출판사에 넘겼고, 책은 1939년에 출판되었다. 귀국했을 때 이미 抗戰[1]은 두 해째였다. 그래서 나는 베트남을 통해 雲南으로 들어갈 수밖에 없었고, 그곳에서 거주했다. 나는 '中英庚款'[2]의 지원을 받아 운남에서 현지 연구 조사를 시작했고, 그것을 바탕으로 『祿村農田』을 썼다. 후에 農民銀行의 지원을 받아 소규모 연구실을 설립했는데, 그 연구소는 雲南대학교 부설 기구이자 雲南대학교와 燕京대학교 협력기관으로 되었다. 당시 나의 일은 젊은 친구들을 도와서 함께 농촌으로 가서 조사하는 것이었는데, 昆明에 대한 폭격이 빈번했기 때문에 1940년에는 연구실을 呈貢(정공)의 古村 魁星閣(괴성각)으로 옮겼다. 이후

---

[1] 1937년 일본이 중국을 전면적으로 공격함으로써 발생한 抗日戰爭을 말한다. ― 역자 주.

[2] '庚款'은 배상금을 말한다. '中英庚款'은 1931년 南京에 설립된 基金會이다. 1900년 영국을 필두로 하는 8개국 연합군이 북경을 공격하고 淸정부를 압박하여 '辛丑條約'이 체결되었다('辛丑條約'에는 淸 정부가 賠償金을 지급한다는 규정이 있다). 그 후 국민당 정부와 영국 정부는 여러 차례 교섭을 통해 배상금으로 기금회를 만들기로 했고, 그 결과 설립된 것이 '中英庚款 理事會'이다. 중국인과 영국인이 함께 이사회에 참여하였다. ― 역자 주.

이 연구실은 '魁閣(괴각)'이라는 別號를 얻었다. 우리는 여러 계획들을 가지고 일들을 추진해 왔고, 참여한 사람도 10여 명이나 되었다. 그 성과는 장쯔이(張子毅) 선생의 『역촌의 수공업(易村手工業)』, 『옥촌의 토지와 상업(玉村土地與商業)』, 『이촌의 소농경제(洱村小農經濟)』, 스궈형(史國衡) 선생의 『곤명 공장의 노동자(昆廠勞工)』, 『개구의 광업 노동자(個舊鑛工)』, 구바오(谷苞) 선생의 『화성진의 기층행정(化城鎭的基層行政)』, 톈루캉(田汝康) 선생의 『망시(芒市) 주민의 파(擺)』[3], 『내지의 여성노동자(內地女工)』, 후칭쥔(胡慶鈞) 선생의 『정공 기층권력의 구조(呈貢基層權力構造)』 등인데, 그 중에서 일부는 이미 출판되었다. 나는 魁閣의 總助手였는데, 사람들을 도와서 토론과 글쓰기를 맡았고, 심지어는 만년필로 필사도 하고 등사를 하기도 했다. 1943년 나는 미국에 1년 동안 가 있었는데 『祿村農田』, 『易村의 수공업』, 『玉村의 토지와 상업』을 영어로 번역하여 『Earthbound China』라는 책으로, 『곤명공장의 노동자』는 『China Enters the Machine Age』라는 책으로 출판하였다. 1944년 귀국한 뒤에도 나는 지난날처럼 계속 魁閣의 연구 작업을 했고, 또 雲南대학교와 西南聯合대학교[4]에서 수업을 하기도 했다.

나의 제2기 생활이 시작되었다. 제2기의 작업은 社會構造 분석과 通論的 성격에 치우쳐 있었는데, 理論的으로 종합하고 현지

---

3) '擺(파)'는 雲南의 소수민족인 德昻族(덕앙족), 阿昌族(아창족)이 불당에 재물을 바치고 복을 비는 활동을 말한다. —역자 주.
4) 中日戰爭의 戰禍를 피해 雲南으로 온 北京대학교, 淸華대학교, 南開학교가 연합하여 만든 대학교이다. —역자 주.

연구를 지도하는 것이었다. 『출산과 육아제도(生育制度)』는 그 방향의 첫 번째 저서이고, 『鄕土中國』(본 譯書의 原題임)은 두 번째 저서이다. 내가 그와 같은 방향을 선택해서 중국의 사회학을 발전시키려고 했던 이유를 설명하기 위해서, 여기서 내가 인식하고 있는 現代 社會學의 추세를 개괄하지 않을 수 없다.

* * *

사회학은 社會科學에서 가장 젊은 학문이다. 콩트(Comte)가 『實證哲學』에서 '社會學(sociology)'이라는 말을 사용한 때로부터 지금까지 아직 1백 년이 되지 않았다. 그런데 콩트가 사회학이라는 말로써 예언했던 사회 현상을 연구하는 과학은 현재 우리가 사용하고 있는 사회과학이라는 말과 동일하다고 해야 할 것이다. 스펜서(Herbert Spencer) 역시 그렇다. 그가 말했던 사회학은 사회 현상을 연구하는 總論이었다. 사회학을 정치학, 경제학, 법학 등의 社會科學과 병렬하는 것으로 격하시키는 것은 사회학이라는 말을 만들었던 초기의 학자들이 얻고자 했던 것이 결코 아니다.

사회학이 과연 특수한 社會科學으로 될 수 있는가 하는 점은 사실 아직 해결되지 않은 문제이다. 이는 사회과학의 영역을 구분하는 문제와 연관되어 있다. 만약 우리가 정치학, 경제학이 그들의 특수한 영역을 가지고 있다는 것을 인정한다면, 그것은 사회과학이 사회제도에 의거하여 구분될 수 있다는 것을 인정하는 셈이다. 즉, 정치학은 정치제도를 연구하고 경제학은 경제제도를 연구한다는 식이다. 사회현상을 몇 개의 제도로 분리할 수 있는지에 따라 그 수만큼 사회과학도 성립할 수 있다. 이런 입장에서 볼 때, 현재의 사회학은 아직 성장하지 않은 社會科學의 本家이다. 일단 '성숙하면 자격을 제대로 갖추어(羽毛豊滿)' 독립된 집안으로 分家를 다투게 될 것이다. 이 비유는 확실히 현대 사회학의 한 추세를 설명해준다.

사회학을 조소하던 한 친구는 사회학을 겨냥하여 '剩餘社會科學'이라는 별칭을 만든 적이 있다. 만약 몽테스키외(Baron de La Brede et de Montesquie), 아담 스미스(Adam Smith) 등과 같은 초기의 학자들을 社會學者라고 보는 것이 결코 과분하지 않다면, 모든 것을 다 다루고 있는『法의 精神(De l'esprit des lois)』, 『國富論』과 같은 名著를 단지 정치학, 경제학의 저서라고 말하는 것은 한쪽으로 너무 편중된 것이다. 그러나 얼마 지나지 않아 그들의 門下生들은 이들 大家들이 '완성하지 못한 영역(餘緖)'을 외부로 확대하여 수많은 流派를 만들었고, 독립된 家門을 만드는 것을 자랑으로 여겼으며, 때로는 本家의 뿌리를 싫어하기조차 했다. 정치학, 경제학은 이미 독립했고 '社會學'의 영역에 남아 있는 것은 가정, 혼인, 교육 등의 出産과 育兒制度 및 宗敎制度 등과 같이, 결코 중요하지 않은 사회제도라고는 말할 수 없지만, 사람들이 잘 물어보지 않는 영역뿐이다. 어떤 시기에는 사회학은 '낡고 헤진 것을 끌어안고 지키듯이(包殘守缺)' '덜 중요한 제도(次要制度)'의 연구 영역에 안주하기도 했다. 그렇게 하면 本家조차 지킬 수 없다. 성장하지 않은 것도 여전히 성장하고 있다. 최근 10여년 동안 이 '剩餘領域'도 또다시 分化했다.

이번 大戰 이전의 몇 년 동안 칼 만하임(Karl Mannheim)의 知識社會學, 요아힘 바하(Joachim Wach)의 宗敎사회학, 오이겐 에얼리히(Eugen Ehrlich)의 法社會學 등과 같이 각종 전문적 성격의 사회학이 일시적으로 폭풍처럼 세차게 나타났다. 심지어 인류학자 레이먼드 퍼스(Raymond Firth)는 「We the Tikopia」라는 자신의 조사보고서를 親屬社會學이라고 命名하기도 했다. 이런 추세로 발전해나가면 모두가 知識學, 宗敎學, 法學, 親屬學으로 독립될 수 있다. 그들은 여전히 社會學이란 이름을 달고자 하는데, 사실 그것은 本家를 중시해서가 아니라, 또 정치학과 경제학에 비해 심장이 약해서가 아니라, 만약 바로 지식학 혹은 종교학이라고 命名하면 이미 그 영역을 접하고 있는 舊學問과 쉽게 뒤섞일 수 없기 때문이다. 知識學과 知識論은 글자도 너무 비슷하고, 宗敎學과 神學 역시 사람들이 한 번 보고서도 그 뜻을 분명하게 알 수 있는 명칭이다. '社會學'이라는 명사를 달고 있는 것은 '과학적 방법으로 그 제도를 연구한다'는 뜻이다. 이와 같은 潮流에서 사회학이라는 명사는 표면적으로는 떠들썩한 것 같지만, 실제로는 '剩餘社會科學'이라는 별칭조차도 어울리지 않는다. 겨우 몇 개 남아 있지만 남아 있지 않은 것과 진배없다.

다시 초기의 상황으로 되돌아가 정황을 살펴보기로 하자. 콩트와 스펜서 이후 일정한 시기 동안에는 수많은 과학이 사회학의 영향을 받았고 사회현상과 기타 현상의 상호관계에 대한 연구를 전개했는데, 그것을 '주변과학(邊緣科學)'이라고 해도 무방할 것이다. 이런 연구는 중국 사회학에서 한때 중요한 지위를 점한 적이 있었다. 나는 15년 이전 즈음 世界書局이 일련의 사회학 총서를 발간한 것을 기억한다. 그 중에서 중요한 것은 사회학의 지리 기초, 심리 기초, 생물 기초, 문화 기초 등과 같은 제목이 달려 있었던 책이었다. 콩트는 일찍이 宇宙現象의 등급을 지적하였다. 무릇 上級은 필연적으로 下級을 기초로 하고 있고, 하급으로써 상급을 해석할 수 있다고 했다. 사회현상은 最高峰에 있기 때문에 어떠한 기타 현상으로써도 사회현상을 해석할 수 있다고 보았다. 해석은 점차 決定論으로 전환되었다. 즉, 사회현상은 기타 현상으로써 결정된다는 것이다. 이렇게 해서 기타 과학 영역에서 훈련받아 배출된 학자들이 사회학으로 들어와 사회현상을 토론하도록 이끌었고, 사회학에서 機械學派, 生物學派, 地理學派, 文化學派 등 수많은 학파가 만들어졌다. 소로킨(Pitirim A. Sorokin)은 『當代 社會學 學說(Contemporary Sociological Theories)』에서 수많은 學派를 소개한 적이 있다. 소로킨의 책은 이미 중국어 번역본이 있기 때문에 여기서 더 이상 장황하게 설명할 필요는 없을 것이다.(黃凌霜譯, 商務印書館出版).

비록 소로킨이 각 學說의 편견에 대해 혹독하게 비판하고 있지만, 우리는 '주변과학'의 성격은 '一面的'이지 않을 수 없다는 것을 인정해야 한다. 만약 누가 사회현상과 地理가 접목되는 주변영역에 착안한다면, 우리는 그에게 또 다른 주변영역을 살펴보는 것을 기대할 수 없다. 이후 수많은 학자들이 어느 주변이 더욱 '중요한지'를 둘러싸고 논쟁을 하는 것은 정말로 불필요한 논쟁이라고 생각된다. 주변에서 말하자면, 關係는 많고 多邊的이기 때문에, 偏

見이 형성되는 것은 "하나만 거머쥐고 나머지 모두를 버린(執一廢百)"5) 결과이다. 사회학 자체가 그와 같은 '주변과학'에서 얻었던 좋은 점이 얼마나 되는지에 대해서는 약간의 불필요한 논쟁을 제외한다면 단언하기가 무척 어렵다. 그렇지만 사회학이 人文生物學, 人文地理學 등과 같은 기타 과학에 대해 많은 새로운 발전을 推動하였다는 점만은 분명하다. 20세기 전반기의 중요한 진보가 사회학의 영향을 받지 않았다고 말하기는 어렵다.

사회현상은 그 기초가 있는데, 그것을 부인할 수는 없다. 기타 현상이 사회현상에 영향을 미친다는 것 역시 사실이다. 그렇지만 사회학은 基礎論에 의해 독점되거나 각종 決定論에 안주할 수는 없는데, 이 역시 자명한 이치이다. 사회학이 변방에 숨어 있게 된 것은 내가 앞에서 말한 社會科學의 分家 추세와 관련이 있다. 이미 각각의 특수 사회과학이 '안방 아랫목(堂奧)'6)을 점령했고, 사회학은 문턱으로 밀려날 수밖에 없는 상태에서, 문턱에 서서 과연 누가 더 큰 門인지를 따지고 있으니 어찌 가련한 모습이 아니라고 할 수 있겠는가.

사회학은 綜合路線으로 나갈 수도 있다. 그런데 어떻게 종합할 수 있을까. 소로킨은 각 학파의 편견을 비판한 뒤에 'X+1'의 공식을 제시하였다. 비록 각 학파가 각 학파의 주변에 편중되어 있기

---

5) '하나만 거머쥐고 나머지 모두를 버린다(執一廢百)'는 말은 『孟子』〈盡心上篇〉에 나오는 '擧一廢百'의 變形이다. 맹자는 세상일을 멀리하고 자신의 이익만을 고집했던 楊朱(양주)와 兼愛思想을 옹호했던 墨子를 비교하면서 양주가 '하나만 거머쥐고 나머지 모든 것을 버린 태도'는 道를 훼손하는 것이라고 비판했다. — 역자 주.
6) 邸宅에서 가장 중심이 되는 곳이다. — 역자 주.

는 하지만 반드시 전부를 아우르는(全周) 것이 있다는 뜻이다. 사실 그의 공식은 '綜合'이라고 말하기보다는 '總和'라고 하는 것이 맞다. 항상 각 주변을 더하는 것, 즉 和는 편견을 조정하는 것이다. 그런데 '더한다(和)'고 해서 무슨 새로운 공헌을 할 수 있겠는가. '피스 메이커(peacemaker: 和事佬)'의 지위도 한 科學의 기초로 되기에는 力不足이다. 사회학의 특색이 어떻게 '모든 것을 다 고려하는 것(面面周到)'에 한정될 수 있겠는가.

물론 사회현상은 내용적으로 각각의 制度로 분류될 수 있지만, 그 제도는 고립적인 것이 아니다. 만약 사회학이 綜合的인 성격의 과학이 되고자 한다면, 주변보다는 '안방 아랫목'에서 착수해야 한다. 만약 사회학이 각종 사회과학의 總稱으로 되지 않고 내용이 빈 껍질만의 名詞를 보존하는 데 만족하면서 각각의 특수한 사회과학이 각각의 사회제도에 대해 전문적인 연구를 하도록 내버려둔다면, 사회현상 그 자체에서 본다면 사회학은 두 가지 차원에서 종합적인 일을 진행할 수 있다.

그 첫 번째는, 각각의 사회제도의 관계에서 탐구하는 것이다. 예를 들어 정치제도의 형식은 항상 모종의 경제제도의 형식과 호응하고, 또 종교제도에서 발생한 모종의 변동은 정치 혹은 경제제도에 모종의 영향을 미친다. 각각의 제도의 관계에 착안하여 우리는 전체 사회구조의 양식을 볼 수 있다. 여기서 사회학은 각각 특수 사회과학이 남겨놓은 것, 이들 특수 사회과학이 포괄하지 못하는 田園을 획득할 수 있다.

전체 사회구조의 양식을 연구대상으로 삼을 수도 있는데, 그

대상은 결코 蓋然的인 성격의 것이어서는 안 되고 반드시 구체적인 사회공동체여야 한다. 왜냐하면 각각의 사회제도를 연결하는 것은 사람들의 생활이고, 사람들의 생활은 時間과 空間의 위치를 가지고 있으며, 바로 그것이 사회공동체이기 때문이다. 모든 사회공동체는 자신의 일련의 사회구조, 각 제도가 배합되는 방식을 가지고 있다. 따라서 현대 사회학의 추세는 사회공동체 연구, 즉 사회공동체 분석이다.

사회공동체 분석의 초보적인 작업은 일정한 시간과 공간의 위치에서 地方의 사람들이 의존하여 생활하는 사회구조를 묘사하는 것이다. 이 차원에서 사회학의 작업은 歷史學의 작업과 서로 통한다고 말할 수 있다. 비록 현재의 사회공동체 분석은 항상 지금의 사회공동체를 연구 대상으로 삼고 있지만, 그것은 다만 편의적인 이유에서 비롯될 뿐이다. 만약 역사적 자료가 풍부하다면 어떤 시대의 사회공동체도 모두 동일하게 분석의 대상이 될 수 있다.

사회공동체 분석의 두 번째 작업은 比較硏究이다. 서로 다른 사회공동체의 사회구조를 비교할 때 항상 모든 사회구조는 자신의 配合原則을 가지고 있다는 것을 발견하게 된다. 원칙이 다르면 표현되어 나오는 형식도 다르다. 그래서 '양식(格式)'이라는 개념이 나타난다. 이미 英美의 人類學에서 이런 종류의 연구추세는 아주 현저한다. 類型(pattern), 配置(configuration), 統合(integration) 등의 명사는 모두 그와 같은 구조적 측면의 연구를 겨냥하고 있는데, 우리는 그것을 '構造主義(structuralism)'라고 말할 수 있다. 구조론은 '機能主義(functionalism)'의 연속이다. 그러나 무엇이 양식을 결정하는가 하는 점에 대해서는 아직 일치된 견해가 없다. 여기서 '周邊科學'의 영향을 받지 않을 수 없는데, 일부는 지리적 요소에, 다른 일부는 심리적 요소를 더 중시한다. 그러나 그 영향과 상대방의 약점을 들춰내던 초기의 分派의 상황과는 완전히 동일한 것은 아니다. 왜냐하면, 사회공동체 연구의 대상은 구체적이기 때문이다. 종합의 中心이 존재하기 때문에 그 중심에 영향을 미치는 각종 요소들은 추상적 이론으로 그치지 않고 관찰하고 측정할 수 있는 기능을 하게 되는 것이다.

사회공동체 분석의 측면에서 현대 사회학은 人類學의 한 부분과 서로 통하게 된다. 인류학은 본래 대단히 광범위한 것을 포괄하는 과학인데, 사회학과 마찬가지로 分化의 과정을 겪었고, 文化를 연구하는 한 부분은 사회공동체를 연구하는 추세를 보이고 있다. 바로 그 지점에서 사회학과 인류학은 한 곳에서 만나게 된다. 예를 들자면, 린드(Lynd)의 『미들타운(Middletown)』[7]은 말리노프스키(Malinowski)가 트로브리아드(Trobriad) 群島에서 조사한 보고서와 그 성격이 동일하다. 그 후 인류학자들은 文明人의 공동체를 연구하기 시작했다. 워너(Warner)의 『Yankee City Series』[8], 엠브리(Embree)[9]의 『Suye Mura: A Japanese Village(須惠村: 日本

---

[7] 린드(Robert Staughton Lynd, 1892-1970)는 미국의 사회학자다. 그는 Helen Merrell Lynd와 함께 미국의 도시 먼시(Muncie), 인디애나(Indiana)를 연구한 *Middletown: A Study in Contemporary American Culture*(1929)와 *Middletown in Transition*(1937)으로 유명하다. ― 역자 주.

[8] 워너(Warner Lunt), *Yankee City Series*, Vol.1 and 2: *The Social Life of a Modern Community*, *The Status System of a Modern Community*, Yale University Press, 1942. ― 역자 주.

農村)』, 졸저 『Peasant Life in China』와 『Earthbound China』 등이 그러한데, 인류학적 著書인지 아니면 사회학적 저서인지를 구분하기가 쉽지 않다. 미국의 사회학자인 로버트 파크(Robert Park) 교수는 일찍이 이렇게 말했다. 즉 "사회학과 인류학은 하나로 합쳐져야만 한다"라고. 그가 주도한 시카고 도시 연구는 곧 인류학의 방법을 응용한 것인 동시에 내가 앞에서 말한 '사회공동체 분석'이다. 영국의 인류학자인 래드클리프 브라운(Radcliffe Brown) 교수는 시카고 대학에서 강의할 때 자신이 가르치는 교과목 명칭을 '比較社會學'이라고 불렀다.

위에서 언급한 것은 다만 사회학이 綜合的 성격을 유지하는 노선일 뿐이고, 다른 한 노선은 구체적인 연구 대상에서 종합을 구하는 것이 아니라 사회 현상의 공통적인 양상(共相)에서 연구를 착수하는 것이다. 사회제도는 사회활동의 기능에서 분리되어 나온 單位이다. 즉 정치, 경제, 종교 등과 같은 사회활동은 사람들의 각각 다른 需要를 만족시키기 위한 것이다. 정치활동과 경제활동을 만약 기능만 따로 떼어놓고 본다면 모두가 본래 동일한 것, 즉 사람과 사람의 相互行爲라는 것을 알 수 있다. 또 그와 같은 행위는 또 그들의 形式을 통해 분류할 수도 있는데, 마치 협력, 갈등, 조화, 분리 등 서로 다른 과정이 있는 것과 같다. 아주 일찍이 독일에서는 形式社會學이 생겨났는데, 짐멜(Georg Simmel)이 그 학파의 대

---

9) 엠브리(John Embree, 1908-1950)는 1937년 시카고대학교에서 박사학위를 받았다. 1935-36년 큐슈의 구마모토에서 농촌 조사를 수행하였다. *Suye Mura*는 1939년에 출판되었다. 그의 아내도 그와 함께 조사를 했는데, *The Women for Suye Mura*를 출판했다. ─ 역자 주.

표자이다. 폰 비제(Von Wiese)10)의 系統社會學은 베커(Becker)의 소개를 거쳐 미국 사회학에 아주 큰 영향을 미쳤다. 파크와 버게스(Park and Burgess)의 『社會學導論(Introduction to the Science of Sociology)』 역시 그와 같은 '純粹社會學'이라고 불리는 것의 입장을 충분히 나타내고 있다.

純粹社會學은 각종 특수 사회과학을 초월하고 있다. 그러나 社會行爲를 대상으로 삼고 기능적 입장을 떠나서 形式에 착안하여 연구하기 때문에 心理學의 범위를 벗어나기 힘든다. 여기서 나는 콩트가 그의 과학의 等級理論을 확립할 때 심리학의 지위에 대해 머뭇거렸던 점을 다시 생각해보게 된다. 콩트는 심리적 현상을 사회현상의 下位에 두어야 할지 아니면 上位에 두어야 할지 몰랐다. 그가 망설였던 것은 심리현상의 二元的 성격에 기인한다. 하나는 요즘 말하는 生理心理學이고, 다른 하나는 社會心理學이다. 이 두 가지는 사실 하나의 次元에 속해 있는 것이 아니고 두 개의 껍질이 사회현상을 감싸고 있는 빵과 같은 모습이다. 純粹社會學은 최상층의 한 쪽을 대상으로 한다.

종합하면, 현대 사회학은 모든 사회학자들이 공동으로 받아들일 수 있는 분명한 영역으로까지는 도달하지 못했다. 그러나 발전의 추세로 볼 때 사회학은 정치학, 경제학 등과 함께 동일한 선상에서 독립적인 영역을 나누어 갖기는 대단히 어렵다고 말할 수 있

---

10) 폰 비제(Leopold Von Wiese, 1876-1969). 짐멜의 形式社會學을 계승했다. 짐멜은 사회의 본질을 心的 상호작용이라고 보았지만, 폰 비제는 社會의 상호관계로 파악했고, 사회 과정, 사회적 거리, 사회적 공간, 사회의 형상이라는 4개의 範疇로써 사회를 설명했다. ― 역자 주.

다. 사회학은 다른 차원에서만 사회현상을 연구할 수 있는 종합적 입장을 획득할 수 있다. 여기서 나는 두 가지 路線과 두 가지 方向을 지적했다. 그 두 가지 方向으로부터 두 가지 학문을 분리할 수도 있다. 공동체 분석을 신흥 社會人類學에 넘기고 "社會學"은 사회행위의 形式에 대해 연구하는 것이다. 그러나 비록 명칭은 결코 중요하지 않지만, 사회학의 내용이 자주 변하고 복잡하기 때문에 수많은 오해를 받는 원인이 되고 있는 것만은 확실하다.

* * *

사회학의 발전 추세에 대한 나의 인식에 기초하여 말하면, 『출산과 육아제도(生育制度)』는 사회학적 방법으로써 모종의 제도를 연구한 試圖를 대표하고, 『鄕土中國』은 공동체 분석의 두 번째에 해당하는 비교연구의 범주에 속한다. 비교연구에서는 몇 가지 비교가 가능한 類型, 즉 서로 다른 구조의 원칙에 근거하여 그 구조가 형성한 양식을 확정해야 한다. 작년 봄 나는 미드(Mead) 여사가 쓴 『The American Character』에 근거하여 『미국인의 성격(美國人的性格)』이란 책을 썼고, 그 책의 後記에서 소위 문화 양식의 뜻을 토론한 바 있으므로 여기에서 다시 중복하지는 않겠다. 이 두 책은 합쳐서 볼 수 있다. 왜냐하면 그 두 책에서 나는 중국의 事實로써 향토사회의 성격을 설명했기 때문이다. 그것은 미드 여사가 미국의 사실에 근거하여 이민사회의 특성을 설명한 것과 그 방법이 동일하다.

나는 오래 전부터 '鄕土社會學'의 교과 과목에서 강의한 자료

著者後記 ▪ 181

를 정리하고 싶었지만, 항상 무르익지 않았다는 느낌 때문에 미루고 미루면서 감히 글을 쓰지 못했다. 작년 여름 방학 때 장춘밍(張純明) 선생이 『世紀評論』에 장기적으로 글을 써 달라는 부탁을 했는데 간곡한 청을 거절하기 어려워서 이번 학기 중에 강의를 하면서 원고를 섰고, 원고를 쓴 후에는 송고했고, 송고된 원고는 그때마다 발표되어 모두 10여 편이 되었다. 추안핑(儲安平) 선생이 나에게 그 원고를 觀察叢書의 한 권으로 출판하자고 해서 원고를 다시 고쳐 쓰고 재편집하기로 결심했으며, 몇 편의 글은 다시 쓰고 또 원고를 전체적으로 다시 한 번 수정했다. 장춘밍, 추안핑 선생의 독촉과 격려가 없었다면 나는 이 책을 쓸 수 없었을 것이다. 두 선생이 기한을 정하여 원고를 독촉했기 때문에 나는 많은 槪念들이 무르익은 뒤 글을 발표하는 그런 시간 여유를 갖지 못했고, 따라서 원고의 많은 부분들은 아직도 좀 '더 검토할(推考)' 필요가 있다. 이 원고는 '탈고된 원고(定稿)'라고 간주할 수 없고, 또 '완성된 원고(完稿)'라고도 말할 수 없으며, 다만 '시도적(嘗試的)' 기록이라고 해야 할 것이다.

1948년 2월 14일 淸華勝因院
[上海觀察社 1947년판에 근거하여 조판 인쇄함]

〈附錄〉:
學科建設 思想에 대한 費孝通의 인터뷰
"疏通하되 門派를 만들지 않는다" [1]

(潘乃谷) 問: 최근 들어 선생은 「중화민족 다원일체 상황(中華民族多元一體格局)」, 「우리나라 도시와 농촌의 발전의 길(我國城鄉發展的道路)」, 「개체, 군체, 사회(個體, 群體, 社會)」, 「쉬로꼬고로프 선생으로부터 體質人類學을 배우다」, 「농촌, 소도시, 지역 발전」, 「말리노프스키 선생으로부터 文化論을 학습한 체험」 등과 같이 학술적 문제 의식을 회고하는 것과 관련된 수많은 長篇의 글을 발표했고, 학계의 큰 반향을 불러일으켰습니다. 올해 선생은 北京대학교 社會學人類學 연구소가 개설한 '사회·문화 인류학 고급 연구토론반'에서, 또 이 연구소 설립 10주년을 축하하는 자리에서 또다시 '소통하고, 인재를 육성하며(開風氣, 育人才)' 새로운 학풍을 만들어야 한다고 제창했고, 젊은 世代가 세대를 잘 계승하길 간

---

[1] 이 인터뷰는 潘乃谷, 「但開風氣不爲師: 費孝通學科建設思想放談」, 『民俗硏究』, 1997년 제1기(총 제41기), 18-34쪽에 게재되었다. 중국에서는 1950년대 사회학이 부르주아계급의 학문이라고 해서 사회학이 폐지된 적이 있었기 때문에 사회학 재건을 위해서는 그 근거가 필요했고, 그 때문에 '學科再建 思想'이라는 독특한 말이 필요했다고 보인다. 이 인터뷰를 본서의 부록으로 게재하는 것을 허락해준 판나이구(潘乃谷) 선생께 이 자리를 빌어 감사의 말을 드린다. ―역자 주.

절히 바란다고 말했습니다.

江村 조사 60주년을 맞이하는 지금 선생의 사회학인류학 학과 건설 사상을 회고함으로써 젊은 세대가 계속 전진할 수 있도록 격려해 주시길 부탁합니다.

답: 이 문제 제기는 아주 훌륭하다고 생각한다. 나는 나와 같은 늙은 사람들이 앞을 바라보고 있지만 정작 바라보고 있는 것은 다음 세대이고, 또 新陳代謝를 통해 면면히 이어져 常存하고 있는 사회라고 여러 차례 말한 적이 있다. "흘러가는 것은 이 강물과 같구나, 밤낮을 가리지 않고(逝者如斯, 不舍晝夜)"[2]라는 말처럼, 일종의 역사적 사명감이 사회학 건설의 至難함에 대한 나의 두려운 마음을 떨치게 했다. 앞 선 분들이 남겨 놓은 소망, 몇 십 년에 걸친 나 자신의 신념, 후대의 발전 방향을 생각하면서 나 역시 힘에 부치는 일을 하지 않을 수 없었고, 힘을 내서 다음 세대의 사회학자를 배양하고자 했던 것이다. 나와 같은 늙은 세대의 책임은 우리가 일생 동안 社會學人類學에서 배웠던 것을 젊은 사람들을 통해 사회에 환원하는 것이다.

말리노프스키의 文化論을 학습한 체험을 말할 때, 나는 그의 기본적인 견해, 즉 文化는 인류 자신이 자연의 세계를 가공하여 만든 것이고, 인류가 지속적으로 생활하고 번식하기 위한 人文世界라는 점을 소개한 바 있다. 문화는 舊世代와 新世代의 상호 접촉을 통해 다음 세대로 전수되고 발전한다. 시대는 변화하고 있고, 구세

---

2) 『論語』〈子罕篇(9-17)〉에 나오는 공자의 말이다. ― 역자 주.

대가 전수하는 것이 반드시 모두 올바르거나 유효한 것은 아니다. 그러나 만약 구세대가 전수하는 것을 기초로 삼지 않는다면, 신세대는 새로운 것을 창조할 수 없다. 맨 땅에 집을 지을 수는 없는 것이다. 신세대는 전수받은 것 중에 자신의 세대에 유용한 것을 잘 골라내야 하고, 그것을 잘 활용하여 다시 새로운 것을 창조해야 한다. 그래서 문화는 傳授와 創造의 결합을 통해 비로소 새로워지고, 더욱 오랫동안 생명력을 가지며 발전할 수 있다.

한 學科의 건설도 동일한 이치다. 구세대는 학술적 바통(baton)을 넘겨줄 때, 지식과 학문뿐만 아니라 어떻게 학문을 해야 하고, 사람답게 살아야 하는지에 대해서도 전수해야 하고, 나아가 자신이 부딪혔던 어려움과 경험적 교훈을 신세대에 밝힘으로써, 즉 신세대에게 다리를 놓고 길을 만들어줌으로써, 그들이 조금이라도 먼 길을 돌아가지 않도록 해야 한다. 사회학인류학과의 상황은 비교적 복잡하고 특수하기 때문에 더욱 회고와 성찰이 필요하다.

問: 이 학문의 복잡성과 재건 과정에서 직면했던 어려움을 더 말해 줄 수 있겠습니까?

答: 1985년 내가 한 學問으로서 社會學의 복잡성을 말했을 때 나의 마음속에는 그 근거가 있었다. 1978년 후챠오무(胡喬木)[3] 동

---

3) 후챠오무(胡喬木, 1912-1992)는 중국공산당의 주요 이론가 가운데 한 사람이다. 1978년에는 중국사회과학원 원장, 중국공산당 중앙 부비서장, 마오쩌둥 저작 편집출판위원회 판공실 주임, 중국공산당 중앙당사

지가 나에게 이 分科 學問을 회복하는 데 앞장서라고 했을 때 나는 주저했는데, 그것은 무엇보다 나 자신의 능력이 충분치 않다는 것을 잘 알고 있었기 때문이다. 당시 나는 사회학 재건이라는 그 임무가 말처럼 쉽지 않다고 생각했다. 나 스스로가 열심히 공부하지 않았던 데다 그처럼 오랫동안 공부하지 않았기 때문에4), 기댈 수 있는 밑천이 두둑했다고 할지라도, 나는 가르칠 수 없는 상황이었다. 더구나 社會科學과 自然科學은 다르다. 自然科學은 어느 정도는 외국에서 가져올 수 있지만, 社會科學은 반드시 자신의 토양에서 성장해야 한다. 이 분과 학문은 중국에서 처음부터 다시 시작해야 했을 뿐만 아니라 역사적 부채까지도 있었기 때문에 절대로 재건한다고 해서 곧바로 재건될 수 있는 것은 아니었다. 지금 그 복잡성을 다음과 같이 몇 가지 면에서 분석해 볼 수 있지 않을까 생각한다.

첫째, 사회학은 綜合性이 비교적 강한 학문이다. 사회학은 사회를 총체로 보면서 사회현상의 관계, 그것의 발전 및 변화를 종합적으로 연구한다. 그것은 人間關係에 대한 지식과 이론을 포함한다. 사회학의 가장 기본적인 임무는 사회에서 생활하고 있는 사람이 어떻게 사람답게 살 수 있는지의 문제를 해결하는 것이다. 사람은 사회에서 생활하면서 다른 사람과 協力하면서 살아간다. 사람의 행위는 사회의 發展과 變化에 적응해야 한다. 즉, 사람은 사회의

연구실 주임을 맡고 있었고, 중국공산당 중앙위원으로 선임되었다-역자 주.
4) 1957년 反右派 투쟁 이후부터 文化大革命이 종결된 1976년까지 학술활동이 금지되었던 것을 말한다. 본서의 「譯者解題」 참고-역자 주.

發展法則을 이해해야 한다. 우리는 중국에서 생활하고 있기 때문에 당연히 중국 사회에 발을 딛고 있어야 한다. 사회학의 개념으로 중국 사회를 분석하고 인식해야 하고, 나아가 사회의 改革과 建設에 봉사해야 한다. 그러나 그것은 대단히 어려운 일이다. 더욱이 人類學은 민족문제와 국제사회에서 경계를 뛰어넘는 文化 문제를 연구하고 있기 때문에 더욱 광범한 綜合學問이라고 할 수 있다.

둘째, 人間關係에 대한 중시는 중국 문화의 특징이지만, 과거에는 그것을 사회과학의 중요한 원천이라고 보지 않았다. 사회학을 현대과학이라고 말하기 시작한 것은 19세기 말, 20세기 초 서구의 관점이 직간접적으로 일본을 통해 중국에 전달되면서부터이다. 처음에는 사회학이 중국의 실제와 연결되지 않았고, 서구 위주의 사회학이 도입되었기 때문에 胎生이 좋지 않았다.

셋째, 해방 전 사회학은 건실한 기초를 형성하지 못했다. 더구나 사회학이 자각적으로 중국 인민을 위해 봉사할 수 있도록 막 개조되던 시점에 중단되었기 때문에 선천적으로 체질이 약했다.

넷째, 사회학은 27년 동안 중단되었는데, 재건을 결정했을 때 나의 선생 세대 가운데 생존한 분은 거의 없었고, 나 스스로도 곧 70세가 될 상황이었다. 일찍 대학교에서 사회학을 전공했던 사람들은 이미 전공을 바꾼 지 오래 되었고, 여러 군데 분산되어 있었으며, 젊은 사람이라고 해도 이미 60세 가까이 되었고, 연구인력의 동원력도 강하지 않았으며, 기초가 약했다.

다섯째, 한 번 휘둘러서 한 분과 학문을 없앨 수는 있지만, 재건하겠다고 해서 재건이 되는 것은 아니다. 과학적 지식은 축적이 필요하다. 그것은 머릿속에 축적되어 대대로 전수되고, 신진대사가 이루어져야 한다. 분과 학문을 재건하려면 처음부터 다시 시작해야 하고, 먼저 사람을 육성하는 것부터 시작해야 한다.

여섯째, 본래 학문에서 가장 금기시해야 하는 것은 '속성(速成)'인데, 처음 시작할 단계에는 속성의 방법을 채택하지 않을 수가 없었고, 수준도 낮았으며, 역량이 약했고, 기초도 튼튼하지 못했다.

일곱째, '태생이 좋지 않았고', '선천적으로 체질이 약했으며', 여러 차례 비판을 받아 오랫동안 중단되었고, 여러 가지 역사적인 원인으로 사회학에 대한 사회의 갖가지 誤解와 偏見이 있었기 때문에 사회학은 비교적 '민감한' 학문으로 인식되었다.

여덟째, 우리가 중국의 특색이 있는 사회학을 확립하고, 자신의 成果와 實力을 보여주어야 사회학의 진정한 가치를 드러낼 수 있는데, 그것은 지난한 任務이고, 절대로 몇 사람의 空想에 의지하여 만들어낼 수 있는 것이 아니다. 다른 학문에 비하여 사회학의 건설은 더 힘들고, 몇 세대의 至難한 분투를 필요로 하며, 그런 뒤에야 수많은 문제에 대하여 비로소 答을 제시할 수 있다.

問: 우리가 막 시작했을 때 이 분과 학문 재건의 어려움을 충분히 계산하고 인식했기 때문에 재건 방침은 대단히 명확했고, 10여 년간의 學科建設도 비교적 순조롭게 진행되었다고 볼 수 있는 것은 아닌지요?

답: 그렇게 볼 수 있다고 생각한다. 중국공산당 제11기 3中全會 이후, 1979년 3월 덩샤오핑(鄧小平) 동지가 '4가지 事項의 基本原則 견지' 5)를 연설하면서 사회학을 언급했고, "지금은 신속하게 學科를 보완할 필요가 있다"고 말했다(『鄧小平文選』 167쪽). 새로운 形勢와 새로운 문제 앞에서 사회학은 더 이상 회복의 문제가 아니었다. 과거의 내용을 회복해서도 안 되었고, 또 서구의 사회학 내용을 그대로 옮겨와서도 안 되었다. 이 점을 인식하는 것이 아주 중요하다. 우리는 이같이 복잡하고 어려운 조건에서 신세대 사회학자를 신속하게 육성해야 했는데, 그것은 至難한 歷程이었다. 우리는 '어려운 줄 알면서도 나아가야 했다(知難而進).'

사회학의 재건 업무를 기획하고 준비할 때부터 우리는 하나의 방침을 준수했다. 즉, 맑스주의의 지도하에 중국의 實際와 결합하고, 사회주의 건설에 봉사한다는 것이다. 그것은 우리가 줄곧 위배하지 않은 원칙이었다. 우리의 기본적인 기준이 아주 명확했다고 할 수 있는데, 그것은 첫째 맑스주의를 指導로 한다는 것이다. 중국 사회는 사회주의 사회이고, 우리가 반영해야 하는 것은 사회주의 조건 하의 사회적 상황이다. 그것은 객관적이어야 하고, 實事求是的이어야 한다. 둘째, 중국의 實際와 결합해야 한다는 것이다. 이는 외국 학자의 성과를 그대로 베끼는 것을 통해 중국 사회학을 확립할 수 없다는 것이다. 우리가 중국 사회에 대해 이해하고 있는 것은 매우 적고 체계적인 과학적 인식도 부족하다. 그렇지만 우리

---

5) 사회주의의 길, 프롤레타리아트 독재, 중국공산당의 지도, 마르크스 레닌주의 및 마오쩌둥 사상의 견지를 말한다. —역자 주.

는 반드시 우리의 힘으로 재건 업무를 추진해야 하고, 사회학의 중국학파를 만들어내야 한다. 셋째, 우리는 사회주의 건설에 봉사해야 한다는 것인데, 그것은 社會學만을 위한 社會學 건설은 안 된다는 것이다.

우리의 목적은 아주 명확하다. 개괄하면, 자신의 사회생활을 객관적으로 존재하는 事物로 보고, 과학적으로 관찰하고 분석하여, 그 사물에 대한 정확한 認識을 취득한 뒤, 그 인식에 기초하여 사회의 발전을 推動해야 한다는 것이다. 사회학은 總體에서 출발하여 사회를 연구하는 학문이다. 그 방향으로 발전하여 잘 연구한다면 국가와 사회주의 발전에 대해 공헌할 수 있다.

중국인으로서 먼저 중국 사회를 인식할 필요가 있다. 내 일생의 목표는 중국의 사회를 이해하는 것이라고 단언할 수 있다. 이 목표는 구체적이라고 말할 수 있지만, 중국은 크고 역사는 오래되었기 때문에 어느 지점에서 연구해야 하는지가 어렵다. 나는 과학적 연구는 반드시 신뢰할 수 있는 자료를 기초로 해야 한다고 믿는다. 가장 신뢰할 수 있는 자료는 자신의 관찰에서 나오기 때문에 연구의 시작부터 現地調査가 필요하다.

사회를 연구한다는 것은 곧 사람의 生活을 관찰하는 것이다. 중국을 정확하게 인식하려면 먼저 반드시 인구의 80%를 점하는 농민을 인식해야 한다. 이처럼 생각했기 때문에 나는 농민을 기본적인 연구대상으로 삼았고, 사회 조사를 기본으로 하는 연구방법을 채택했다.

問: 선생께서 말한 그 목표는 사실 사회학자들의 공통의 목표이자 학과 재건 과정에서 공동으로 분투해야 하는 목표입니다. 사람들의 연구 영역 및 연구의 내용이 다르지만, 한 분과 학문을 건설하려면 공동으로 분투해야 하는 목표가 있어야 하는데, 시대적 의미를 띤 목표에 대해 좀 말해 줄 수 있겠습니까?

答: 나는 우리 세대는 인류 역사상 가장 치열하고 가장 거대한 사회문화의 변혁을 경험한 세대라고 자주 말했다. 낡은 것은 사라지고 있고 새로운 것이 성장하고 있다. 우리는 어릴 때부터 늙을 때까지 온몸으로 경험하는 변혁을 통해 인생에 대한 우리의 체험, 역사에 대한 이해를 심화시키고 있다.

우리의 사회는 폐쇄적, 향토적, 전통적 사회에서 개방적, 현대적 사회로 변화하고 있다. 중국 사회는 지금 어떤 변화가 나타나고 있는가? 어떻게 변화하고 있는가? 왜 이렇게 변화하는가? 이 모든 문제에 대해 탐색해야 하고, 우리는 탐색하는 것에 용감해져야 한다. 새로운 것에 대해서는 새로운 인식이 필요한데, 새로운 인식은 實際에서 나온다.

내가 이해하고 있는 現代化는 부단히 진보하고 있는 과학기술이 사람들의 물질적 정신적 세계를 끊임없이 개조해 나가는 역사적 과정이다. 어느 정도 구체적이긴 하지만 여전히 애매하고, 그렇지만 쉽게 이해할 수 있는 말로써 현대화의 의미를 우리 국가와 연관시켜서 표현하자면, 現代化란 자급자족적인 농업의 소공동체 생활에 익숙한 농민이 한시도 컴퓨터를 떠나서는 살 수 없는, 地球的

大사회의 운영에 맞는 역할을 하는 사람으로 변화해 나가는 것이다. 이는 生産의 기계화, 流通의 상품화, 情報의 고속화 등 현대 도시화 과정을 포함한다. 다시 개괄하면, 현대화란 향토생활에서 포스트산업화 사회로의 전환이다.

중국은 몇 십 년 동안의 이 같은 치열한 변동을 일찍이 경험한 적이 없다. 중대한 社會改革은 반드시 思想 영역에서 상응하는 격변을 야기해야 하고, 한 시대의 文章을 배태해야 한다. "한 평범한 書生이 성대한 세상을 만나는 것(一介書生逢盛世)"이다. 나는 어느 정도 이 '大시대'를 저버리지 않아야 한다는 것을 자각하고 있다.

七十세가 되어 나는 學術生活을 회복하기 시작했는데, 나의 제2차 학술 생애가 시작된 것이라고 할 수 있다. 나는 일찍이 향후 10년간의 시간을 잘 이용하여 진지하게 학술 연구에 임할 것이라고 말한 바 있다. 그 같은 조건을 갖춘 사람은 이제는 많지 않다. 나는 나의 세대를 대표하여 마지막으로 적게나마 일을 할 수 있기를 바란다. 지난날의 나의 연구에 기초하여 중국사회를 인식하고 분석하기 위해 아주 견실하게 조사하고 연구하고, 기록을 남겨 다음 세대가 참고하도록 하고자 한다. 늙은 사람도 웅대한 뜻을 가져야 한다. 한 一生에 찾아오는 기회가 많지 않은데, 우리는 또다시 성대한 세상, 도처에서 큰 변혁이 이루어지는 시대를 만났기 때문에 시야를 넓혀 다음 세대를 위해 다리를 놓고 새로운 길을 개척해야 한다.

나는 학생들에게 중국의 사회과학이 진정하게 과학적 태도로 연구할 수 있게 된 것은 최근이고, 당신들 세대는 계승해야 되는 것이 아니라 創造해야 하고, 중국식의 사회학을 개척해야 한다고 말하곤 했다.

사회학을 연구하기에는 지금 시기가 어느 시기보다 조건이 좋다. 우리는 중국의 사회학을 만들어낼 수 있도록 능력을 가져야 한다. 이처럼 큰 변화를 겪고 있는 중국 사회는 사회학에 가장 생동적인 과제를 던져주고 있다. 사회학의 연구 소재가 많아졌다. 나날이 변화하고 있는 사회는 가장 좋은 사회학 연구의 대상이다. 우리는 사회를 관찰하고 인식해야 할 뿐만 아니라 사회에 영향을 주기도, 또한 사회의 영향을 받기도 해야 한다. 우리의 인식적인 성과가 사회에 영향을 미칠 수 있게 될 때 비로소 사회학은 어느 정도 기능하고 있다고 말할 수 있다.

問: 선생께서는 1985년 교육위원회가 개최한 사회학 전공 연구 토론회에서 1979년 사회학 재건이 시작된 지 6년이 지난 지금 초보적인 재건의 1단계가 마무리되었고, 2단계가 시작된 지금은 무대가 만들어졌기 때문에 배우들이 무대 위의 실천에서 이 학문을 충실하게 만들고 그 수준을 제고해야 한다고 말했다. 그로부터 또 다시 10년이 지났습니다. 이 10년을 되돌아볼 때 선생은 매듭을 지어야 할 가치가 있는 가장 중요한 문제는 무엇이라고 보는지요?

答: 나는 실천 중에서 연구 隊伍를 육성했다는 것, 입으로 혹은 개념적으로 논쟁해서는 풀리지 않는 일부 문제를 명확하게 했다는 점이 가장 의의가 있다고 생각한다.

먼저, 마르크스주의는 學科建設의 지도사상이라는 것을 사람들이 더 이상 구호로만 여기지 않게 되었다. 나는 1988년 7월 5일 국가 중점 프로젝트의 두 차례에 걸친 연구토론회에서 제13차 당대회의 가장 큰 공헌 중 하나는 '위치를 확립한 것(定位)', 즉 우리 국가가 사회발전의 과정에서 차지하고 있는 위치를 확정하고, 목표와 노선을 제시한 점이라고 밝혔다. 우리가 가장 긴박하게 해결해야 할 문제는 그 길을 어떻게 갈 것인가 하는 점이다. 이를 위해 우리는 끊임없이 탐색해야 하는데, 무엇보다 학습하고, 실천을 통해 학습할 필요가 있다. 당시 우리가 진행했던 '小도시와 새로운 형태의 도농관계(小城鎭與新型城鄕關係)'와 '국경지역과 소수민족 지역의 발전(邊區與少數民族地區發展)' 프로젝트는 사실 중국 사회경제 발전의 문제였다.

지금 중국공산당 제14차 대회는 덩샤오핑의 중국 특색이 있는 사회주의 이론은 당대 중국의 맑스주의의 역사적 지위를 갖는다는 것을 명확하게 했는데, 그것은 맑스주의의 기본 원리를 중국의 국정 및 시대적 특징과 결합한 것이다. 그 이론은 새로운 상황을 연구하고 새로운 문제를 해결하며 대중의 실천 경험을 총괄하는 가운데 형성되고 발전된 것이다. 한편, 그 이론은 한 발 더 나아가 중국 사회는 사회주의 초급단계에 있다는 점을 명확하게 밝혔는데, 그것은 점차적으로 빈곤과 낙후된 단계에서 벗어난다는 것, 점차적으로 농업 국가로부터 현대화된 공업국가로 전환한다는 것, 자연경제와 半자연경제가 아주 큰 비중을 차지하는 단계로부터 市場經濟가 발전한 단계로 전환한다는 것, 개혁과 탐색을 통해 사회주의 경제, 정치, 문화 체제를 확립하고 발전하는 단계라는 것, 전체 인민이 분투하고 근검절약하여 국가를 부흥시키고, 艱苦한 노력을 통해 창업함으로써 중화민족의 위대한 부흥을 실현하는 단계라는 것을 의미한다.

이처럼 전례 없는 大변혁의 과정에서는 新生 事物이 끊임없이 나타난다. 우리가 實際에서 출발하고, 思想을 해방하며, 實事求是하기만 한다면 도처에서 연구할 가치가 있는 문제를 발견할 수 있다. 만약 문제를 확실히 틀어줘고, '여러 사람의 지혜와 힘을 모으며(群策群力)', 온 힘을 다해 깊이 파고 들어가서 부단한 노력으로 중국 사회를 반영시킬 수 있는 과학적 지식을 축적한다면 틀림없이 중국 특색이 있는 중국 사회학을 확립할 수 있다. 이 같은 사회학은 대중으로부터 형성되고, 대중을 향한 것이고, 이론과 실제가 연계된 것이며, 인민을 위해 봉사하는 것이다. 우리 사회주의 국가는 그 같은 사회학을 발전시킬 수 있는 조건을 가지고 있다. 나는 그 같은 사회학을 발전시켜야만 비로소 세계의 학술 무대에서 우리의 지위도 획득할 수 있다고 생각한다.

이 시대는 이론 연구자들의 用處가 많은 때이기 때문에 우리는 시대적 사명감을 가질 필요가 있다. 우리는 중국공산당 제14차 대회의 정신에 근거하여 자신의 '위치'를 찾아야 한다. 각 개인, 각 단위 모두가 자신의 '위치를 정립하는' 문제를 안고 있고, 한 판의 바둑과 같이 각 단위는 모두 자신의 적합한 위치를 찾아서 자신을 전국의 큰 '七巧板' [6]에 배치해야 한다.

---

6) 칠교판(七巧板)은 세모와 네모 형태로 된 크고 작은 일곱 개의 조각들

나는 '배우들은 연극을 잘해야 한다'고 요구한다. 과학적 연구의 성과, 교재의 내용, 교과과정 및 전체 학과 등의 수준을 부단히 提高해야 한다. 그 과정에서 핵심적 사안은 어떻게 맑스주의 이론을 중국의 實際와 결합시킬 것인가 하는 점이다. 이론적 수준은 실제와의 결합을 통해 비로소 제고될 수 있다. 따라서 반드시 책에서 책으로, 개념에서 개념으로 이어지는 학습 방법을 극복해야 하고 現地調査를 해야 한다. 그런데 理論을 떠난 사회조사는 現象만을 나열할 따름이고, 급속하게 변동하고 있는 중국 사회의 본질에 대한 인식을 제고시킬 수 없다. 이론과 실제를 결합하는 사회학 연구를 진행하기 위해서는 간고한 學習과 實踐의 과정을 거쳐야 한다.

그 다음, 65년 전 우원자오(吳文藻) 선생을 대표로 하는 그 세대의 사회학자들은 '社會學의 中國化' 주장을 제기했다. 그 세대는 '중국 토양에 뿌리를 둔' 사회학을 확립하고, 사회과학과 인문과학의 철저한 중국화를 결심했다. 최근에서야 우리는 지속적으로 실천할 수 있는 조건을 갖추었다. 우리는 사회학 종사자들이 그 같은 실천을 통해 이 분과 학문 개혁 업무의 깊은 의의를 깨닫고, 중국 사회를 관찰한 사실과 실천적 경험을 효과적으로 이용하여 학과의 내용을 충실하게 하고, 사회의 이론과 응용 수준을 점차적으로 제고하길 진정으로 바란다. 대학교의 사회학과와 연구소, 사회학 전공의 연구기관은 10여 년 동안 수많은 일을 했고, 적지 않은 성과를 냈으며, 어느 시점에서는 그 성과를 각각 綜合해 낼 수 있

을 맞추어 정사각형을 만드는 놀이기구다. 費孝通은 중국 전역을 7개의 큰 조각으로 비유하고 있다-역자 주.

을 것이다.

그 다음, 개인적으로는 중국에서 사회학을 부흥시키는 것은 나의 자각적인 任務에 해당한다. 이에 대해서는 나 스스로가 최선을 다할 따름이다. 그간 나는 일부 학교 혹은 연구소를 설립한다고 해서 학과 재건의 일이 곧 완성되는 것은 아니라는 점을 절실히 느끼고 있다. 機構 설립이 필요하긴 하지만, 더욱 필요한 것은 그 기구 안에 과학적으로 사고하는 사람들이 있어야 한다는 것이다. 그들이 실사구시적으로 정교하게 사고해야만 비로소 실질적인 精神文明이 축적될 수 있다. 내가 솔선하여 학술적인 성과를 내지 않으면서 어떻게 이 분과 학문을 재건한다는 말을 할 수 있겠는가? 나는 그 같은 생각으로 지난 십여 년 동안 대다수의 시간과 정력을 바치고 '솔선수범하면서(以身作則)' 누구보다 먼저 농촌으로 갔다.

내가 취득한 과학적 연구 성과는 결코 견고한 것이 아니라는 점을 다시 밝힌다. 만약 나의 노력이 헛된 것이 아니라고 말할 수 있다면, 그것은 다만 내가 학과 건설 과정에서 길을 조금 열었을 뿐이고, '문제의 성격을 밝히는(破題)' 일을 했을 뿐인 것이다. 나는 여러 가지 主·客觀的 제한 하에, 힘닿는 대로 우리나라 도시와 농촌의 사회 발전에 대한 연구를 위해 묘사하고 초보적인 설계도를 만들었고, 실제의 변화를 따라가면서 부단히 문제를 제기하고 연구할 가치가 있는 일부 연구영역을 개척했다. 그것을 과학적 성과라고 말하면 과장된 것이다. 그것은 기껏해야 과학적 탐색일 뿐이다. 만약 그 탐색을 두고 사회학의 내용을 충실하게 했다고 말한다면, 그럴 수 있다고 생각한다. 왜냐하면, 내가 알고 있는 사회학의 범위는 비교적 광범위하고, 사회 현상을 이해하기 위한 모든 탐색도 사회학적 범주 속에 들어갈 수 있기 때문이다. 당연히 사회학의 범위는 내가 일생을 통해 관찰한 범위보다 훨씬 광범위하다.

나는 내가 연구한 범위로 사회학의 경계를 확정할 뜻이 전혀 없다. 사회학 연구의 방법 역시 여덟 명의 神仙들이 바다를 건널 때 각각 보여준 神通함처럼 아주 다양하다. 내가 일생 동안 채택한 현지 관찰 방법은 그 중 하나일 뿐이고, 게다가 학술적 능력과 사회적 조건의 제한으로 그 방법의 장점을 충분히 살리지도 못했다.

問: 선생은 학술적 리더로서 1985년 이후의 글과 연설에서 여러 차례 자신의 학술적 문제의식을 회고하고 성찰했으며, 또 "소통하되 학술적 문파를 만들지 않는다(但開風氣不爲師)"라고 밝혔습니다. 학술적 리더의 기능과 책임을 우리가 어떻게 더 잘 이해해야 하는지요?

答: 사회학 硏究와 敎學은 내 일생의 주된 업무였다. 선생이 되어본 사람은 다른 사람의 연구를 지도하는 지도교수란 젊은 사람들에게 어떻게 연구하고, 어떻게 글을 쓰는지를 돕는 사람이라는 것을 다 안다. 지도 업무는 다른 사람의 성과를 빼앗아도 안 되고, 다른 사람에게 자신의 의견을 받아들이도록 고집스럽게 요구해서도 안 된다. 지도교수의 책임은 자신의 생각을 지도를 받는 사람에게 밝히는 데 있지, 지도를 받는 사람이 그 생각을 받아들이도록 강제할 수는 없다. 지도교수는 지도를 받는 사람을 대신하여 논문을 쓸 수 없다. 그렇게 하는 것은 좋은 점이 없다. 왜냐하면, 그 방식으로는 사람을 키울 수 없기 때문이다. 지도교수의 지도하에 논문을 쓰는 사람은 자주적 정신을 가져야 하고, 창조성이 있어야 비로소 자격이 있다.

학술적 리더는 지도교수처럼 학생을 지도해야 할 뿐만 아니라 학과의 최전선에 서서 항상 학과가 처한 환경, 지위, 기능에 관심을 가져야 하고, 方向性을 가진 주장을 명확하게 제기해야 한다. 그 이외에도, 개혁에 영향을 미칠 수 있고 새로운 氣風을 확립할 수 있는 인재를 배양하는 데 주된 힘을 기울여야 한다. 나는 올해 北京대학교 사회학인류학연구소 설립 10주년 기념회 강연에서 우원자오 선생이 그 같은 학술적 리더라고 특별히 언급했다. 그가 65년 전에 제기한 '社會學의 中國化'는 당시 사회학이라는 이 분과학문을 개혁하라는 주장이었다. 이 주장은 지금까지도 여전히 진지하게 추궁해야 할 문제이다.

學術은 學人을 통해 전수되고 개척된다. 그리고 學人은 기초적인 학력과 학술적 실천의 강화 속에서 성장한다. 人材는 문화의 전수 및 발전의 擔持者인데, 인재를 배양하는 데 노력하지 않는다면 학술과 그보다 더 광범위한 문화는 '원천이 없는 물(無源之水)', '뿌리가 없는 나무(無根之樹)'에 지나지 않는다. 인재를 육성하지 않고 어떻게 학술의 발전과 확대 발전을 논할 수 있겠는가.

또한 학술적 업무는 세밀한 精神勞動이어서 연구자의 자각과 自主性이 발휘되지 않으면 안 된다. 그렇지만 여서기도 연구자의 각오 정도의 문제가 존재한다. 내가 여기서 말한 自主性은 자각의 기초 위에 있는 것이다. 그것은 개인의 품성, 作風, 수준과 관계되는 것인데, 이는 은연중의 감화를 통해 배양되는 것이지 강제적인 주입을 통해 배양되는 것이 아니다.

따라서 나는 우원자오 선생이 말한 "소통하고, 인재를 배양하고(開風氣育人才)", "말보다는 몸으로 가르친다(身敎重於言傳)"는 정신을 애써 계승하고자 했고, 나 자신의 연구를 통해 北京대학교 사회학과 선생과 학생의 현지 연구의 기풍을 만들고자 했으며, 그래서 나의 '(현장을 찾아) 가고 또 가는(行行重行行)' 작업이 시작되었다.

"소통하되 문파를 만들지 않는다(但開風氣不爲師)"는 말은 공자진(龔自珍)7)의 詩句인데, 이는 새로운 學風을 연다는 것이고, 實事求是하면서 상호 학습하는 기풍을 뜻하며, '문파로 인한 편견(門戶之見)'을 갖지 않는다는 뜻이다. 공자진은 "나는 평생 제자를 두지 않는다(子生平不蓄門第子)"라는 詩句에 대해 전통적인 방식에 따른 門下生을 받아들이지 않는다는 주석을 달았다. '門派로 인한 偏見'은 스승을 찾으면 스승이 선별하여 문하생으로 받아들이는 지난날의 제도에서 비롯되었다. 따라서 "선생이 되지 않는다(不爲師)"는 말은 門派를 만들지 않는다는 말로 해석할 수 있다. 나는 이 시구의 정신을 적극적으로 찬성하고, 전통적인 '문파로 인한 편견'에 대해서는 반대한다. 각 개인은 모두 독창적인 견해를 가

---

7) 龔自珍(공자진, 1792~1841)은 清末 관료이자 思想家다. 魏源(위원)과 교분이 깊었고, 아편 수입을 금지시킨 林則徐(임칙서)를 지지했다. 국가와 민중을 염려하는 많은 시를 남겼는데, 이 시들은 『己亥雜詩』에 수록되어 있다. -역자 주.

질 수 있고, 다른 사람의 견해에 대해 찬성하고 반대할 수 있는 권리를 가질 수 있다. 진지하게 實證하고 '權威와 敎條에 의지하지 않으면(不唯上, 不唯書)' 門派로 인한 편견은 만들어지지 않는다.

問: 신세대의 사회학자를 배양하는 것은 과학 건설의 일관된 가장 중요한 임무입니다. 반가운 것은 10여 년의 공동노력을 거쳐 사회학은 이미 일군의 학생을 배출했고, 젊은 敎學 隊伍와 과학연구 대오가 생겼다는 점입니다. 그렇지만 정말로 학문을 하고, 또 학과 건설을 위해 용감하게 개척해 나가고 열심히 분투하는 一群의 學者를 만들어내는 일은 결코 쉽지 않습니다. 이 문제에 대해서는 어떻게 생각하십니까?

答: 나는 앞에서 사회학 재건은 창조적 성격의 일이고, 대단히 힘든 일이기 때문에 몇 세대에 걸친 분투가 필요한 일이라고 말했다. 學問을 하기 위해서는 학문의 수준을 제고하도록 노력해야 하지만, 더 중요한 것은 어떻게 사람답게 만들까 하는 점이다. 사실 學問은 사람을 사람답게 만드는 문제이다. 내가 학생이었던 시절로 되돌아가보자. 내가 燕京대학과 淸華대학의 많은 선생으로부터 배웠던 것은 학문만은 아니었다. 우리는 사람을 사람답게 만드는 문제에 대해 오랫동안 충분한 주의를 기울이지 못했다. 가정, 학교, 사회 모두가 자신의 책임을 더욱 강화해야 한다.

나는 최근 몇 년 동안 세상을 뜬 선생과 친구를 기념한 여러 편의 글을 썼다. 이 글들은 雜文 선집『떠나가는 자, 이 강물과 같구나(逝者如斯)』에 편집되어 있는데, 젊은 세대들이 한 번 읽어보았으면 싶다. 나는 이 시점에서 과거 늙은 세대가 어떻게 사회에 발을 붙였는지, 어떻게 자신의 일생을 진지하게 대했는지, 어떻게 人民을 행복하게 만드는 문제를 사람이 되는 기준으로 삼았는지를 살펴보는 것은 우리에게 유익할 것이라고 생각한다. 그들의 공통적인 특징은 아주 광범위한 학술적 기반을 가지고 있었다는 것이다. 타고난 자신의 소질에 기초하여 각자의 전공 영역을 굳건히 견지했고, 애써 파고들었으며, 아주 굳건히 부여잡고, 아주 가혹한 조건 하에서도 명성과 이익을 추구하지 않고 몇 십 년을 하루와 같이 우리나라의 학술적 기초를 견실하게 구축했다. 과거 至難한 조건 하에서 학술과 교육 사업에 私心 없이 봉사했던 그 같은 선배 학자들이 있었기 때문에 부지런하고 성실한 學風이 계승될 수 있었다.

그들을 회고할 때 우리는 가슴에 손을 얹고 스스로에게 우리는 학과 건설 사업에서 앞선 세대만큼의 포부가 있는지, 그들 수준의 學識과 治學 정신을 가지고 있는지 물어보지 않을 수 없다.

問: 나는 선생이 쓴 글을 읽을 때마다 일종의 거대한 精神的 感化力을 체험하게 됩니다. 나는 그것이 선생이「청화인의 일대 풍소(淸華人的一代風騷)」[8]에서 말한 정신, 그리고 지금 北京大學이 때때로 제창하고 있는 '北大人'의 정신, 또 중국 지식인들 속에서

---

8) '風騷'는『詩經』의 '國風'과 굴원의 '離騷'에서 한 자씩 따서 만든 말로 '지도적 지위' 또는 '선봉'을 말한다. — 역자 주.

대대로 계승되고 있는 민족정신, 사람이 사람답게 되는 도리라고 보는데, 과연 그렇게 볼 수 있는지요?

답: 탕페이쑹(湯佩松)9) 선생은 자연과학자인데, 나는 선생과 만날 기회는 아주 적었지만 그의 회고록 『아침노을을 맞이하기 위해 夕陽을 돌아본다(爲接朝霞顧夕陽)』를 읽고 선생이 묘사한 '淸華人'의 정신에 빠져든 적이 있다. 그는 걸출한 과학자이자 뛰어난 운동가이다. 그가 한평생 떠받들었던 신념은 '科學에 충실한다(忠于科學)'는 것이다. 동시에 그는 과학 영역에서 前代를 뛰어넘는 突破에 능한 인물이다. 그는 자신의 일생을 한 게임의 축구에 비유한다.

골대는 그가 일생 동안 탐색한 '生命의 神秘'가 있는 곳이다. 그는 한 치의 빈틈도 없이 과학자의 룰을 엄수하고, 전혀 짜증을 내지 않고 한 팀의 과학자 대오를 조직했고, 어려움이 중첩된 상황에서도 아무 것도 따지지 않고 자신을 희생해 가면서 다른 사람의 앞을 향해 맹렬히 나아갔다.

여기서 강조하고자 하는 것은 게임의 룰과 팀 精神이다. 전자는 사람에 대한 處世의 기본 원칙이고, 후자는 일이 되도록 하는 創業의 유일한 방법이다. 사실 내가 말한 이 두 가지는 인류사회가 더욱 온전하고 발전하도록 만드는 기본 정신이고, 어떤 業種이나 單位에서도 갖추어야 할 정신이다.

---

9) 탕페이쑹(湯佩宋, 1903-2001)은 1925년 청화대학을 졸업하고 미국으로 유학을 가 1930년 존스홉킨스대학에서 박사학위를 받았다. 중국과학원 식물연구소 소장을 역임한 植物生理學者이다. ─ 역자 주.

쩡자오룬(曾昭倫)10) 선생은 중국 학술계가 배출한 걸출한 인재이다. 그가 남긴 '높은 인격과 곧은 절개(高風亮節)'는 많은 사람들로 하여금 그를 그리워하도록 만들고 있다. 그는 자신의 禍福과 得失을 계산하고 비교하는 사람이 아니었다. 名譽와 地位가 그의 인생의 길을 좌우하지 못했다. 젊었을 때 그는 조국을 위해 科學의 基礎를 확립하겠다고 결심했다. 대단히 열악한 조건 하에서도 그가 밤낮으로 관심을 기울인 것은 잘 가르치고 연구를 잘하는 것, 나아가 중국에서 化學을 발전시키는 것, 중국의 건설을 위해 봉사하는 것이었다. 그는 대단히 불공정한 대우를 받았을 때에도 태연할 수 있었고, 죽음의 신이 위협하는 상황에서도 여전히 과거에 터득하지 못했던 언어를 배우려고 결심했다. 그는 학과를 자신을 위해 봉사하도록 만들지 않았고, 자신의 일생을 학과의 창립과 발전을 위해 공헌하도록 만든 것에 만족했다.

사회학 학과의 선배 세대에서 내가 가장 많이 만났던 몇 분들도 모두 선두에 섰던 분들이었다.

우원자오 선생은 중국 사회학이 확립한 새로운 몇 가지 學風 가운데서 "말로써 가르치는 것보다 몸으로 가르친다"는 학풍을 만들었다. 그가 깊게 생각하고 멀리 내다본 것은 학과의 改造와 創立이었다. 그는 이를 위해 자신의 명성을 떨치고 一家를 이루는 것에

---

10) 쩡자오룬(曾昭倫, 1899-1967)은 1915년 淸華 미국유학 예비반에 입학하여 1920년 MIT에서 化學을 전공했고, 1926년 박사학위를 받았다. 北京대학교 교무부장 및 화학과 과장, 중국 교육부 부부장, 중국과학원 화학연구소 소장을 역임했다. 1961년 武漢大學에서 교편을 잡았을 당시 암에 걸린 것을 알고서도 교학 및 연구에 매진하여 수많은 저서를 남겼다. — 역자 주.

조급해 하지 않았다. 그는 새로운 과목을 개설하면서 가르쳤고, 학생을 선발하고 유학을 보내 깊게 연구하도록 만들었으며, 학술 연구 기지를 확립했고, 학술 간행물을 출판하는 등의 일을 했다.

양카이다오(陽開道)11) 선생은 사회학의 지식을 이용하여 당시 농촌의 빈곤하고 낙후된 사람들을 바꾸고자 했다. 그것은 그의 포부였는데, 나는 그로부터 그 포부를 배웠다.

판광단(潘光旦)12) 선생의 학술 일생은 "한 번 마음먹으면 끝까지 해내는(鍥而不捨)" 不屈의 정신과 한 치의 빈틈도 없는 治學의 정신을 충분히 보여주고 있다. 두터운 才能 이외에도, 사람을 위해 학문을 하는 그의 강인성은 보통 사람들을 초월했다. 그는 속된 말로 황소고집을 가졌다. 굽혀도 굽혀지지 않았고, 당겨도 끊어지지 않았으며, 부드러운 가운데 강인함이 있었고, 게으르지 않고 애썼으며, 고갈되지 않고 일했고, 쉽게 큰 성과를 만들어냈다. 그는 변화시키기 어려운 객관적 조건에 잘 순응하면서 보통 사람들이 쉽게 할 수 없는 일을 해냈다. 비판을 받고 폄하되었던 시대, 몸은 만신창이가 되었지만 여전히 원망하지도 걱정하지도 않고 '부지런히 탐구하고(孜孜以求)', '부지런히 학문에 힘쓰고 나태해지지 않

---

11) 양카이다오(楊開道, 1899-1981)는 1920년 南京고등사범대학에 입학하여 1924년 미국 아이오아 주립대학으로 유학을 가서 석사학위를 획득한 뒤 1927에는 미시간대학교에서 농촌사회학 박사학위를 받았다. 귀국 후 復檀대학, 燕京대학 사회학과 교수를 역임했다. ― 역자 주.
12) 판광단(1899-1967)은 1913-1922년 靑華학당에서 공부한 뒤 1922-1926년 미국에서 생물학, 동물학, 유전학을 공부했고, 석사학위를 받았다. 귀국 후에는 上海광화대학에서 교편을 잡았고, 靑華대학 및 西南聯合대학에서 교무장과 사회학과 주임을 역임했다. 페이샤오퉁을 인터뷰한 본 글의 저자 판나이구는 판광단의 딸이다. ― 역자 주.

았다(勤學不懈)'.

　우쩌린(吳澤霖)13) 선생은 사람들의 일생의 事業을 가늠할 때에는 천평(天平)이 있어야 한다고 했는데, 나는 그것을 인생의 천평이라고 말하고자 한다. 즉, 사회로부터 받은 것이 어느 정도인지, 사회에 공헌한 것은 얼마나 되는지를 평가해 보면, 개인의 일생에 대한 평가가 확정된다. 개인 스스로가 자신은 어떻다고 평가하는 것으로 끝나는 것이 아니라 객관적인 천평에 올려놓고 가늠해야 한다는 것이다. 同人들이 만든 90세 생일 축하연에서 우쩌린 선생은 여전히 자신이 사회에 공헌한 것이 크게 부족하고, 아직 부채를 갚지 못했으며, 숨이 붙어 있는 한 노력해서 천평의 두 끝이 평형이 되도록 하겠다고 밝혔다.

　그의 이와 같은 역사관과 사회관은 앞선 세대의 경지를 보여주고, 또 시사점도 던져준다. 즉, 개인을 역사와 사회의 천평 위에 올려놓고 자신을 평가해야 한다는 觀念이야말로 앞선 세대의 人才를 배출한 力量이고, 그 관념이야말로 지금 우리가 절박하게 필요로 하고 있고 또 젊은 세대들 속에서 광범위하게 제창되고 있는 사회적 책임감의 가치관이 아니겠는가!

　問: 선생이 글에서 말했던 항일전쟁 시기의 자연과학과 사회과

---

13) 우쩌린(吳澤霖, 1898-1990)은 1913년 靑華학당에 입학한 뒤 1922년에 미국으로 가서 위스콘신, 미주리, 오하이오대학에서 학사, 석사, 박사학위를 받았다. 귀국 후 상해대하대학 등 여러 대학교를 거쳐 1946년에는 청화대학 人類學科 주임 및 교무장을 역임했다. 1958년 그는 판광단, 우원자오, 황셴판(黃現璠), 페이사오퉁과 함께 '民族學 5大右派'로 분류되었고, 1980년 명예가 회복되었다. ― 역자 주.

학의 연구 중심인 大普集과 魁閣(괴각)은 학과 건설에서 특수한 의의와 기능을 갖고 있다고 보이는데, 좀 더 자세히 말해주시길 부탁드립니다.

答: 항일전쟁 시기, 雲南대학과 燕京대학은 합작하여 사회학 연구 基地를 설립했고, 그 기지를 통해 사회 조사를 전개했다. 우리는 1940년 적의 공습을 피하기 위해 청궁(呈貢) 현의 한 농촌에 있는 魁星閣(괴성각)으로 흩어져 들어갔는데, 그 '魁閣'이 우리의 기지가 되었다. 알쿠시(R. David Arkush)가 쓴 『페이샤오퉁전(費孝通傳)』에 괴각의 연구 기지가 상세하게 소개되어 있다. 그 책에는 戰時 조건은 연구에 많은 어려움을 가져다 주었다고 적고 있는데, 정말 맞는 말이다. 알쿠시는 "그들은 대규모의 연구계획을 세울 수 있는 돈이 없었고, 助手와 비서를 고용할 돈도 없었으며, 심지어는 사진기와 필름 등 간단한 기자재를 살 돈도 없었다. 대부분의 출판물은 등사로 만들어졌고, 페이샤오퉁은 많은 시간을 들여 몸소 밀랍 판에 글을 새기고 인쇄했다. 그들은 빈곤한 상황에 처해 있었지만, 그 환경에서 스스로 즐거움을 느꼈다. 책과 조수가 없었고 농촌에 거주하고 있었기 때문에 그들은 직접 관찰을 기초로 하는 연구방법을 발전시켰다. 후에는 연구자들 사이에 대화하고 의견을 교류하는 '席明納' 방식을 발전시켰다. '席明納'은 영어 단어 '세미나(seminar)'의 발음을 중국어로 音差한 것이다. 그들은 일치단결했고, 목적성이 강했다. 그들은 자신들의 연구회가 전후 재건에 근거를 제공할 것이라고 믿었다."라고 쓰고 있다.

魁閣의 學風은 런던政經大 人類學科에서 온 것이다. 이론과 실제를 밀접하게 결합하는 원칙을 채택했고, 각 연구자는 모두 자신의 전문적인 연구 주제를 가지고 있었으며, 선정한 사회 공동체에 가서 현지조사를 한 뒤 집단적인 토론을 전개하고, 각자가 논문을 써야 했다. 이런 방법으로 연구를 진행하면 확실히 개인의 창조성을 발휘할 수 있고, 집단적인 토론에서 시사점을 찾을 수도 있어 효과가 두드러졌다.

魁閣은 우원자오 선생이 주장한 '사회학의 중국화'를 실현하고, '소통하고 인재를 육성하는' 실험실이 되었다. 一群의 청년들은 대단히 어려운 조건 하에서도 내지의 농촌 사회학에 대해 연구했고, 일정한 과학적 성과를 거두었다.

나의 일생에서 그 시기의 생활은 그리움으로 남아 있다. 시간이 지나면 지날수록 더욱 고귀하게 느껴지는 것은, 당시 몇 명의 젊은 친구들과 함께 일할 때 어려움을 따지지 않고 이상을 추구했던 진실된 마음이다. 戰時의 內地 지식인들의 생활조건은 정말 엄혹했지만, 아무도 힘들다거나 빈곤하다는 말을 꺼내지 않았고, 항상 자신이 의미 있는 일을 하고 있다고 느꼈다. 우리는 조국에 대한 신념이 있었고, 우리의 사업에 대한 포부도 있었다. 그처럼 변함없는 깊은 情은 얼마나 아름다운가. 그 시기의 생활은 항상 내 마음에 선홍빛으로 남아 있고, 영원히 잊혀지지 않을 것이다.

한편, 大普集은 昆明 북쪽 외곽에 있는 작은 鎭에 소재하고 있었는데, 항일전쟁 때 역시 공습을 피하기 위해 청화대학 농업연구소가 그곳으로 옮겼다. 탕페이쑹 선생이 그곳에서 식물 생리에 대한 연구를 했다. 그는 그 後方 基地에서 망신창이가 된 조국을 위해 당연히 해야 할 일, 그가 공헌할 수 있는 일을 해야겠다고 결심했다. '大普集'은 항일전쟁 시기 유명한 과학의 중심 가운데 하나로 되었다. 탕페이쑹 선생은 그 잊기 어려웠던 세월에 대해 "나 개인(및 내 연구소의 수많은 동료)적으로는 항일전쟁 8년 동안 그곳에서 가장 긴 시간을 보냈고, 일과 청년 연구자를 모아 가장 활발하고 왕성하게 일했던 시기이다. 그때에는 날이 갈수록 생활형편이 어려워졌다. 자원의 공급이 날이 갈수록 악화되었다. 바로 그 때문에 우리는 더욱 단결했고, 의지도 강해졌다. 일과 생활에서 우리는 항상 협동했으며, 서로를 도왔다.… 그 6년은 국가에 충성하고, 국가를 위해 人材를 비축하기 위해 가장 집중했고, 또 頂點에 도달한 시기였다"라고 회고하고 있다.

한 學科도 生命이 있으므로, 과학자의 新陳代謝를 필요로 한다. 그래야만 한 학과도 지속되고 발전될 수 있다. 학술적 리더는 몸소 '적진 깊숙이 치고 들어가서 함락시켜야(沖鋒陷陣)' 할 뿐만 아니라 과학적 대오도 건설해야 한다. 후진 양성은 학술적 리더가 '도의상 거부해서는 안 되는(義不容辭)' 책임이다. 大普集과 魁閣은 비록 다른 분야의 연구 기지였지만, 둘 다 대단히 어려운 조건 하에서 국가에 충성하고, 국가를 위해 인재를 비축하는 역할을 했다. 大普集과 魁閣의 정신은 현재와 장래에도 크게 제창하고 더욱 발전시켜야 한다. 다만 시대가 다르고 조건이 다를 뿐 정신은 동일한 것이다.

나는 1985년 北京大學으로 와서 社會學人類學硏究所를 창립했다. 그때 나는 힘을 학술 업무에 집중시켰다. 그것은 사회학을 재건할 때 또 다시 魁閣을 만들기 위해서였다. 나 자신의 연구를 통해 젊은 사람들의 현지 연구의 學風을 만들고, 견고한 과학 연구의 대오를 형성하기 위해 힘을 보태고자 했다. 기쁘고 안심이 되는 것은, 10년의 노력을 통해 이미 작은 대오가 형성되었고, 學科 건설과 현지연구의 연계 면에서 약간의 성과가 나타나고 있다는 점이다. 北京대학으로 온 뒤 나는 본래 燕京대학의 터였던 이곳에 되돌아올 줄은 생각하지도 못했다고 말한 적이 있다. 나는 未名湖[14])의 호반에서 사회학에 입문했고, 많은 세월이 흐른 지금 다시 미명호의 호반으로 되돌아와 계속 나의 생명의 노래의 마지막 章을 쓰고 있다.

問: 선생의 학술적 실천과 연관시켜 어떻게 중국 사회학을 확립할 것인지의 문제를 검토해 보았으면 합니다. 말리노프스키는 『江村經濟』의 서문에서 사회학의 中國學派 방법론에 대해 평가하고 있는데, 그렇다면 사회학의 중국학파의 특징은 무엇입니까?

答: 1930년대 초기 당시 사회학계는 '社會學의 中國化'를 실현하려는 요구가 있었다. 그것은 중국 사회의 사실을 사회학의 내용 안에 충실히 담고, 점차 보편적인 것으로 만들어야 한다는 요구였다. 방법에서 두 가지 다른 경향이 나타났다. 하나는 중국이 이미 확보하고 있는 서적 자료, 특히 역사 자료를 이용하여 서구의

---

14) 北京대학 내에 있는 호수 이름. ─ 역자 주.

사회과학과 인문과학의 이론을 보충하는 방법이다. 다른 하나는 당시 영미 사회학에서 사용되고 있던 '社會調査' 방법을 이용하여 중국 사회를 묘사한 저서를 쓰는 방법이다. 우원자오 선생은 이 두 가지 연구 방법 모두 중국 사회의 실제를 충분히 반영하지 못한다고 보았다. 1937년 燕京대학 사회학과는 미국 사회학의 시카고학파에 속했던 로버트 파크(Robert Park) 교수를 초빙하여, 연구자가 대중의 생활에 깊숙이 다가가서 관찰하고 체험하는 현지조사 방법을 소개하는 강의를 부탁했다. 이 같은 현지조사 방법은 사회학인류학에서 수용되었다. 한편, 1935년에는 유명한 영국의 인류학자 래드클리프 브라운(Alfred Radcliffe-Brown) 교수를 초빙했는데, 그는 영국 인류학의 機能主義 학파의 창시자이다. 그는 파크와 마찬가지로 사회인류학은 사실 比較社會學이라고 주장했다. 파크는 사회학에서 사회인류학으로 다가갔지만, 브라운은 인류학에서 사회학으로 다가갔다. 한 사람은 밀고 다른 한 사람은 끌어당기면서 중국에서 두 학문의 統合의 利點을 실현했다. 비록 양자의 이름은 다르지만, 실제는 동일하다. 그들의 영향을 받아 학생들은 서재를 벗어나 사회생활에 다가갔고 실제와 접촉했다. 학생들은 속속 농촌으로 가서 사회학의 현지조사 작업을 진행했다. 우원자오 선생은 社會調査와는 다른 社會學調査 방법론을 제기했고, 그 연구 방법을 "현대 사회공동체 현지연구(現代社區實地硏究)"라고 명명했다.

사회공동체 현지연구는 특정한 사회조직, 특정한 문화적 전통 및 인위적 환경을 갖추고 있는 인간 집단이 거주하고 있는 한 특정 지역을 연구하는 것을 말한다. 우리는 반드시 사회공동체를 總體로 간주하고 연구해야 하고, 그 총체로부터 환경을 포함한 각 부분 사이의 관계를 고려해야 한다. 우리는 또 그 총체는 여러 차원으로 나누어져 있고, 주변과 단절된 체계가 아니며, 진정으로 자급자족인 공동체는 없다는 점을 명심해야 한다. 우리 사회학자의 역할은 운영되고 있는 시스템의 내부에 존재하는 각 사회적 요소들 사이의 중요한 관계를 지적하고 상호작용하는 메커니즘을 묘사하는 데 있다. 시스템은 객관적으로 존재하는 것이지 우리가 발명한 것이 아니다. 우리는 그 시스템을 명확하게 밝히고 언어로써 묘사할 뿐이다. 그렇게 함으로써 우리는 또다시 그 시스템의 운영에 영향을 미치게 된다. 왜냐하면, 사회적 시스템은 사람들의 思考와 行爲를 통해 운영되기 때문이다. 만약 우리가 그 시스템을 이해할 수 있다면, 그 시스템 내에서 살아가고 있는 사람들도 자각적으로 변하게 된다.

사회공동체 연구는 사회조사보다 한 걸음 더 나아간 것이다. 그것은 사실을 서술하고 기록할 뿐만 아니라 사실들 간의 상호작용의 관계를 설명하고, 사물의 변화의 원인을 해석하고 있기 때문이다. 사회 공동체 연구의 우수한 점은 각 인류 생활방식의 여러 측면의 관계를 명확하게 밝히는 데 있다. 사회공동체 연구는 현지조사로부터 시작된다. 연구자는 현지조사를 중시하고, 몸으로 체험하며, 직접 사회 공동체의 생활과 접촉함으로써 그 사회공동체 사람들의 感覺, 思想, 行爲와 동일하게 되어야 한다. 그와 같은 진정한 체험은 책에서는 얻어지지 않는다.

만약 우리가 한 사회문제를 조사하려면 반드시 하나의 구체적인 사회 현상을 관찰해야 한다. 사회현상은 사람들의 활동의 결과이고, 구체적인 것이며, 항상 일정한 時點과 地點에서 발생한다. 그래서 사회조사는 반드시 특정한 사회공동체를 대상으로 해야 한다. 사회문제는 항상 특정한 사회 공동체에서 생활하고 있는 사람들 속에서 발생하고, 사람들의 생활 역시 항상 사회 속에서 이루어지기 때문에 사회문제에 대한 연구는 반드시 사회에서 생활하고 있는 사람에서 출발해야 하고, 그들의 行爲, 思想, 感情을 관찰해야 한다.

그래서 나는 구체적인 문제를 해결하려면 반드시 구체적인 사실에서 출발해야 한다고 줄곧 주장해 왔다. 중국 사회에 대한 정확한 인식은 '어떻게 중국을 건설할 것인지'의 문제를 해결하기 위한 필요조건이다. 과학적 지식은 실제에 대한 관찰과 체계적인 분석, 요즘 말로 표현하면 實事求是에서 나온다. 특정 사회공동체의 생활을 현지 조사하는 것이 사회를 인식하는 첫 관문이다.

나는 燕京대학을 졸업한 후 淸華연구원에 입학하여 인류학자 쉬로꼬고로프(S. M. Shirokogorov) 교수로부터 體質人類學을 배웠고, 그 후 영국으로 가서 말리노프스키(B. Malinowski) 선생의 지도를 받았다. 따라서 나는 사회학과 인류학 사이를 왕복하면서 공부했고, 나의 초기 학습은 兩者를 綜合한 것이었다. 나는 인류학과 사회학을 融合하는 방식을 좋아한다. 사회학과 사회인류학은 사실 동일한 학문이다. 이 양자는 이론과 방법론에서 상호 교차하고 있고, 우리가 중국의 실제 사회를 이해하는 데 대단히 유용하다. 사회공동체 연구는 이 학파의 특징이라고 간주되었다. 사회학에서 應用人類學의 방법을 채택하여 사회를 연구하는 한 學派라고 할 수 있는데, 말리노프스키는 그것을 사회학의 中國學派라고 했다.

問: 말리노프스키는 『江村經濟』 서문에서 이 책은 인류학의 현지조사와 이론 발전의 里程標가 될 것이라고 말했는데, 우리는 그 책이 학과 발전에서 가진 의의를 어떻게 이해해야 합니까?

答: 영국에서든 아니면 미국에서든 1930년대 이전의 사회인류학 혹은 문화인류학은 유럽인들이 '野蠻人'이라고 말했던 것을 연구대상으로 삼았다. 즉 낙후된 민족, 소수민족, 非백인종, 식민지 인민을 연구 대상으로 삼았던 것이다. 그들은 현실적인 문제를 다루지 않았고, 또 현실을 개조하는 문제에 대해서도 언급하지 않았다. 『江村經濟』는 중국 농촌의 일부 상황을 과학적 방법으로 분석한 책이다. 나는 文化가 있는 농촌을 연구했고, 自國의 문제를 연구했다. 그래서 말리노프스키가 내가 국제 인류학계에 새로운 氣風을 가져왔다고 말했던 것이다. 즉, 내가 사회인류학의 방법으로 역사가 유구한 동양의 社會文化를 연구하는 氣風을 만들었다는 것이다. 사회인류학은 분투하는 가운데 문명국가의 사회문화를 연구하는 기풍을 확립하는 것을 목표로 삼아야 하며, '야만인'을 연구하는 속박된 틀 속에 놓여 있던 과거의 이 분과 학문을 해방시켜 거대한 '문명세계'의 新世界로 나아가도록 해야 한다는 뜻이다.

또 다른 차원의 의의는 내가 "한 연구자가 자신의 민족을 연구하는" 새로운 방향을 열었다는 것이다. 국외 인류학계에서는 그 같은 전례가 없었고, 따라서 중국사회 연구에서 새로운 방향이 제기된 것이다.

나는 영국에서 말리노프스키 이외 줄곧 퍼스(R. Firth) 선생의 도움을 받았다. 그는 '미시형 사회학(微型社會學)'이라는 개념을 제기했는데, 그 개념을 사용하여 사회학 중국학파의 특징을 지적했고, 미시형 사회학은 전후 인류학의 발전 방향이라고 주장했다. 그들의 후임자인 프리드만(M. Freedman)은 '사회학인류학의 중국 시대'라는 연설을 했고, 파크와 브라운 교수의 대를 이었던 미국 시카고대학의 레드필드(R. Redfield) 교수 역시 중국의 사회학 및 인류학이 자신의 사회문화를 연구할 수 있다는 것을 주장했던 강력한 지지자였다. 그들은 이 학파가 만들어낸 새싹을 보았거나, 혹은 이 학파의 성장을 기대했던 것 같다. 우리 一群의 젊은 사람들 역시 1940년대 항일전쟁 시기의 대단히 어려운 조건 하에서 중국의 사회문화 연구를 위해 분투노력했다. 애석한 것은 여러 역사적인 원인으로 그 노력은 중단되고 말았고, 학과의 회복 이후에 와서야 비로소 실천 중에서 새로운 방향의 研究方法論이 재건되고 있다는 점이다.

問: 1940년대부터 1980년대까지 학술 연구와 과학 발전의 측면에서 보았을 때 우리는 너무나 많은 시간을 허비했습니다. 그렇지만 최근 10여 년의 실천을 거쳐서 많은 변화가 나타났습니다. 앞에서 말한 것처럼 '새로운' 방향의 측면에서 보았을 때, 초기의 실천과 후기의 실천을 아우르면서 사회공동체 연구 방법론의 문제를 회고해줄 수 있겠습니까?

답: 학술적 大家가 학과 발전의 최전선에 서서 항상 민감하게 '새싹'을 발견하고 방향을 제시하는 것이 대단히 중요하다. 그런데 특징을 갖추고 있다고 말할 수 있는 "學派"를 형성하는 것은 하루아침에 이룰 수 있는 것은 아니다. 『江村經濟』를 발표한 뒤 여러 학자들이 아주 자연스럽게 두 가지 측면의 문제를 제기했다. 첫째, 중국의 人類學者와 같이 자신의 사회를 연구대상으로 삼을 수 있는가 하는 문제이다. 둘째, 중국과 같이 광대한 국가에서 개별 사회 공동체에 대한 미시적 연구로써 중국의 國情을 개괄할 수 있는가 하는 문제이다. 이 문제들에 대해 학자들은 서로 다른 관점을 가질 수 있지만, 나는 이 문제 제기는 대단히 중요하기 때문에 진지한 탐색의 실천을 통해 설득력 있는 答을 제시할 필요가 있다고 생각한다.

나는 概念이 아니라 반드시 實際 상황에서 출발하여 답을 찾아야 한다고 생각한다. 나는 먼저 江村 연구부터 말하고자 한다. 江村은 내가 중국 농촌사회를 인식하게 된 출발점이다. 한 촌의 사회 공동체를 연구했다면, 그것은 한 마리의 '참새'를 해부한 셈인데, 그것을 출발점으로 하여 어떻게 중국의 농촌을 이해할 것인지, 또 중국의 농촌을 이해한 것으로부터 어떻게 중국 사회를 전면적으로 이해할 것인지, 어떻게 點에서 面으로, 個別에서 一般으로 나아갈 것인지의 문제는 그 다음에 해결해야 할 문제이다. 그렇지만 江村

에 대한 사례연구를 보면, 그것은 미시형 사회공동체 연구의 한 표본이라고 볼 수 있다.

미시형(微型) 연구는 특정 지역에서 소수의 사람이 직접 관찰할 수 있는 범위 내에서 현지인과 결합하여 그 지역 주민의 사회생활을 전면적으로 연구하는 것을 뜻한다. 여기서 미시(微)는 깊이가 없는 일반화된 서술이 아니라 생활의 실제에 아주 깊게 들어간다는 것을 뜻하는데, 地點, 時間, 사람, 行爲를 묘사해야만 한다. 그렇게 해야 비로소 '직접적인 觀察'이라고 말할 수 있다. '형(型)'이란 한 마리의 참새를 여러 類型의 한 대표로 보고, 그것을 해부하여 명확하게 드러내는 것을 말한다. 즉, 五臟六腑가 어떻게 배치되어 있고 기능하고 있는지를 모두 설명하고, 그 참새의 특징을 드러내고, 그것이 다른 참새와 어떻게 다르고 동일한지 등등을 밝혀내는 것이다.

어떤 이는 『江村經濟』가 機能分析 혹은 시스템의 構造分析의 한 기준을 제시했다고 평가했고, 또 어떤 이는 단순한 社會調査로부터 社會學調査로 전환시킨 里程標라고 평가했다. 즉, 중국의 강남에 있는 한 촌락 농민의 실제 생활과 생활 과정에 대한 분석을 통해 중국의 基層 사회공동체의 사회구조와 사회변동의 과정을 탐색했다는 것이다. 만약 그와 같은 사회공동체 연구 방법이 인류의 사회구조 내부의 체계와 그 체계의 온전성을 표현할 수 있다고 말한다면, 나는 동의한다. 왜냐하면 그것이 바로 미시형 연구의 價値이기 때문이다.

사물에 대한 사람들의 인식은 항상 구체적인 것, 개별적인 것,

局部的인 것에서 시작하는데, 미시형 연구의 기초가 있으면 서로 다른 유형의 비교를 통해 우리는 점차 전면적인 거대한 인식을 형성할 수 있다.

問: 1940년대 雲南에서 진행했던 內地의 농촌 연구가 그 같은 비교 방법과 경험을 제공한 것은 아닌지요?

答: 『雲南三村』은 『江村經濟』의 기초 위에서 나온 것이다. 『江村經濟』는 한 농촌 사회공동체의 構造와 運營에 대해 묘사한 것이다. 상호 연관된 각 요소들로부터 그것을 체계적으로 배합한 하나의 전체를 묘사하는 것, 한 마리의 '참새'를 해부하는 과정에서 개괄적 성격의 일련의 이론 문제를 제기하는 것, 이런 것이 성립될 수 있는지, 개별 사례의 자료에만 의지해서는 근거가 부족하기 때문에 유형 비교의 연구 방법을 제기한 것이다.

중국에는 수많은 농촌이 있고, 또 농촌들은 변화하고 있기 때문에 전면적인 조사는 불가능하다. 나 역시 수많은 농촌을 보았지만, 모두가 한결같지는 않았고, 그렇다고 해서 변화무쌍한 것도 아니었다. 각 농촌마다 제각각이었다. 그래서 나는 부문별로 나누어 몇 개의 '유형'을 만들어내야 한다고 생각했다. 농촌 사회구조는 동일한 조건 하에서 동일한 구조를 만들어내고, 동일하지 않은 조건 하에서는 동일하지 않은 구조를 만들어낸다. 條件은 비교할 수 있는 것이고, 따라서 構造도 비교할 수 있다. 만약 우리가 한 구체적인 사회 공동체를 대상으로 하여 그 사회구조 내부에 존재하는 여러 부문의 내부적 연계를 잘 해부하고, 나아가 그 구조를 만들어 내는 조건을 잘 파악한다면, 우리는 하나의 구체적인 기준을 가지게 된다. 그렇게 되면 조건이 동일한 사회공동체와 그렇지 않은 사회공동체를 이미 확보한 기준과 비교하여 관찰할 수 있고, 동일하거나 서로 유사한 것은 하나로 묶고, 동일하지 않거나 서로 유사하지 않은 것을 구분해 낼 수 있다. 그렇게 하면 동일하지 않은 유형이 나타난다. 나는 이 같은 연구 방법을 '類型比較法'이라고 命名한다.

유형비교법을 응용하면서 점차 현지조사의 범위를 확대할 수 있고, 이미 존재하는 유형을 근거로 조건이 다른 구체적인 사회공동체를 찾아 비교 분석하면서 점차 중국 농촌의 각 유형을 식별해 낼 수 있다. 즉, 한 點에서 여러 점으로, 여러 점에서 더욱 넓은 面으로, 局部에서 全體로 다가가는 것이다. 유형 그 자체는 거친 것에서 정교한 것, 포괄적인 것과 구체적인 것까지 여러 차원으로 나누어질 수 있다. 이렇게 시간을 들여 노력한다면, 비록 우리가 일시에 수많은 중국 농촌을 명확하게 인식할 수는 없다고 하더라도 점차 서로 다른 유형의 농촌에 대한 우리의 지식을 넓힐 수 있고, 그것을 점차 종합하여 중국 농촌의 기본적인 모습을 인식하는 데까지 가까이 다가갈 수 있다.

『雲南三村』은 유형 비교의 방법을 응용한 점이 가장 잘 드러나는 책이다. 나는 江村에서 祿村(록촌), 녹촌에서 易村(역촌), 역촌에서 玉村까지 모두 쏜살같이 달려가 연구대상을 찾았고, 관찰, 비교, 분석을 통해 이미 제기했던 문제들을 해결했으며, 그 과정에서 일부 새로운 문제들이 나타났다. 달리 말하면, 그것은 理論과 實際가 결합된 종합적 연구 방법이다.

問: 1970년대 말 사회학 재건 이후 社會共同體 연구에서 어떤 새로운 진전이 있었습니까?

答: 1982년 이후 나의 사회공동체 연구 영역은 이미 1930, 40년대보다 더욱 확대되었다. 먼저, 농촌에서 소도시로 확대되어 연구 영역이 한 차원 더 높아졌다. 나는 소도시를 도시와 농촌이 결합되는 부분으로 보고 깊이 조사 연구했다. 연구의 지역 역시 내 고향의 한 村으로부터 吳江 7大 鎭으로, 다시 蘇南(강소성 남부) 지역으로 확대되었다. 나는 1984년 蘇南 지역을 벗어나 蘇北 지역으로 들어갔고, 두 지역을 비교했다. 江蘇를 벗어난 뒤에는 두 방향으로 나누어 전진했다. 한 방향은 沿海 지역인데, 江蘇에서 浙江(절강)을 거쳐 福建, 廣東의 珠江(주강) 델타 지역으로 나아갔고, 다시 廣西의 서부 지역으로 들어갔다. 다른 한 방향은 변경 지역으로, 黑龍江에서 內蒙古, 寧夏(녕하), 甘肅(감숙), 靑海로 들어갔다. 그 사이에 나는 중국의 중부인 河南, 湖南, 陝西(섬서) 등의 省을 찾아갔다. 나는 중국의 연해 지역 중부와 서부는 대체로 조사했다.

소도시와 鄕鎭企業의 연구에서 나는 '모델(模式)' 개념을 제시했다. 이 개념은 發展 方式의 차원에서 제시되었다. 왜냐하면, 각 지역이 구비한 지리, 역사, 사회, 문화 등의 조건이 달랐기 때문에 현대화된 경제로 발전해 나가는 과정에서 각 지역은 서로 다른 길을 채택했기 때문이다. 이는 실제에서 관찰할 수 있다. 다른 발전의 길을 채택하면 다른 발전 모델로 나타난다.

모델은 '樣式'과는 다른 개념이다. 모델은 한 體系의 構造인데, 경제 및 사회의 각 요소들이 배합되어 독특한 상황을 드러낸다. 이 새로운 개념은 우리 옆에서 발생하고 있는 객관적 역사적 사실로부터 나왔다. 새로운 개념의 형성은 객관적 실제의 변화를 반영하고 있다. 그것은 實踐의 산물이자 認識의 도구이고, 신생 사물을 더 잘 인식하고 실천적 변혁을 촉진하도록 도와준다. 발전 모델이라는 개념은 나의 연구를 한 걸음 더 진척시켰다. 즉, 나로 하여금 총체에서 출발하여 각 지역 발전의 배후 조건과 그 기초 위에서 형성된 다른 지역과 구별되는 발전의 특징을 탐색하도록 했다. 나는 모델 개념을 통해 서로 다른 발전 모델을 비교 연구했다.

여러 종류의 모델들을 상호 비교할 수 있는 것은 각 모델들이 하나의 공동의 기초 위에서 발전되었고, 또 동일한 목표를 향해 발전하고 있기 때문이다. 공동의 기초는 우리의 전통적인 小農經濟이고, 동일한 목표는 가난에서 벗어나 부자가 되는 것, 민족경제를 진흥시키는 것이다. 발전 모델의 개념은 비교 방법을 채택하는 데는 유리하지만, 각 모델의 差異에 편중하도록 하고, 종종 '同一性'을 간과하도록 만드는데, 그것은 반드시 방지되어야 한다.

나는 이 모델 개념이 사회인류학의 현지조사 방법론을 어느 정도 충실하게 만들었고, 또 지금 발전해 나가고 있는 사회인류학의 수요에 부응하고 있다고 생각한다. 나는 실천 중에서 나 스스로가 난제를 해결하는 방법, 개념, 이론을 취득할 수 있을 것으로 믿는다. 인문세계를 연구하는 방법론상의 한 개념으로서 모델은 내가 반세기를 넘는 학술적 실천에서 점차적으로 취득한 것이다. 나는 그 개념을 적용하면 효과가 있다고 느낀다. '效果가 있다'는 말은 중국의 사회발전의 문제를 해결하는 데서 그것이 實用的이라는 것을 뜻한다. 한 이론 혹은 연구 방법이 성립되는지의 여부는 그것이 실제 사회적 효율성과 이익을 가져다주는지의 여부로 측정되고 판단되어야 한다.

내가 특별히 강조하고자 하는 것은, 創造的인 構想은 항상 노동자를 직접 접촉하는 것으로부터 나온다는 점이다. 내가 종종 말하고 있는 각종 모델은 각지 농민들 스스로가 창조해낸 것이다. 우리 연구자는 단지 그것에 다가가 그것의 意義를 말하고, 그 道理를 말하며, 分析을 한 뒤 확대할 뿐이다. 우리는 우리의 주관적 원리에 근거하여 어떤 모델을 만들어낼 수는 없다. 그래서 구체적인 것을 연구하는 사람들이 갖추어야 할 가장 기본적인 능력 가운데 하나는 대중이 창조한 것을 發見하는 데 能해야 한다는 점이다. 대중들은 창조하지 않을 수 없다. 왜냐하면, 인류는 자신의 생활을 개선하고자 하기 때문이다. 그것이 創造의 가장 큰 原動力이다.

問: 사회학 중국학파의 중요한 특징 가운데 하나는 社會學에 人類學의 방법을 도입한 것이다. 앞에서 우리는 수많은 인류학적 방법론의 적용에 대해 말했는데, 그것이 어떻게 사회학의 방법론과 결합되는지를 좀 더 이야기해주시길 바랍니다. 특히 컴퓨터 기술이 나날이 발전되고 있는 현대에는 量的 硏究도 더욱 큰 역할을 할 것으로 보입니다만.

답: 사회학은 범위가 큰 것을 조사하는 경향이 있다. 일반적으로 말하면, 특정 문제와 지표를 확정한 후, 設問紙를 설계하고, 설문지에 기초하여 관련 대상자를 조사한다. 그리고 설문지를 수집하여 통계분석을 하고 답을 찾는다. 설문조사 방법은 주로 量的인 문제를 해결하는 데 사용된다. 현대 사회주의의 건설에서 우리는 수많은 사회현상을 분석해야 하기 때문에 훌륭한 計量研究方法을 발전시킬 필요가 있다. 이 점은 외국이 우리보다 더 발전되었는데, 일련의 방법을 도입하고 소화해야 한다.

이 量的 연구방법과 質的 연구방법은 결코 상호 모순되지 않는다. 양자는 반드시 결합되어야 한다. 먼저 반드시 직접 관찰 방법으로 작은 사회 공동체에 대한 미시적 조사를 잘 진행해야 한다. 이 기초 위에 큰 범위에서 설문조사를 해야 한다. 양적 분석은 결코 질적 분석과 분리될 수 없다. 일반적으로 말하면, 질적 조사가 먼저 진행되고 양적 조사는 나중에 진행된다. 만약 양적 조사에서 문제가 나타나면, 다시 되돌아와서 질적 조사를 해야 한다. 어떤 방법이라도 모두 사회의 실제를 과학적으로 인식하기 위한 것인데, 그것을 잘못 사용하면, '部分으로써 전체를 판단하게 되거나(以偏槪全)', 計量을 위해 계량하게 된다. 맹목적으로 데이터를 응용하게 되면 사회의 참된 상황을 반영하지 못한다.

현지조사와 설문조사를 잘하기는 쉽지 않다. 무엇을 조사하고, 어떻게 조사하며, 어떻게 정확한 자료를 획득할 것인지, 어떻게 그 자료를 종합하고 분석할 것인지 모두가 문제이다. 엄격한 훈련과 각고의 노력을 거치지 않고서는 과학적인 사회 조사자가 되기 힘들다.

사회조사는 아주 세밀한 작업이다. 대단히 쉽고 누구든 할 수 있다고 생각해서는 안 된다. 설문지는 자신의 일부 생각에 근거하여 만들어낼 수 있는 것은 아니다. 몸소 현지조사하지 않고 정교하게 분석하지 않으면 설문지를 잘 설계할 수 없다. 설문조사를 하지 않으면 전체의 상황을 쉽게 알 수 없다.

마치 氣象을 연구하는 기관이 전국 각지에 기상관찰 기지를 건설하는 것과 마찬가지로, 우리는 의식적 계획적으로 서로 다른 유형의 사회공동체에 사회조사 기지를 둘 수 있다. 그것은 일종의 '社會實驗室'이라고 말할 수 있는데, 適時에 사회의 '氣象'을 반영할 수 있다. 이렇게 해서 얻게 되는 사회 상황은 현재 서구 국가가 하고 있는 '輿論調査'보다 정확성이 더 높을 수 있다. 사실 그것은 우리의 大衆路線의 과학화이자 조직화이다.

서로 다른 유형의 사회 공동체에 조사 기지를 설립하더라도 그 기초 위에서 時點을 달리하여 반복적으로 조사를 진행할 필요가 있다. 즉, '패널 조사(panel survey)'다. 그렇게 하면 서로 다른 時點에서 비교할 수 있는 자료를 획득할 수 있다. 과학연구는 比較를 떠나서 생각할 수 없다. 즉, 공간적 비교도 있을 수 있고 시간적 비교도 있을 수 있다. 하물며 중국은 크고 복잡하기 때문에 비교하지 않으면 공통점과 차이점이 어디에 있는지 제대로 볼 수가 없다. 공통점과 차이점이 있어야만 全面을 볼 수 있고, 個別도 볼 수 있다.

따라서 나는 우리의 장점을 버려서는 안 된다고 주장한다. 노력하여 '참새의 解剖'와 같이 깊게 들어가는 미시적 연구를 잘하고, 그것을 적시에 큰 범위의 계량적인 분석과 결합하며, 일반성과 개별성을 결합하고, 양적 분석과 질적 분석을 결합하며, 개별 사례에 대한 묘사와 통계표를 결합하는 것, 그것이 우리가 國際를 超越하는 길이다.

나는 나의 경험에 근거하여 典型을 깊게 또 직접적으로 관찰하는 質的 조사를 먼저 하고, 양적 조사는 그 후에 하는 조사 방법을 권한다. 나는 내가 주관했던 '小도시'와 '邊境지역 개발' 연구에서 사회학과 인류학이 상호 결합하는 문제의식과 방법을 채택했고, 비교적 좋은 성과를 거두었다. 그렇지만 양자를 잘 결합하고, 일련의 방법을 총괄해 내려면 진지한 반복적 실천의 과정이 요구된다.

나의 실천 경험에서 보았을 때, 사회학과 인류학을 결합하고, 사회 공동체를 연구 대상으로 삼으며, 현지조사 연구 방법을 채택하는 것은 학과를 건설하고 젊은 세대의 건실한 學風을 양성하는데, 北京대학의 특징과 優位를 드러내는 데 대단히 유익하다. 그렇게 하면 전통을 계승할 수 있을 뿐만 아니라 국제 학술교류도 강화할 수 있고, 學科의 명성과 실상에도 더욱 부합한다. 그래서 나는 1985년 北京대학에 설립된 연구소의 이름을 社會學人類學硏究所라고 했다. 이 연구소가 설립된 이후 나는 10년 동안 주로 세 가지 방향의 일을 했는데, 그것은 변경지역 개발, 도시와 농촌 연구, 중화민족의 '多元一體' 상황에 대한 탐색이다. 이 연구는 모두 學際間 연구로, 사회학과 인류학을 종합한다는 문제의식을 담고 있다. 우리는 인류학과 결합하여 중국 사회학을 건설하고 재건하는 학과 건설의 기초적인 일을 담당했다.

問: 인류학자가 자신의 사회를 연구 대상으로 삼을 수 있는지의 문제에 대해 말해 주시길 바랍니다. 이 문제에 대해 우리는 완전히 다른 두 가지의 견해를 듣게 되는데, 이는 인류학자에게는 대단히 기본적인 문제이기 때문입니다.

答: 무엇보다 인류학자는 자신의 사회의 한 成員이고, 자신의 사회에서 생활한다. 어떻게 자신의 사회에서 생활할 것인지에 대해 그는 어릴 때부터 사회의 다른 성원들로부터 배우게 된다. 변화가 아주 느린 사회에서 사람들은 일상적인 것에 익숙해져 있기 때문에, 일반적으로는 孔子가 말한 것처럼 사람들에게 '그것을 따르도록(由之)' 하면 되지, '그것을 알게(知之)' 할 필요는 없다.15) 인류학자는 사람들이 '익숙해져 일상화되어 있는(以習爲常)' 생활의 도리를 말하고, '그것을 알게 만든다(知之)'. 그러나 '그것을 따르는 것'에서 '그것을 알게 하는 것'으로 변화시키는 것은 쉽지 않다. 그 같은 일은 어렵다. 익숙해져 일상화되어 있는 생활방식을 변화시키는 것은 '그것을 알게' 하는 과정을 거쳐야 한다. 그래서

---

15) '由之'와 '知之'는 『論語』〈泰伯篇(8-9)〉에서 "民可使由之, 不可使知之"라고 한 말에서 나왔다. ― 역자 주.

그 같은 일은 가치가 있다.

어떻게 해야 '그것을 알게 할' 것인지의 문제를 해결하기 위해서 현대 인류학자들은 일련의 현지조사 방법을 만들었다. 이 일련의 방법에 입문하는 길은 연구대상의 생활 실제에 '參與하는 것'이다. 참여하려면 현지의 言語를 학습해야 하고, 그들 사회구조의 여러 역할에도 진입해야 한다. 현지인의 생활에 참여해야만 비로소 그들의 생활 내용을 체험할 수 있다. 이것이 현대 인류학의 기본 방법이다.

인류학자가 他者의 사회를 연구할 수 있는지의 여부는 그가 他者 사회의 실제 생활에 '參與할 수 있는지'에 달려 있다. 먼저 '들어갈 수 있는' 문제를 잘 해결해야 한다. 그렇지만 자신의 사회를 연구 대상으로 삼는 인류학자가 연구를 잘 할 수 있는지의 여부는 그가 생활하고 있는 자신의 사회를 '超越할 수 있는지'의 與否에 달려 있다. 그것은 '빠져나올 수 있는지'의 문제이다. 연구 대상이 다르기 때문에 들어가고 빠져나오는 것의 차이가 발생한다. 그러나 參與의 정도와 超越의 정도는 각각 다를 수 있는데, 그 정도에 따라 연구 성과의 質도 달라진다.

하나의 지구 위에서, 한 국가 내에서, 사람들은 함께 생활하는 가운데 여러 문화로부터 조형되어 나온 서로 다른 人生觀과 價値觀을 가지게 된다. 이들은 思想에서부터 行爲까지 서로 다른 생활 방식을 가지고 함께 생활하게 되는데, 이들이 어떻게 평화적으로 공존하고, 또 공동으로 번영할 것인가 하는 문제는 세계 및 각 국가가 중시해야 할 아주 큰 문제이다. 인류학의 훈련을 받은 사람은

'각자가 창조한 아름다움을 아름답다고 느끼는 것(各美其美)' 과 '他者가 창조한 아름다움을 아름답다고 느끼는 것(美人之美)' 을 잘 이해할 수 있어야 한다. '각자가 창조한 아름다움을 아름답다고 느끼는 것' 은 각 민족마다 자신의 가치 기준, 즉 각 민족마다 아름답다고 여기는 일련의 잣대를 가지고 있다는 것을 말한다. 어떤 민족에게 아름답게 보이는 것이 반드시 다른 민족에게도 아름답게 보이는 것은 아닐 수 있고, 심지어는 추하게 보일 수도 있다. '각자가 창조한 아름다움을 아름답다고 느끼는 것' 을 수용할 수 있는 것은 큰 進步이다. 민족들 사이에 平等한 往來가 빈번하게 발생할 때에만 사람들은 다른 민족이 아름답다고 여기는 것에 대해서도 아름답게 느낄 수 있다. 이것이 바로 내가 말한 '他者가 창조한 아름다움을 아름답게 느끼는 것' 이다. 그것은 '각자가 창조한 아름다움을 아름답다고 느끼는 것' 보다 한 단계 더 높은 경지이다. '他者가 창조한 아름다움을 아름답다고 느끼는 것' 은 내가 앞에서 말했던, 자신의 생활방식을 超越한 후에야 비로소 획득되는 경지이다. 그것은 境界의 昇華이다.

나는 他者가 창조한 아름다움을 아름답다고 느끼지 못하는 사람도 훌륭한 人類學者가 될 수 있다고는 믿지 않는다. 他者가 창조한 아름다움을 아름답다고 느낄 수 있는 사람은 자신의 사회를 연구할 수 있을 뿐만 아니라 他者의 사회도 연구할 수 있다. 그에게는 연구 대상이 자신의 사회인지 아니면 他者의 사회인지의 문제가 결코 발생하지 않는다. 왜냐하면, 그는 超越해 있고, 비교적 높은 경지에서 모든 사회, 사람들의 서로 다른 생활방식을 보고 있기 때문이다.

　만약 인류학적 훈련이 사람들로 하여금 他者가 창조한 아름다움을 아름답다고 느낄 수 있도록 인도할 수 있다면, 그것은 서로 다른 전통을 가진 수많은 민족들이 장차 하나의 지구 위에서 혹은 한 국가 내에서 평화적으로 공존하고 공동으로 번영할 수 있도록 만드는 데 매우 큰 도움을 주는 것이다. 他者가 창조한 아름다움을 아름답다고 느끼는 경지에서 한 발 더 승화한 것이 '자신과 타자가 창조한 아름다움이 共存하는 것(美美與共)'이다. 그것은 자신과 다른 價値 基準이 존재하는 것을 용인하는 것일 뿐만 아니라 한 발 더 나아가 다른 가치 기준을 찬양하는 것이다. 그렇게 된다면 우리는 공동의 가치를 확립하는 것에 가까이 다가간 셈이다. "자신과 타자가 창조한 아름다움이 共存하는 것"은 서로 다른 기준들이 融合된 결과인데, 그렇다면 그것이야말로 중국의 고대인들이 꿈꾸었던 '天下大同'에 도달한 것이 아니겠는가? 그것이야말로 바로 '인류학의 길'이라고 말할 수 있지 않겠는가?

　問: 나는 선생께서 방금 말한 道理는 우리가 人類學을 도입할 때 方法論의 문제뿐만 아니라 학자의 학술적 修養과 眼目을 제고하는 것도 중시해야 한다는 점을 일깨워 주고 있다고 생각합니다. 선생은 사회학인류학은 사람이 사람답게 되는 문제를 연구하는 것이고, 더 멀리 보아야 하며, 세계와 주위에서 무엇이 발생하고 있는지를 이해해야 하고, 주변에서 발생하고 있는 변화를 관찰하는 데 능해야 하며, 문제를 잡고 놓지 말아야 하고, 깊게 연구해야 한다고 여러 차례 강조했습니다. 이 문제에 대해 선생의 생각을 좀 더 자세히 말해 주실 수 있겠습니까?

答: 그 문제는 아주 큰 문제이다. 그렇지만 나는 모두가 관심을 가지고 있는 문제, 즉 '어떻게 21世紀로 나가야 할 것인지'의 문제에 대해 나 자신의 의견을 밝히고자 한다.

최근 도서관 연합의 한 동지가 나에게 세계의 새로운 상황에서 도서관의 사명이 무엇인지 질문한 적이 있다. 이처럼 사실 각 분야마다 어떻게 21世紀로 나아가야 하는지의 문제에 직면해 있다.

지금 세계경제는 신속하게 발전하고 있다. 선진국은 세계적 규모의 시장경제를 발전시키고 있고, 개발도상국도 힘써 시장경제를 발전시키고 있다. 사회주의 국가 역시 계획경제체제로부터 시장경제체제로 전환하고 있다. 중국은 확고한 신념으로 개혁을 진행하고 있고, 사회주의 시장경제를 향해 발전하고 있다. 시장경제의 특징은 商品交換이다. 한 상품은 교환을 통해 지역과 국가의 경계에 구애받지 않고 세계로 뻗어나간다. 경제가 발전되지 않자 세계의 각 지역과 국가는 이해관계를 일치시키고 강력한 힘을 형성하여 점차 세계를 '一體化'로 향해 몰아가고 있다. 사람들이 묘사하고 있는 것처럼, 세계는 점차 작아지고, 전 地球가 하나의 거대한 村落으로 바뀌어 가고 있다. 과학기술과 경제의 발전은 세계의 일체화를 위한 필요조건을 비축하고 있다. 동시에 우리는 세계경제가 나날이 밀접하게 연관되고 있다는 것을 보게 된다. 그것은 사람과 사람 사이의 관계 의식을 증가시켰을 뿐만 아니라 개인의 自我意

識, 민족의 自主意識, 국가의 民主意識도 증가시켰다. 게다가 현재 세계 정치 및 경제발전의 不均等性이 존재하고 국가, 민족, 개인의 거대한 差異가 존재하며, 그것은 사회와 문화의 多元化로 표현되고 있다. 다원화는 세계경제의 일체화와 共存共生하고 있다. 하나의 觀念 형태로서의 文化는 전통의 영향을 크게 받고, 상대적 독립성과 독특성을 가지며, 多元性을 강화시켜 경제 일체화의 세계로 하여금 文化的 多樣性의 아름다운 색채를 드러내도록 만든다.

일체화와 다원화는 상호 보완적인데, 각종 경제와 문화가 발전하는 가운데 상호 交流하도록 요구한다. 그것은 '서로 통하는 것(相通)'이지 '서로 부딪치는 것(相撞)'이 아니다. 기왕 경제의 일체화가 객관적 발전의 요구라면, 왜 서로 다른 문화는 상호 疏通할 수 없겠는가?

따라서 21세기가 해결해야 할 중요한 문제 가운데 하나는 문화가 다른 사람들, 즉 서로 다른 價値觀을 가진 사람들이 어떻게 하면 이 지구에서 평화적으로 함께 살 수 있을까, 하는 것이다. 여기서 나는 1992년 내가 '北京대학 사회학 10년'을 기념하면서 쓴「공림단상(孔林片想)」에서 언급했던 한 견해를 다시 말해 두고 싶다. 즉, 우리 중국인은 사람과 사람의 共存을 3천여 년 동안 언급했다는 점이다. 사람과 物質의 관계는 간과했지만, 향후 전 세계 사람들은 사람과 사람의 共存 문제를 더욱 중요하게 볼 것이다. 인류는 미리 자각하여 사람과 환경의 관계를 충분히 인식해야 하고, 사람과 사람이 어떻게 해야 共生할 수 있는지에 대해서도 잘 알아야 한다. 그래서 세계의 이 많은 사람들이 어떻게 평화적으로 공존하도록 하고, "각자가 있어야 할 자리에 있도록 하며(各得其所)", 단결하도록 하고, 인류의 잠재력이 충분히 발휘하도록 해야 한다. 그렇게 함으로써 宇宙의 부단한 발전을 이루어야 하는데, 이는 아주 큰 문제이다.

    내가 1930년대 사회학과 인류학의 학술적 업무를 시작한 이후부터 직면했던 문제는 주로 중국의 농민이 어떻게 그들의 기본적인 물질적 需要를 해결할 것인가 하는 것이었다. 통속적으로 말하면, 농민이 '따뜻이 입고 배불리 먹는(溫飽)' 문제를 해결하는 것이고, 개괄적으로 말하면, 사람들의 資源 利用과 分配의 문제, 사람과 사람이 共生하는 문제를 해결하는 것이라고 할 수 있는데, 그 같은 문제들은 人文生態 차원의 문제에 속한다. 지금까지 내 개인적 연구는 이 차원을 벗어난 적이 없다. '小康'16)의 길은 대단히 명확하다. 그렇지만 우리는 '小康' 이후 우리가 가야 할 길을 어떻게 가야 할지에 대해 더 많이 생각해야 한다는 점을 잘 알고 있다. 小康 이후 사람과 자연의 관계의 변화는 불가피하게 사람과 사람의 관계 변화를 야기하고, 사람과 사람은 어떻게 共存해야 하는지의 문제에 진입하도록 만든다. 이 문제는 생태 관계의 문제보다 더 높은 차원의 문제인데, '심리상태의 관계(心態關係)'라고 할 수 있다. 생태 연구가 진전되면 심리상태의 관계도 반드시 우리의 관심사로 부각될 것이다.

    생태와 심리상태는 어떻게 구별되는가? 우리는 자주 '共存共

---

16) '小康'은 먹고 살만한 형편을 뜻하는 말로, 儒家의 이상사회인 '大同世界'에는 미치지 못한다. ― 역자 주.

榮', 즉 '공동으로 生存하고 榮辱을 같이 한다'는 말을 한다. 共存은 生態이고, 共榮은 心理狀態다. 공존한다고 해서 반드시 공영하는 것은 아니다. 왜냐하면, 공존은 공영의 條件일 뿐 공영과 동일한 것이 아니기 때문이다.

 우리의 시대에는 갈등이 계속 나타나고 있다. 걸프 전쟁(Gulf War)의 배후에는 宗敎, 民族의 갈등이 있다. 동유럽과 옛 소련은 모두 민족갈등을 겪었고, 지금도 포화가 끊어지지 않고 있다. 이것은 역사적 사실이다. 내가 보기에 그것은 生態의 均衡을 잃은 것을 드러내는 것일 뿐 아니라 엄중한 心理狀態의 矛盾을 드러내고 있는 것이기도 하다. 지금 인류는 새로운 시대의 孔子를 필요로 하는 것 같다. 새로운 공자는 자신의 民族을 이해해야 할 뿐만 아니라 다른 民族과 宗敎까지도 이해해야 한다. 그는 한 단계 더 높은 심리상태의 관계에서 출발하여 민족과 민족, 종교와 종교, 국가와 국가의 관계를 이해해야 한다. 현재 큰 혼란을 야기하는 민족과 종교 갈등은 심리상태의 균형을 잃은 상황을 잘 반영하고 있다. 우리는 새로운 각오가 필요하다. 향후 세계의 서로 다른 文化, 서로 다른 歷史, 서로 다른 心理狀態를 가진 사람들이 평화롭게 공존해야 한다는 점을 고려한다면, 우리는 이 지구에서, 자기 문 앞의 눈만 치우는 사람들이라고 해서 더 이상 배제할 수만 없는 사람들을 위해서도 공동으로 생활해 갈 수 있는 出路를 찾지 않을 수 없다. 새로운 미래 세대에서 그러한 孔子가 배출되어, 과학과 실제를 연계하는 것을 통하여 전체 인류가 공동으로 생활해 갈 수 있도록 하는 방법을 찾았으면 좋겠다.

중국의 인구는 대단히 많기 때문에 세계의 '思想의 숲'에서도 자신을 드러낼 수 있어야 한다. 우리는 歷史를 잊어서는 안 된다. 오천 년의 긴 역사에서 우리 중국인은 創造와 發展을 멈춘 적이 없다. 실천을 했고, 경험을 갖고 있다. 우리는 그것을 잘 종합하고, 수 백 대에 걸친 중국인의 경험을 잘 인식함으로써 21세기의 세계를 위해 공헌해야 한다.

問: 선생은 중국의 인문사회과학이 세계에서 큰 공헌을 해야 한다는 큰 문제를 제기했습니다. 그것은 사회학인류학 학과 발전의 전망입니다. 선생은 연구자가 사회를 보아야 할 뿐만 아니라 사람까지도 보아야 한다고 했고, 生態 연구뿐만 아니라 心理狀態 연구도 중시해야 한다고 했습니다. 개인의 연구 실천과 결합하여 일부 중요한 연구 영역에 대한 선생의 구상을 좀 더 밝혀줄 수 있겠습니까?

答: 나는 일생 동안 두 편의 글을 썼다. 첫째는 農村經濟와 사회변동이다. 둘째는 邊境지역과 少數民族 지역의 發展이다. 사회공동체 연구 영역에서는 농촌 조사에서 소도시 연구로, 지역 경제 발전으로 확대되었다. 方向에서는 두 방향으로 범위가 확대되었다. 첫 번째 방향은 沿海 지역에서 邊境 지역으로 나아갔다. '(현장을 찾아) 가고 또 가는(行行重行行)' 현지조사 과정에서 무엇이 중국의 國情에 맞는 실행 가능한 産業化의 길인지를 탐색했다. 농민은 농업이 발전하는 기초 위에서 토지에서 축적된 것을 이용하여

鄕鎭企業을 설립했다. 이 같은 공업은 농업경제를 공고히 하고, 촉진하며, 보조하는 것을 전제로 한다. 농업과 부차적인 공업이 동시에 협조적으로 발전하는 것이다. 이와 같은 농촌의 공업화, 도시와 농촌의 일체화의 길은 이미 착실하게 우리 앞에 등장하기 시작했다. 그것은 이론적으로 추론하여 나온 성과가 아니라 중국 농민이 개혁을 실천하는 가운데 창조해서 나온 것이다. 서로 다른 지역, 서로 다른 유형 혹은 모델의 도시와 농촌의 발전 연구, 도시 건설의 연구를 추적하는 것은 여전히 필요하다.

동남 沿海 지역과 서북 지역에서 진행했던 현지조사로 우리는 연해 지역과 內地, 특히 변경지역 발전의 不均等性 문제를 아주 잘 볼 수 있었다. 전국을 한 판의 바둑으로 보고, 공동으로 부유해진다는 관점에서 볼 때, 전체 국면에 영향을 미치는 이와 같은 격차를 중시해야 할 필요가 있다.

우리나라 少數民族의 대다수는 西部地域에 집중적으로 거주하고 있다. 동부와 서부의 격차는 민족경제 수준의 격차를 포함한다. 서부의 발전은 소수민족의 발전과 분리하여 생각할 수 없다. 서부의 경제 개발과 사회 발전을 통해 漢族과 함께 번영해야 한다. 이는 중대한 의의를 갖는 과제이다.

우리가 자주 말하는 民族地區, 즉 특정 소수민족이 집중적으로 거주하고 있고, 다른 일부 민족도 공동으로 거주하고 있는 지역은 특수한 지리적 조건과 독특하고 풍부한 자원을 가지고 있다. 이들 지역은 주변 지역과 분리될 수 없는 물질적 사회적 관계를 맺고 있다. 그래서 나는 줄곧 民族硏究의 대상은 단일한 민족에 한정되어서는 안 되고 한 地域이어야 한다고 주장했다. 한 지역에는 종종 多民族이 함께 거주하고 있다.

少數民族은 상당수가 산악, 樹木, 목축 지역에 분포되어 있다. 이들 지역의 경제구조는 특수한 경우가 많다. 그래서 우리가 소수민족 지역의 사회경제 발전 문제를 대할 때에는 서로 다른 상황을 구별해야 하고, 그 특징에 근거하여 유형을 나누어서 연구해야 한다. 예를 들어 변경지역과 내지의 소수민족 상황은 다소 다를 수 있다. 예를 들어 聚居(취거), 雜居, 散居 등과 같이 居住 상황이 다르고, 인구수의 차이도 현저하다. 역사와 문화, 풍속과 습관, 종교 신앙은 더욱 복잡한 양상이다. 따라서 민족연구는 반드시 현지조사에 역점을 두어야 하고, '현지의 사정에 맞게(因地制宜)' 다양한 방법을 사용해야 한다.

중부 지역이 발전을 가속화할 수 있는지의 여부는 중부지역 자체의 사정에만 달려 있는 것은 아니다. 그리고 중부 지역의 발전 여부는 연해 지역이 더욱 발전할 수 있는지를 결정하는 핵심적 사안이 된다. 중부 지역의 발전을 가속화할 수 있는 길을 탐색하는 것은 중요한 연구 주제이다. 농업의 전통이 유구한 중부 지역이 농업에서 공업으로 전환하려면 과도기를 거쳐야 한다. 그 과도기는 家族經濟를 발전시키는 것일 수 있다. 수많은 농민의 所得을 증가시키고, 하루빨리 빈곤에서 벗어나 부유하게 만들기 위해서는 자본을 축적하여 자력으로 鄕鎭企業을 발전시켜야 한다. 농민의 소득이 증가하는 기초 위에서 중부 지역 전체의 발전이 가속화하는 것이다.

改革開放 이후 우리나라는 경제가 신속하게 발전하는 시기에 접어들었다. 농촌의 工業化와 都市化로 도시와 농촌이 함께 발전하는 都農一體化의 길로 들어섰다. 소도시 건설이 최고조에 달하고 있고, 中·大都市도 발전되고 확대 건설되고 있다. 동시에 아주 왕성하게 발전되고 있는 사회주의 시장경제는 과거의 경제관계를 다양하게 분열시키고 각각 다른 行政區域으로 분산시키고 있다. 지역 간 상호 協助 및 補完의 필요성과 상호 開放의 연계가 나날이 감지되고 있고, 이미 행정적 경계를 초월하는 여러 형태의 협조와 결합이 나타나고 있다. 나는 이런 큰 변화가 나타나는 상황을 연구하면서 점차 地域發展 연구의 중요성을 깨달아가고 있다. 그것은 내가 최근에 제기한 새로운 연구 주제이다. 그것과 관계된 문제는 아주 광범위하고 종류도 대단히 많다. 이 연구 과제는 微視와 巨視의 결합, 理論과 實踐의 결합, 人文과 地理의 결합을 필요로 하고 있다. 그것은 전국의 경제발전을 한 판의 바둑으로 볼 것을 요구할 뿐만 아니라, 전 지구적 경제발전의 큰 추세와 연관하여 思考할 것까지도 요구한다.

나는 앞서 말한 영역 이외에도 인구 문제, 자연 생태 및 인문 생태의 균형상실 문제, '지식자원(智力資源)' 문제와 같이 전국의 발전과 연관된 연구과제에 대해서도 줄곧 주목해 왔다. 나는 예전부터 人口를 억제하고, 出産을 절제할 것을 주장했다. 그러나 우리나라 인구를 해결하는 근본적인 出路는 사회 및 경제의 발전에 있다. 중국의 인구수는 한꺼번에 완전히 억제할 수는 없다. 더욱 시급한 문제는 계속 증가하고 있는 인구를 어떻게 할 것인가 하는 점, 즉 剩餘勞動力을 어떻게 배치할 것인가 하는 점이다. 따라서 인구 연구는 인구수의 크기에 한정하여 진행어서는 안 되고, 반드시 어떻게 해야 현재의 인구가 生産力으로 전환될 수 있는가 하는 점에 초점이 두어져야 하고, 또 人口分布를 조정할 수 있는 전망까지도 제시해야 한다. 인구의 업종별, 지역적 분포를 포함하는 소위 人口分布의 문제는 人口構造의 문제이다.

인구의 업종별 分布 調整이 만들어낸 기적에 가까운 威力과 成果는 최근 들어서야 겨우 인식되고 있다. 그렇지만 인구의 지역별 분포 조정의 중요한 의의는 여전히 충분히 중시되지 못하고 있다. 이는 바로 사회학, 인구학, 경제학, 기타 分科 學問이 공동으로 연구해야 할 문제이다.

人口流動은 현실적으로 존재하는 문제인데, '그 추세를 유리한 방향으로 이끌(因勢利導)' 필요가 있다. 인구유동 추세의 긍정적인 면을 발전시키고, 그 폐해는 방지하고 바로잡아야 한다. 먼저 우리는 서로 다른 성격, 다양한 형태의 인구유동을 찾아내고, 어떤 형태의 인구유동이 현지 사회와 모순을 발생시키는지를 분석해야 한다. 한 걸음 더 나아가 矛盾의 발생과 發展 과정을 관찰하고 이해하여, 어떻게 하면 인구유동이 경제와 문화 발전을 위해 봉사하고, 사회주의 건설의 수요에 부합할 수 있는지를 연구해야 한다.

서부와 중부의 일부 지역은 自然生態의 균형 상실 문제뿐만 아니라 人文生態의 균형 상실 문제까지도 중시해야 한다. 인문생태는 한 지역의 인구, 사회, 생산구조의 각 요소가 적절하게 배치됨으로써 부단히 재생산하게 되는 시스템을 말한다. 인문생태의 균형 상실은 그 배합의 시스템에서 문제가 발생하여 노동생산성이 나날이 저하되고 원래의 생산구조로써는 인구의 정상적인 생활과 생식을 유지할 수 없게 된 상황을 말한다.

이 문제는 사실 서부지역도 안고 있는 공동의 문제이다. 그것은 개혁을 통해서만 점차 해결될 수 있다. 구체적인 상황에 근거하여 서로 다른 형식의 해결책을 찾아내야 하지만, 그것은 결코 쉬운 일이 아니고, 계속 심도 있게 연구해야 할 과제라는 점을 인정해야 한다.

우리 중국과 같은 국가는 어떻게 知識資源을 개발해야 할까? 어떤 방향으로 발전하고, 어떻게 발전해야 할까? 이것은 대단히 중요한 문제이다. 지식자원이란 무엇인가. 지식자원은 한 인간 집단의 知識의 總合이고, 사회적 성격을 갖는다. 그것은 한 사람, 한 사람의 지식의 종합적 축적이고, 여러 세대의 노력을 필요로 한다. 그것은 物質資源과 다르다. 물질자원은 사용하고 나면 없어지고 소모되는 것이지만, 지식자원은 사용하면서 보존되고 성장하며, 사용할수록 더 많아진다. 지식의 교류는 '있는 것과 없는 것의 교류(互通有無)'이고, 교류는 成長의 과정이며, 豊富해지는 과정이다. 지식은 독점할 수 없다. 百家爭鳴이 필요하다.

지식자원의 또 다른 특징은 多樣性이다. 지식자원은 문학, 법학, 理學, 공학, 의학 등등 그 내용이 풍부하고, 인생의 여러 가지 문제를 해결할 수 있도록 해준다. 그러나 각 국가마다 각 시기마다 상황은 다르다. 왜 역사적으로 어떤 시기는 많은 인재를 배출하고, 어떤 시기는 인재를 적게 배출하는가? 게다가 인재를 배출하는 중점도 다르다. 우리는 지식자원을 잘 분석해야 하고, 다른 자원과 비교하기도 해야 하며, 또 다른 국가와도 비교해야 한다.

위에서 말했던 연구 영역과 연구 주제는 아주 큰 연구 主題이면서도 작은 연구 주제도 포함하고 있다. 예를 들어 환경문제, 교육문제 등에 대해 깊게 연구할 수 있다. 동시에 나는 사회과학의 연구는 근본적으로는 연구자가 접촉한 사회변동의 反映이라는 점을 말해 두고 싶다. 나 자신의 일생의 연구 과정에서 중국의 몇 십 년에 걸친 역사적 변화를 이탈한 적도 있었는데, 그것은 나 자신도 이해할 수 없다. 科學은 현실을 이탈할 수 없고, 이탈되어서도 안된다. 과학은 현실을 초월하기가 대단히 힘들다. 그래서 과학자에게 요구되는 것은 현실에 충실하라는 것, 즉 주관적인 희망으로 현실을 왜곡하는 것이 아니라 현실에서 출발하라는 것이다.

問: 인터뷰를 마감할 때가 되었는데 다시 앞에서 말한 주제로 되돌아왔습니다. 즉, 學科의 건설과 부흥에 핵심적인 것은 학문이 대대로 계승되어야 하고, 후계자가 있어야 한다는 점입니다. 선생께서 젊은 세대에게 희망과 요구 사항을 제기해 주시기를 바랍니다.

答: 그 점에 대해서 나는 앞에서 적지 않게 말했다. 그렇지만 몇 가지 점에 대해 다시 강조하고자 한다.

1995년 여름 나는 北京대학 사회학인류학연구소가 개최한 사회·문화인류학 고급 연구 토론반에서 강의할 때 개인의 學術思想

은 역사적인 由來가 있다고 강조했다. 전체로 볼 때 각 세대마다 자신의 학술사상이 있지만, 세대 간에는 아주 밀접한 연계가 존재한다. 그것은 세대적 특징이라고 할 수 있다. 나는, 말리노프스키는 세대가 교체되는 시기의 후계자라고 말한 적이 있다. 나는 '三才分析法'을 통해 그것에 대해 분석했다. '三才'란 전통에서 말하는 天, 地, 人인데, '天時'는 歷史的 기회를, '地利'는 地緣의 우세를, '人'은 개인이 人間關係에서 갖는 地位를 말한다. 말리노프스키가 살았던 시기는 인류학이 과거의 길을 따라가서는 전진할 수 없었던 시기이다. 시대가 그의 미래를 빌려 人文科學의 새로운 氣風을 창조했다.

현 세계의 정세는 또 다른 더욱 위대한 시대로 접어들고 있고, 地球村의 시대가 나타나고 있다. 나는 이 시대가 도움을 청할 사람을 찾고 있다는 것을 젊은 세대가 알았으면 좋겠다. 젊은 세대가 그 '天時'를 저버리지 말기를 바란다. 지역적 우세의 관점에서 '地利'를 보았을 때, 나는 사람을 연구하는 人文, 社會科學이 동아시아에서 새로운 寶庫를 찾을 수 있지 않을까 하는 느낌을 가져왔다.

機會는 존재한다. 그렇지만 시대가 당신에게 도움을 청할 때 당신은 일정한 條件을 갖추고 있어야 한다. 사회학인류학자는 사람을 연구하는 사람인데, 그가 구비해야 조건은 무엇일까? 먼저 정확한 세계관, 우주관, 인생관을 갖추어야 한다. 어떻게 사람이 사람답게 될 것인지를 배우고, 자기 일생의 任務를 깨달아야 한다. 그 같은 일에 대해 명확하고 자각적인 認識이 있어야 한다. 다음으로, 어떻게 學習을 해야 하는지, 어떻게 知識을 축적할 것인지 알아야 한다. 착실한 기초와 기본을 다지는 것 이외에도 착실하고 성실하게 실제를 접해야 한다. 讀書와 理論이 필요하지만, 책을 맹목적으로 믿지 말고 자신의 머리로 문제를 분석해야 한다. 理論은 實踐에서 나오고, 認識은 실천에서 부단히 제고되며, 정확한 인식이 있어야 비로소 인식을 綜合할 수 있다는 것을 명확하게 해야 한다. 이 점은 우리의 학과 재건 사업에 아주 중요하다. 진정한 실력은 간고한 學習과 實踐에서 단련되어 나온다. 實力이 없으면 기회가 와도 잡지 못한다.

 1985년 「사회학 재건의 또 한 단계(重建社會學的又一段階)」에서 나는 두 가지 傾向을 경계해야 한다고 쓴 적이 있다. 하나는 '통속화(庸俗化)'이고, 다른 하나는 '중심의 외경화(中心外傾)'인데, 그것은 지금 보아도 여전히 의미가 있다. 우리는 반드시 사회학(인류학을 포함하여)을 하나의 분과 학문으로 대해야 한다고 강조해야 하고, 사회조사와 사회학조사를 구별해야 한다. 외국의 이론과 개념을 도입할 때 '洋食을 먹고 소화하지 못하는(食洋不化)' 것을 경계해야 한다. 나는 사회학은 지역적 성격을 띠어야 한다고 생각한다. 서로 다른 제도와 역사적 조건이 그 내용과 방법의 차이를 결정한다. 외국의 사회학을 참고하는 것이 대단히 필요하지만, 우리는 반드시 자신의 사회학자를 배출해야 한다. 중국의 사회학인류학은 반드시 자신의 학자에 의지하여 자신의 토양에서 육성되고 성장해야 한다.

 나의 연구 성과를 회고하고 종합해 보았을 때, 나는 아직 '사회는 보았지만 사람을 보지 못한(見社會不見人)' 결점을 탈피하지 못했다. 나는 발전 모델에 착안했지만, 발전 중에서 구체적인 사람이 어떻게 생각하고, 느끼며, 계획하는지에 충분히 주의를 기울이지 않았다. 비록 나는 농민들이 배불리 먹고 따뜻하게 지내며, 집이 넓고 생활이 쾌적한 것을 보았지만, 그래서 농민의 所得增加를 근거로 농민 생활의 변화 속도를 표현하기도 했지만, 아직 그들의 思想 및 정서, 걱정과 만족, 추구와 희망을 분명하게 말할 수 없다. 그것은 나의 주의력이 여전히 사회의 변화에 있었지 그에 상응한 사람의 변화에 있지 않았기 때문이다. 나는 나의 계몽선생 파크 교수가 일찍이 제기했던, 사람과 사람이 만드는 집단생활의 두 가지 차원, 즉 '利害關係'와 '道義關係'의 문제를 떠올리지 않을 수 없다. 基層을 택하고 上層을 버리는 것은 용납될 수 없는 일이다. 그 때문에 나는 사회공동체 연구는 반드시 한 단계 더 나아가야 한다고 강조했다. 즉, 사회구조를 보아야 할 뿐만 아니라 사람도 보아야 하는데, 그것이 바로 내가 말한 '심리상태 연구(心態硏究)'이고, 이는 주로 젊은 세대의 몫이다.

새로운 시대에 科學과 技術은 매우 신속하게 발전하고 있다. 세계가 직면한 새로운 과제에 도전하려면 과거의 학술 연구의 틀을 타파하고 종합적인 연구의 안목을 가져야 하고, 文科와 理科의 경계를 타파하는 學際間 硏究를 제창해야 한다. 이처럼 우리의 신세대 학자에 대해 더 차원이 높은 요구를 제기하게 된다. 情報業務 역시 더 강화되어야 한다. 박사와 전문가 모두 '전문적(專)'이어야 하지만 '박식해야(博)'하고, 자신의 主觀이 있어야 하며, 문제를 틀어잡는 人材가 되어야 한다. 이 요구에 부응하기 위해서는 학자 개인이 자신의 素質을 제고해야 할 뿐만 아니라 팀워크 정신도 갖추어야 한다. 나는 젊은 세대가 간고한 創業精神을 가지고 용감하게 개척해 나가면서 '創新'의 대오를 건설하기를 희망한다. 새로운 시대, 새로운 형세, 새로운 문제는 새로운 膽略(담략), 새로운 지혜를 필요로 한다. 계승자가 있어 新天地를 열기를 간절히 희망한다.

               저자 소속: 北京大學 社會學人類學硏究所
               책임 편집: 예타오(葉濤)

〈譯者解題〉

'致用'學問의 溫故知新

학술의 출발점, 江村

1910년 출생하여 2005년 타계하기까지 중국의 근현대사의 거의 모든 중요한 사건을 겪었고, 또 많은 학술적 업적을 남겼던 費孝通(페이샤오퉁)을 제대로 소개하기란 대단히 어려운 일이다. 그는 중국 지식인들로부터 20세기 중국이 낳은 최고의 학자 가운데 한 사람으로 평가받고 있고, 서구의 인류학계로부터는 대표적인 중국의 인류학자로 평가받고 있지만 한국 사회에는 잘 알려져 있지 않다. 그가 가장 활발하게 활동하던 1980년대는 한·중 사이에 외교관계가 수립되어 있지 않아 정보와 인적 교류가 없었던 탓이다.

費孝通은 1930년대 말 영국의 런던정경대학교(London School of Economics and Political Science)의 말리노프스키(B. Malinowski) 교수의 지도 아래 박사학위를 받았고, 귀국한 뒤에는 중국에서 사회학의 기초를 확립하는 데 크게 공헌하였다. 1980년대 초반기에는 1952년 소련의 영향을 받아 廢科되었던 사회학과를 北京대학교를 비롯한 중국의 각 대학교에 복원시켰고, 중국의 8개 민주

당파 가운데 하나인 民主同盟의 主席을 역임했으며, 全國人民代表大會 상무위원회 부위원장을 역임하기도 한 보기 드문 학자 출신의 정치가이기도 하다.

費孝通은 평생 약 6백만 자에 달하는 방대한 글을 남겼는데, 그 가운데 지금까지도 가장 많이 人口에 膾炙되고 인용되고 있는 학술 저서는 1939년에 영국에서 출판되었던 『江村經濟』1)와 1947년에 중국에서 출판되었던 『鄕土中國』이라 할 수 있다. 그는 본서의 「再版序文」에서 『江村經濟』가 중국 基層의 구체적인 사회를 묘사하고 분석한 것이라면, 『鄕土中國』은 중국 기층의 구체적인 사회에 포함되어 있는 특수한 사회구조를 분석하기 위한 개념으로 구성된 것이라고 밝히고 있다.

『江村經濟』는 費孝通을 서구의 인류학계에 널리 알려준 저서이지만, 그 책의 관점으로 그는 혹심한 곤경에 처하기도 했다. 그는 1949년 新중국 건립 이후에도 인구가 많고 토지가 적은 중국의 농민은 농업과 공업의 결합을 통해 발전을 도모할 수 있다는 『江村經濟』의 관점을 견지했는데, 이 관점은 1957년 '反右派' 투쟁에서 부르주아적 관점으로 비판을 받았다. 1966년 文化大革命이 시작된 직후 그는 대중 앞에서 '費孝通 타도!'를 외쳐야 했고, 격리된 공간에서 思想改造 기간을 거쳐야 했다.

1976년 毛澤東의 사망과 더불어 문화대혁명이 종결된 후 그는 2005년 타계하기 전까지 약 20차례 江村을 방문했고, 방문할 때

---

1) 영문 저서명은 『Peasant Life in China: A Field Study of Life in the Yangze Valley』이다.

마다 새로운 발견을 했으며, 그 발견을 기초로 새로운 관점과 정책을 제시하였다. 개혁개방 이후 중국의 농촌에서 우후죽순처럼 등장한 鄕鎭企業은 그가 『江村經濟』에서 강조했던 관점이 정확했다는 것을 보여주는 대표적인 사례이다. 『江村經濟』는 그의 학문의 출발점이자 새로운 발견과 관점을 제시할 수 있도록 해준 원동력이고, 인생 역정 그 자체라고 해야 할 것이다.

『江村經濟』는 중국사회가 격동하고 있던 1930년 전후 청년 費孝通의 깊은 고민의 産物이다. 江蘇省 蘇州市에 소재하고 있던 東吳대학의 의예과 학생이었던 그는 1927년 國共合作이 결렬되고 중국공산당에 대한 국민당의 백색공포가 횡행하자 깊은 고민에 빠지게 되었다. 당시 그는 "비록 나의 두 다리는 자유롭게 걸을 수 없지만, 전신은 분노로 전율하고 있다"라고 적고 있다.[2] 그러나 18세의 청년이었던 그는 맑스-레닌주의를 받아들일 수도 없었고, 백색공포에 대해서도 놀라고 있었지만, 사회 현실에 눈을 뜨고 있었다.[3]

東吳대학교 의예과 학생으로서 학생운동에 적극 참여했고, 그 이유 때문에 학교 당국으로부터 전학을 가라는 암시를 받았던 그는 1930년 燕京대학 사회학과로 전학을 갔다. 그는 "당시 大革命이 실패하고 社會史에 대한 논쟁이 치열하게 전개되었는데, 그 영향을 받아서 중국사회를 연구하기로 했다"고 하면서 燕京대학 사

---

2) 費孝通, 「年冬」(1928. 1. 2), 費孝通, 『費孝通文化隨筆』, 群言出版社, 2000년, 12-13쪽.
3) 費孝通, 「留英記」(1962. 4. 3), 費孝通, 『師承・補科・治學』, 生活・讀書・新知三聯書店, 2002년, 8쪽.

회학과를 선택한 이유를 밝히고 있다.4) 결국 그는 '사람을 치료하는 것'보다는 '만민에게 도움을 줄 수 있는(爲萬民造福)' 방법으로 의사의 길을 포기하고 사회학을 선택한다.5)

세 명의 恩師

費孝通이 과거를 회상한 여러 글에는 자신의 학문적 역정에 가장 큰 영향을 미친 세 사람의 은사가 자주 등장한다. 燕京대학교의 중국인 우원자오(吳文藻) 교수, 청화대학교의 러시아인 쉬로꼬고로프(S. M. Shirokogorov) 교수, 영국 런던정경대학교의 폴란드인 말리노프스키(B. Malinowski) 교수가 그들이다. 이 세 은사는 각각 그에게 학문의 방법을 전수했고, 또 때로는 진로 결정에 도움을 줌으로써 인생의 방향을 설정하는 데 결정적인 영향을 미쳤다.

1901년에 출생한 吳文藻 교수는 중국 근대시기의 초기 구미 유학파 가운데 한 사람이다. 그는 1917년 淸華學堂에 입학하여, 1923년 미국 뉴햄프셔주 하노버(Hanover)에 소재한 다트머스대학(Dartmouth College)으로 유학을 가서 사회학 학위를 받은 뒤 컬럼비아대학(Columbia University)에서 사회학 박사를 취득했고, 1929년 燕京대학 사회학과 교수로 초빙되었다. 吳文藻 교수는 미국에서 배웠던 사회이론이 중국의 실정과 잘 맞지 않는다는 것을 깨닫고, 사회학의 중국화를 일찍부터 강조했던 사회학자 가운데

---

4) 上揭書.
5) 費孝通,「人的硏究在中國」, 北京大學社會學人類學硏究所編,『東亞社會硏究』, 北京大學出版社, 1993년, 12쪽.

한 사람이다.

燕京대학교는 1932년 미국 사회학의 시카고학파를 대표했던 로버트 에즈라 파크(Robert Ezra Park) 교수를 방문학자로 초빙하여 현지조사 방법론을 강의하도록 요청한데 이어, 1935년에는 영국의 인류학자 래드클리프 브라운(Radcliffe Brown) 교수를 초빙하여 인류학의 조사방법론을 강의하도록 요청했다. 현지조사를 통해 중국사회를 객관적으로 묘사, 분석, 해석할 수 있는 인재를 육성하고자 했던 吳文藻 교수의 동기가 작용했던 것이다. 吳文藻 교수는 특정한 사회공동체를 조사 연구하는 방법론을 제기했고, 그것을 '현대 사회공동체 현지 연구(現代社區實地研究)' 방법론이라고 命名했는데6), 청년 費孝通은 그 방법론을 열렬히 지지한 학생 중의 한 명이었다. 중국의 사회 현실에 관심을 가지고 있었던 학생들은 상아탑을 나가 중국의 농촌을 조사하기 시작했고, 1933년에는 '社會研究社'라는 연구단체를 조직했는데, 그는 이 연구단체를 조직한 사람들 가운데 한 사람이었다.7)

吳文藻교수는 청년 費孝通의 졸업 시기가 다가오자 그를 미국으로 유학 보내려고 계획했다. 그는 직접 費孝通을 데리고 청화대학교 사회학 인류학과의 쉬로꼬고로프 교수를 찾아가서 대학원 학생으로 받아달라고 부탁했다. 당시 청화대학교에는 일부 성적이 우수한 학생을 선발하여 미국으로 유학을 보내는 제도가 있었기 때문에 청년 費孝通은 吳文藻 교수가 자신을 쉬로꼬고로프 교수께

---

6) 潘乃谷, 「但開風氣不爲師: 費孝通學科建設思想訪談」, 『民俗硏究』, 1997년, 제1기(총 제41기), 24쪽.
7) 邱澤奇, 『費孝通與江村』, 北京大學出版社, 2004년, 23쪽.

소개한 목적을 말을 하지 않아도 너무나도 잘 이해하고 있었다. 그는 1933년 가을에 쉬로꼬고로프 교수의 대학원 학생이 되었다.

쉬로꼬고로프 교수는 제정 러시아 시기에 태어나서[8] 1910년 파리대학에서 북방 퉁구스(Tungus)를 연구했던 인류학자였다. 그는 귀국 후 성(聖)페테스부르그 대학과 帝國科學院에서 연구 업무에 종사했고, 1915년에는 帝國科學院 인류학 학부 위원이 되었다. 쉬로꼬고로프 교수는 1915~1917년 중국의 동북지역에서 민족학, 고고학, 언어학적 조사를 했고, 1917년 10월 볼셰비키 혁명이 성공하자 곧바로 중국으로 망명했다.

청년 費孝通은 1933~1935년까지 2년 동안 쉬로꼬고로프 교수의 학생이었다. 본래 쉬로꼬고로프 교수는 그를 위해 3년 동안 체질학, 언어학, 고고학, 민족학을 가르칠 장기 계획을 세웠다. 그러나 淸華대학교는 2년을 마치면 졸업할 수 있고 미국이 아닌 다른 국가로도 유학을 갈 수 있도록 제도를 바꾸었기 때문에, 청년 費孝通은 吳文藻 교수와 상의 끝에 졸업을 서둘렀고 영국 유학을 계획했다. 쉬로꼬고로프 교수는 費孝通의 계획에 동의했지만 1년 동안 현지 조사한 뒤 자료를 가지고 영국으로 갈 것을 당부했다. 그는 지도교수의 이 당부를 '자신의 학생이 동료 학자 앞에서 자신의 체면을 손상시키지 않도록 하기 위해 취한 조치'라고 해석하고 있다.[9] 쉬로꼬고로프 교수의 이 당부는 그의 인생의 역정을 바꾸어

---

[8] 1887년 출생 혹은 1889년 출생 두 가지 출생설이 있다. 費孝通, 「人不知而不慍: 緬懷史祿國老師」(1994.2), 費孝通, 『師承・補科・治學』, 生活・讀書・新知三聯書店, 2002년, 72쪽.
[9] 費孝通, 「留英記」(1962. 4. 3), 費孝通, 『師承・補科・治學』, 生活・讀書・新知三聯書店, 2002년, 21쪽.

놓았고, 또 훗날 유학 이후 중국에서 학문적 입지를 굳히는 데 결정적으로 기여했다.

청년 費孝通은 1935년 8~12월 廣西 瑤山으로 가서 瑤族을 조사했다. 이 현지조사 과정에서 그는 불의의 사고를 당하여 동행했던 부인을 잃었고, 자신도 큰 부상을 입었다. 현지 조사는 실패했다. 큰 부상에다 크게 상심해 있던 그를 부른 것은 江蘇省 吳江縣 開弦弓 마을에서 농업기술을 보급하고 있던 7살 많은 누나 페이다성(費達生)이었다. 費達生은 강소성 省立여자잠업학교와 일본 東京농공대학교의 전신인 東京高等 잠사학교를 졸업한 뒤 1924년부터 開弦弓에서 잠사 기술을 보급하면서 잠사협동공장을 운영하고 있었다. 費達生은 개현궁으로 그를 불러와 요양하도록 했다. 그는 개현궁에서 요양하면서 그 촌락을 자세히 조사하였다.

1936년 여름 청년 費孝通은 개현궁의 조사 자료를 가지고 上海에서 영국 런던으로 가는 배를 탔다. 그는 런던行 배 위에서 조사 자료를 다시 정리하여 논문의 초고를 만들었다. 그가 런던政經大學校에서 만난 지도교수는 말리노프스키 교수가 배출한 첫 박사 퍼스(R. Firth)였다. 그는 瑤族 조사자료와 개현궁 조사자료에 대해 말했고, 퍼스 박사는 그의 박사학위 논문 제목을 '중국 농민의 생활'로 정해 주었다. 훗날 費孝通의 박사학위 논문 제목이 「開弦弓: 한 농촌의 경제생활(Kaihsienkung: Economic Life of Chinese Village)」로 정해진 것은 퍼스 박사와 처음 나누었던 대화에 근거한 것이다.[10] 그의 학위 논문은 1939년 『Peasant Life in

---

10) 費孝通, 「人的研究在中國」, 北京大學社會學人類學研究所編, 『東亞社

China』란 제목으로 출판되었는데, 그 책의 속표지에는 '江村經濟'라는 한자가 인쇄되어 있었다. '開弦弓'이 '江村'으로 바뀌게 된 것에 대해 훗날 그는 개현궁 村이 속해 있던 행정단위인 '吳江縣'에 '江'字가 있는 데다가 자신의 또 다른 이름인 페이이쟝(費彝江)에도 '江'字가 있어서 '江村'이라 명명했다고 밝히고 있다.11) 영어 책『Peasant Life in China』는 1986년『江村經濟』라는 제목으로 중국어로 번역되어 출판되었다.

 청년 費孝通이 퍼스의 제자에서 말리노프스키 교수의 제자로 바뀌게 된 데에는 吳文藻 교수의 역할이 컸던 것으로 보인다. 청년 費孝通이 말리노프스키 교수를 처음 만난 곳은 말리노프스키 교수가 개최했던 세미나 장소였는데, 퍼스 박사가 직접 그를 말리노프스키 교수에게 소개했다. 당시 말리노프스키는 하버드대학 설립 300주년 기념식에 참석한 뒤 막 귀국한 상황이었는데, 하버드대학에서 吳文藻 교수를 만나 費孝通이 런던에 와 있다는 사실을 이미 알고 있었다. 세미나 장소에서 두 사람이 조우한 뒤 얼마 지나지 않아 말리노프스키 교수는 그를 따로 불러 런던 생활과 학업 계획에 대해 물어본 뒤 그 자리에서 퍼스 박사에게 전화하여 이후부터는 자신이 費孝通의 일을 관장하겠다고 통보했다.

 말리노프스키 교수가 청년 費孝通에게 배려했던 가장 큰 선물은 그의 박사학위 논문을 영국에서 곧바로 출판할 수 있도록 직접 주선했고, 또 책의 서문을 썼다는 점이다. 말리노프스키 교수는 서

 會硏究』, 北京大學出版社, 1993년, 14쪽.
11) 邱澤奇, 『費孝通與江村』, 北京大學出版社, 2004년, 11쪽.

문에서 費孝通의 연구는 人類學의 里程標라고 극찬했다. 1930년대 이전 영국과 미국의 인류학은 '未開人'을 연구 대상으로 삼았지 '文明人'을 연구하지는 않았다. 말리노프스키 교수는 費孝通의 연구가 국제 인류학을 '未開人'으로부터 '文明世界'로 이끌어내는 새로운 바람을 불러일으킬 것이라고 주장했다. 또한 費孝通의 연구는 연구자 자신이 자신의 민족을 연구하는 새로운 경향을 가져올 것이라고 적었다. 당대 최고의 인류학자가 귀국을 앞둔 異國의 청년 학도에게 베푼 선물 치고는 너무나 큰 선물이었다.

致用의 학문

費孝通의 박사학위 논문이 책으로 출판된 뒤 두 가지 중요한 질문이 제기되었다. 이 질문은 런던정경대학교에서 함께 인류학을 수학했던 에드먼드 리치 경(Sir Edmund Leach)의 저서 『사회인류학(Social Anthropology)』(1983)에서도 제기되어 있는데, 그 내용은 다음과 같다. 첫째, 인류학 연구자가 자신의 사회를 연구대상으로 삼을 수가 있는가 하는 점이다. 둘째, 중국과 같이 광대한 국가에서 개별 사회공동체에 대한 미시적 연구로 중국의 國情을 개괄할 수 있는가 하는 점이다. 전자의 질문이 학문의 價値中立의 문제를 제기한 것이라면, 후자의 문제는 개별 사례 연구로써는 전체를 파악할 수 없다는 微視的 접근 방법론의 한계를 지적한 것이다.

이 두 가지 질문에 대한 費孝通의 대답은 여러 글에서도 잘 나타나 있지만, 中根千枝(나카네지에) 동경대학교 교수가 費孝通의

80세 생일을 축하하기 위해 1990년 동경에서 개최했던 한 국제 학술토론회에서 에드먼드 경에 대답하는 연설문에 압축적으로 표현되어 있다. 그는 첫 번째 질문에 대해 "醫科를 포기하고 人類學을 선택한 것은 그것이 더욱 의의가 있다고 판단했기 때문이고, 그것은 가치판단에 근거하고 있다. 개인의 가치판단은 그가 속한 文化와 時代를 벗어날 수 없다. 인류학을 학습한 것은 중국사회를 인식하는 관점과 방법을 학습하여 중국사회의 진보를 推動하기 위해서였다. 만약 인류학을 학습했지만 중국사회를 이해할 수 없다고 하였다면 나는 인류학에 입문하지도 않았을 것이다"라고 밝히고 있다.12) 두 번째 질문에 대해 그는 "나는 중국 농민의 생활, 심지어 전체 중국인민의 생활을 이해하려는 큰 꿈을 가지고 있었다. 江村조사는 나의 전체 여정의 시작이었을 따름이다. 나는 個別에서 출발하여 全體에 접근할 수 있다고 생각한다. 물론 하나의 농촌을 전국 농촌의 典型으로 보고, 마치 그것이 전체 중국 농촌을 대표한다고 보는 것은 잘못된 것이다. 그러나 만약 중국에 江村과 같은 농촌의 유형이 존재한다면, 比較의 방법을 통해 중국 농촌의 유형을 묘사하는 것이 가능하다. 그렇다면 수많은 농촌을 하나하나씩 모두 관찰할 필요는 없다"라고 밝히고 있다.13)

영국 유학을 마친 뒤 귀국해서도 그의 조사는 계속되었다. 그가 귀국했던 시점은 中日戰爭이 발발한 직후였기 때문에 그는 戰禍를 피하여 雲南대학에서 먼저 교편을 잡았고, 그곳에서 농촌을

---

12) 費孝通,「人的硏究在中國」, 北京大學社會學人類學硏究所編,『東亞社會硏究』, 北京大學出版社, 1993년, 13쪽.
13) 상게서, 15-16쪽.

조사했다. 그는 雲南의 농촌을 조사하면서 江村과는 또 다른 유형의 농촌을 알게 되었으며, 그 조사 결과를 정리하여 1941년 「중국 內地의 세 가지 유형의 村(Three Types of Village interior China)」이라는 논문으로 발표하였고, 雲南의 세 가지 다른 유형의 농촌을 더욱 자세히 분석하여 1943년 『Earthbound China』라는 책으로 출판했다. 본 역서인 『鄕土中國』은 이와 같은 다양한 중국 농촌에 대한 조사 연구를 기반으로 하여 농촌의 사회 시스템을 분석한 결과물이다.

고난과 좌절 그리고 克服

1945년 中日전쟁이 종결되고, 國共내전이 종결되기 직전인 1947년 그는 淸華대학교 사회학과로 왔다. 당시 淸華대학교 사회학과에는 판광단(潘光旦), 천다(陳達), 우쩌린(吳澤霖) 등 유명한 교수가 포진되어 있어서 명성이 대단히 높았다. 1949년 新중국 건설 열기가 가득한 가운데 소련으로부터 나쁜 소식 한 가지가 전해졌다. 소련이 사회학을 취소하였고 중국도 곧 사회학과를 폐지할 것이라는 소식이었다. 대학교 및 학과 재편 방침이 발표된 후 費孝通을 포함한 사회학자들은 사회학과 폐지 주장에 반대했다. 1950년 3월 7일 費孝通은 「社會學을 어떻게 改造할 것인가?」라는 글을 썼다. 그러나 1952년 전국적으로 학과 조정이 진행되었고, 결국 사회학은 폐지되었으며, 사회학에 종사하던 교수, 연구자들은 새로운 단위로 편입되었고, 그도 中央민족학원으로 자리를 옮겼다.

中央민족학원으로 옮긴 費孝通은 重用되었다. 中央민족학원 부원장, 政協委員, 全國人民代表大會 대표, 中央民族事物委員會 부주임, 국무원 專門家局 부국장, 민주동맹 중앙위원회 직무를 담당했다. 사회주의 체제 확립과 더불어 지식인에 대한 사상개조 운동도 폭넓게 전개되었다. 肅反 운동과 1955년의 胡風 사건14)을 겪으면서 중국의 지식인들은 '개조되지 않은' 사상을 입 밖으로 꺼내면 안 된다는 것을 배웠다. 1956년 '百花齊放, 百家爭鳴' 운동이 전개되면서 중국 지식인들의 닫혔던 마음은 서서히 열렸고, 지식인들은 조심스럽게 마음속에 있던 말을 꺼내기 시작했다. 일부 사회학자들은 사회학 재건의 필요성을 제기했고, 費孝通도 1957년 2월 20일 「文滙報」에 「사회학에 관하여 몇 마디 말한다(關于社會學, 說幾句話)」를 발표하였다. 또한 그는 1957년 3월 24일 『人民日報』에 게재된 「지식인의 초봄 날씨(知識分子的早春天氣)」라는 글에서, 百花齊放, 百家爭鳴 운동으로 지식인의 적극성도 살아나고 있지만 여전히 마음에 담아 둔 말을 하지 않는 소극적인 태도를 보이고 있기 때문에 지식인들의 적극성을 이끌어내기 위해서는 지식인에게는 여전히 초봄과 같은 날씨라고 느껴지도록 분위기를 바꾸어야 한다고 주장했다.

「지식인의 초봄 날씨」가 발표된 후 그는 자신을 아끼는 주변 지인들로부터 몇 가지 걱정스러운 말을 들었다. 첫째, 날씨를 제대

---

14) 후펑(胡風, 1902~1985)은 문예이론가이다. 新中國 건설 이전에는 중국의 좌파 문예운동을 이끌었고, 신중국 건설 직후에는 중국문학예술계 연합회 회원, 중국작가협회 이사, 제1기 全人代 대표를 역임했다. 1955년 중국공산당 선전부로부터 자산계급 唯心主義者라고 비판받아 '反革命集團'으로 체포되었다.

로 말했는가 하는 점이다. 지식인들은 해방 때 이미 봄을 맞이했는데 최근 반년이 아직 초봄이라면 그 앞의 몇 년은 무슨 날씨인가? 百花齊放, 百家爭鳴 이전의 사상개조 운동은 겨울이었다는 것을 암시하는 것은 아닌가?

둘째, 날씨가 문제인가 아니면 초목이 문제인가 하는 점이다. 즉, 여러 꽃들이 피지 못하는 것은 날씨가 따뜻하지 않아서일 수도 있지만, 초목 자체에 문제가 있어서일 수도 있다는 지적이다.

셋째, 지식인들이 '방 한 칸과 두 권의 책', 그리고 '조용히' 앉아서 일하기를 원한다는 말이 오해를 불러일으키지 않을까 하는 점이다. 즉 '방 한 칸과 두 권의 책'을 강조한 것은 천하의 일에는 관심이 없고, '조용히'라는 말은 반감을 사지 않겠는가 하는 점이다.15)

知人들의 염려는 현실로 나타났다. 百花齊放, 百家爭鳴 운동이 종결되고 反右派 투쟁이 전개되면서 吳文藻, 費孝通 등 사회학의 재건을 주장했던 일부 사회학자들을 '부르주아계급 사회학'의 복원을 기도하는 右派로 공격하는 일련의 운동이 전개되었다. 1957년 7월 7일 중앙민족학원에서는 '費孝通 비판대회'가 개최되었는데, 그 자리에서 동료 교수 린야오화(林耀華)16)는 「음험하고 추악한 費孝通」이라는 제목의 글을 발표했고, 그의 발언은 1957년 8월

---

15) 費孝通, 「早春前後」(1957. 5. 31), 費孝通, 『費孝通文化隨筆』, 群言出版社, 2000년, 109~111쪽.
16) 林耀華(1910~2000)는 연경대학교에서 費孝通과 함께 수학했다. 1940년 하버드대학교에서 철학박사 학위를 받았고, 수많은 인류학 저서를 남겼다. 林耀華는 費孝通과 함께 중국 人類學界의 泰斗로 인정받고 있다.

2일 『工人日報』에 게재되었다. 1957년 8월 3일 費孝通은 全國人民代表大會에서 「인민에게 엎드려 죄를 인정한다(向人民伏罪)」는 자기비판의 글을 발표하였다. 1957년 8월 30일 『人民日報』에는 「費孝通 반동 활동의 전모(費孝通反動活動的面面觀)」라는 글이 게재되었다. 1959년 12월 4일 '右派' 낙인이 떨어진 이후부터 1976년 문화대혁명이 종결되기 전까지 費孝通은 학술활동을 할 수 없었고, 사상 개조의 대상이 되었다. 그는 역설적이게도 이 시기를 사회적으로 격리된 상태에서 '사회'가 무엇인지를 온 몸으로 체험했던 시기로 회고하고 있다.[17]

1976년 마오쩌둥(毛澤東) 사망 후 문화대혁명은 종결되었고, 사실상 권력자로 부상한 덩샤오핑(鄧小平)이 1979년 3월에 사회학도 '시급히 회복될 필요가 있다(需要赶快補課)'는 말을 한 뒤 사회학 재건작업이 시작되었다. 그 임무는 費孝通에게 떨어졌다. 그는 각종 좌담회를 주재했고, 청년학습반을 만들어 1981년에는 北京대학교에 사회학과를 재건했다. 그는 여러 자리의 연설에서 사회학이 중국의 인민을 위해 공헌할 수 있다는 것을 보여주겠다고 밝혔다. 선생은 조사 작업도 활발하게 전개하여 1981년에는 다시 江村을 방문했고, 수많은 지역을 조사한 뒤 향촌기업의 발전을 제창했으며, 「소도시, 큰 문제(小城鎭, 大問題)」란 글을 통해 소도시의 발전전략을 제기하여 학계의 큰 반향을 불러일으켰다. 중국민주동맹 주석, 전국인민대표대회 상무위원회 부위원장 선임 등 費孝通의

---

17) 費孝通, 「我對中國農民生活的認識過程」(1999. 4. 17), 費孝通, 『中國士紳』, 生活・讀書・新知三聯書店, 2009년, 17쪽.

정치활동도 학문의 제2기와 마찬가지로 모두 70세 이후에 다시 만 개되었다.

學問과 學者의 도리

費孝通의 일생은 『찾아가고 또 가고(行行重行行)』[18]라는 책 제목처럼, 현지 조사와 조사 자료의 분석과 해석, 정책적 대안 제시, 또 다른 조사의 순환으로 점철되어 있다. 그가 농민 연구를 학문의 출발점으로 삼은 것은 당시 중국 인구의 80%를 점하는 중국 농민을 정확하게 인식해야 중국 사회를 정확하게 파악할 수 있다고 생각했기 때문이다. '나의 뜻은 인민을 부유하게 하는 데 있다(志在富民)'라는 인생관이 없었더라면 노구를 이끌고 그렇게 많은 지역을 조사할 수 없었을 것이다. 이런 인생관 이면에는 짙은 인간애가 깔려 있다.

費孝通은 社會學科 재건을 회고하는 대담에서 "인류학과 사회학은 모두 사람을 연구하는 학문이다. 어떤 조건이 있어야 하는가? 정확한 세계관, 우주관, 인생관이 있어야 하고, 사람 됨됨이를 배워야 하며, 자신의 일생 동안 맡겨진 일이 무엇인지를 알아야 한다는 것이다. 學習하는 방법을 알아야 한다. 책에 빠져들지 말고,

---

18) 費孝通, 『行行重行行: 鄕鎭發展論述』, 寧夏人民出版社, 1992년. 費孝通은 1984년 江蘇省을 벗어나 두 방향으로 중국 사회를 조사하기로 결심했다. 한 방향은 중국의 沿海 지역, 즉 浙江, 福建, 廣東, 香港 지역으로 향하고, 다른 한 방향은 내몽고, 寧夏, 甘肅으로 향한다. 이 책은 費孝通이 두 방향에 따라 1980년대 중국사회를 조사했던 논문집이다.

자신의 머리로 문제를 분석하고, 理論은 실천에서 나온다는 것을 명확하게 해야 한다. 認識은 실천에서 부단히 제고되고, 정확한 인식이 있어야 인식을 總結할 수 있다. 사회구조를 보아야 할 뿐만 아니라 사람도 보아야 한다."라고 강조하고 있다.19) 費孝通의 현지조사 연구 방법은 '以身作則'으로써 사회학의 중국화와 '조사와 이론의 통일'을 실천하는 學風으로 이어지고 있다.

吳文藻, 쉬로꼬고로프, 말리노프스키 세 사람의 은사가 자신에게 미친 영향을 회고하면서 費孝通은 학술사상의 계승과 발전 문제를 토로하고 있다. 즉 "한 세대 한 세대마다 자신의 특징을 갖는 학술사상이 있지만, 동시에 한 세대 한 세대 그리고 세대 간에는 밀접하게 계승하는 연계성을 가져야 한다."는 것이다.20) 費孝通은 특히 첫 번째 은사인 吳文藻 교수의 정신을 계승하고 싶다고 밝혔다. 즉 '소통하고, 인재를 기르며, 몸으로써 가르치는 것을 말로써 가르치는 것보다 더 중시한다(開風氣, 育人才, 身敎重于言傳)'는 것이다.21) 江村의 현지조사에서 학문적 생애가 시작된 費孝通의 업적은 吳文藻 교수의 정신을 계승하고 있는 학문적 後學이 되씹고 새롭게 해석할 '傳統'과 '古典'으로 남을 것이다.

---

19) 潘乃谷, 「但開風氣不爲師:費孝通學科建設思想訪談」, 『民俗硏究』 1997년, 제1기(총 제41기), 34쪽.
20) 상게서, 33쪽.
21) 상게서, 21쪽.

著者 費孝通(페이샤오퉁, 1910~2005)

중국의 유명한 사회학자, 인류학자, 민족학자, 사회 활동가이며 중국의 사회학과 인류학의 기초를 확립한 사람 가운데 한 명이다. 제7, 8기 全國人民代表大會 상무위원회 부위원장, 全國人民政治協商會議 제6期 부주석을 역임하였다.

〈經歷〉
1910년 江蘇省 蘇州 吳江 출생
1933년 燕京대학 社會學 學士 획득
1935년 淸華대학 대학원 사회학인류학과 졸업
1936년 영국 런던政經大學(London School of Economics and Political Science)에서 말리노프스키(B. Malinowski) 교수의 지도하에 社會人類學 專攻
1938년 영국 런던政經大學 博士學位 取得. 박사학위 논문은 「Peasant Life in China」(1939)로 출판됨
1938년 귀국한 뒤 雲南대학 사회학과에서 교편을 잡았고, 雲南대학과 燕京대학이 함께 개설한 社會學硏究室을 주관함
1945년 中國民主同盟에 참가하여 민주애국운동 활동을 함
1945년 西南연합대학 교수, 淸華대학 교수, 副교무처장
1952~1957년 中央민족학원 부원장, 중국과학원 哲學社會科學 학부 위원
1957~1982년 中央민족학원 人類學科 교수
1978~1982년 중국사회과학원 민족연구소 부소장

1979년 中國社會學會 회장

1980~1982년 중국사회과학원 사회학연구소 소장

1980년 미국 덴버에서 International Applied Anthropology Association의 Malinowski賞 수상.

1982년 北京대학 사회학과 교수

1982년 영국 런던政經大學 명예원사 칭호 획득

1985년 北京대학 人類學社會學研究所 所長

1988년 뉴욕에서 Encyclopedia Britannica賞 수상

1993년 일본 福岡에서 USA and Asian Culture 賞 수상

2005년 北京에서 사망

〈著書〉

『Peasant Life in China』(1939)

『Earthbound China』(1943)

『中國紳士』(1945)

『內地農村』(1946)

『出産과 育兒制度(生育制度)』(1947)

『鄕土中國』(1947)

『鄕土重建』(1948)

『Toward a People Anthropology』(1981)

『Chinese Village Colse-up』(1983)

『사회학 종사 50년(從事社會學五十年)』(1983)

『小도시, 네 가지 기록(小城鎭四記)』(1985)

『費孝通社會學論文集』(1985)

『費孝通社會學文集』(1985)

『Small Town in China』 (1986)

『小도시 기록 및 기타(記小城鎭及其他)』 (1986)

『변경지역 개발과 사회조사(邊區開發與社會調査)』 (1987)

『찾아가고 또 가고(行行重行行)』 (1989)

『中華民族多元一體格局』 (1989)

譯者 張暎碩

연세대학교 사회학과를 졸업하고 北京대학교에서 碩·博士 학위를 받았다. 현재 聖公會大學校 中語中國學科 교수로 재직하고 있다. 저서로 『지구화시대의 중국 노동관계』, 『중국 노동자의 기억의 정치: 문화대혁명 시기의 기억을 중심으로』(공저) 등이 있고, 역서로 『중국은 어디로 가고 있나』, 『고뇌하는 중국: 현대 중국 지식인의 담론과 중국 현실』 등이 있다.

중국 사회문화의 원형
鄕土中國

2011년 11월 15일 초판 인쇄
2011년 11월 20일 초판 발행

저　자 | 費孝通(페이샤오퉁)
역　자 | 張暎碩
펴낸이 | 박기봉
펴낸곳 | 비봉출판사
출판등록 | 317-2007-57 (1980년 5월 23일)
주　소 | 서울 금천구 가산동 550-1. 롯데 IT캐슬 2동 808호
전　화 | (02) 2082-7444
팩　스 | (02) 2082-7449
E-mail | bbongbooks@hanmail.net / beebooks@hitel.net
ISBN | 978-89-376-0385-3　03330

값 15,000원

ⓒ 이 책의 판권은 본사에 있습니다.
본사의 허락 없이 이 책의 복사, 일부 무단전제, 전자책 제작 유통 등 저작권 침해 행위는 금지됩니다.

※ 『향토중국』을 읽고 중국의 사회문화와 중국인들의 사고방식을 좀 더 생생하게 이해하고자 하는 분들에게 『창랑지수』(옌쩐 저, 박혜원 역)를 추천합니다. - 편집부